韩国语语法解惑与词义辨析

林从纲 〔韩〕金三坤 等编著

马 丽 安 宁 满秀娥 孟 丽 参编
李淑杰 郑 杰 代丽娟

北京大学出版社
PEKING UNIVERSITY PRESS

图书在版编目(CIP)数据

韩国语语法解惑与词义辨析/林从纲等编著. —北京：北京大学出版社，2013.11

ISBN 978-7-301-23370-2

Ⅰ.①韩…　Ⅱ.①林…　Ⅲ.①朝鲜语—语法②朝鲜语—词义　Ⅳ.①H55

中国版本图书馆 CIP 数据核字(2013)第 254321 号

书　　　名：韩国语语法解惑与词义辨析
著作责任者：林从纲　〔韩〕金三坤　等编著
组稿编辑：张　娜
责任编辑：刘　虹
标准书号：ISBN 978-7-301-23370-2/H·3414
出版发行：北京大学出版社
地　　址：北京市海淀区成府路 205 号　100871
网　　站：http://www.pup.cn　新浪官方微博：@北京大学出版社
电子信箱：liuhongqqqq@hotmail.com
电　　话：邮购部 62752015　发行部 62750672　编辑部 62754382
　　　　　出版部 62754962
印　刷　者：三河市博文印刷厂
经　销　者：新华书店
　　　　　880 毫米×1230 毫米　A5　11 印张　500 千字
　　　　　2013 年 11 月第 1 版　2013 年 11 月第 1 次印刷
定　　价：33.00 元

未经许可，不得以任何方式复制或抄袭本书之部分或全部内容。
版权所有，侵权必究
举报电话：010-62752024　　电子信箱：fd@pup.pku.edu.cn

前　　言

　　中韩建交已经20周年了，这期间中国国内的韩国语教育有了很大的发展。到目前为止，中国国内已有近二百所高校开设了韩国语专业，不但办学规模逐步扩大，而且办学层次也有较大的提高。在实际教学和日常生活中，学生们提出了许多语法疑难和同义词辨析问题。如学生在看韩剧时，虽然其用语比较简单，但学生听起来时却很吃力，这是因为反映日常生活的韩剧的对白，终结词尾比较复杂，而学生在课本中学得的却甚少。又如韩国语有固有词、汉字词、外来语，有时同一个意思用三个词来表示，这些词如何区别也是韩国语学习中的一大难题。对于诸如此类的问题国内出版的书籍涉及不多，而韩国学者虽然对有关问题研究比较深入，但因其观点散见于各类书籍、研究材料中，一般学生很难接触到这类研究成果。笔者根据多年的教学实践与研究，认为有必要写一本书来集中回答这些难点问题。本书就是在这个初衷下完成的，它具有如下特点：

1. 创新性

　　目前国内出版的韩国语语法类书较多。笔者对手头的十多种语法书进行比较，发现其写作形式基本一致，通常只讲"是什么"，本书则尽量不谈或少谈这类一般性的语法问题，而是集中回答学生需要了解而又特别困惑的问题，不但讲"是什么"，而且讲"为什么"，使学习者读后会领略到新意并可能有茅塞顿开的感觉。

2. 实用性

　　本书回答的问题均是在多年教学实践中学生提出的问题，练习又与当前的学习热点TOPIK韩国语国际能力考试紧密结合，力求实现学以致用。

3. 趣味性

　　本书语言简练、讲解透彻、写法新颖、生动有趣，读者在增长知识的同时可体会到韩国语学习的乐趣。

在本书的编写过程中，韩国语专家宋立、韩国留学归来的语言学博士孙晋秋先生提出了很好的意见，在此表示感谢。本书的写法在国内可以说是一个尝试，由于水平所限，恐难达初衷，恳请各位专家、学者及广大读者提出宝贵意见。

编　者
2013.10

目 录

语法解惑篇

一、名词的特殊功能 ································· 2
   1. 名词的定语功能 ······························· 2
   2. 名词的副词功能 ······························· 4
   3. 名词做谓语 ··································· 8
   4. 名词的其他语法功能 ··························· 9
   练习一 ·· 11

二、人称代词 ·· 13
   1. 第一人称代词 ································ 13
   2. 第二人称代词 ································ 13
   3. 第三人称代词 ································ 15
   练习二 ·· 16

三、被动 ·· 17
   1. 动词被动的实现方法 ··························· 17
   2. 被动句中动作主体的助词使用方法 ··············· 20
   3. 被动句并非都有对应的主动句 ··················· 22
   4. 主动动词与被动动词前加上否定词时的意义变化 ··· 23
   练习三 ·· 23

四、使动 ·· 25
   1. 动词使动的实现方法 ··························· 25
   2. 短形使动和长形使动的区别 ····················· 28
   3. 双重使动 ···································· 31
   4. 被动、使动在使用相同接尾词时的区分方法 ······· 31
   练习四 ·· 32

五、形容词的形态与变化 35
  1. 形容词与动词形态相同其意义不同 35
  2. 形容词有时也可作动词使用 35
  3. 形容词可以变成动词 36
  练习五 37

六、副词的功能及搭配 38
  1. 副词的各种功能 38
  2. 副词做各种句子成分 39
  3. 副词修饰其他句子成分时的搭配方法 39
  练习六 41

七、助词的比较 43
  1. 格助词 43
  2. 补助词 45
  3. 格助词"가/이"与补助词"는(은)"的用法 47
  4. 与补助词具有相同形态的其他语法要素 48
  练习七 49

八、连接词尾的使用要求及辨析 52
  1. 连接词尾的使用要求 52
  2. 几类连接尾词的辨析 54
  练习八 65

九、终结词尾的使用与语感 69
  1. 终结词尾的各种句式 69
  2. 各种终结词尾的使用要求 70
  3. 陈述句终结词尾的连接方式与语感 74
  4. 疑问句终结词尾的连接方式与语感 94
  5. 命令句终结词尾的连接方式与语感 104
  6. 共动句终结词尾的连接方式与语感 108
  7. 难以区别阶称的终结词尾 111
  练习九 114

十、否定 ··· 117
1. 长、短形否定意义上的区别 ··· 117
2. 否定词使用时的限制 ·· 117
练习十 ··· 120

十一、时制的使用及特例 ·· 122
1. 终结词尾表示时制 ··· 122
2. 先语末词尾表示时制 ·· 123
3. 定语形词尾表示时制 ·· 126
4. 词汇表示时制 ··· 127
练习十一 ·· 128

十二、谓词转成词尾 ··· 129
1. 谓词名词形词尾及其作用 ·· 129
2. 谓词副词形词尾及其作用 ·· 132
练习十二 ·· 133

十三、引用 ··· 135
1. 直接引用的构成形式和使用要求 ·································· 135
2. 间接引用及由直接引用变成间接引用时产生的变化 ·········· 136
练习十三 ·· 140

十四、敬语 ··· 141
1. 敬语的分类 ·· 141
2. 敬语的各种要素 ·· 142
3. 各种敬语法的融合 ··· 147
练习十四 ·· 148

词义辨析篇

一、同义词产生的原因和构成方式 ································· 150
1. 韩国语同义词多的原因 ··· 150
2. 同义词之间的差别 ··· 151

二、各类词性同义词辨析 ················· 152
1. 名词和代词的同义词辨析 ················· 152
练习十五 ················· 189
2. 动词的同义词辨析 ················· 190
练习十六 ················· 234
3. 形容词和冠词的同义词辨析 ················· 236
练习十七 ················· 274
4. 副词的同义词辨析 ················· 276
练习十八 ················· 323

附录一　练习答案 ················· 325
附录二　索引 ················· 331
语法难点篇 ················· 331
词义辨析篇 ················· 338

参考文献 ················· 342

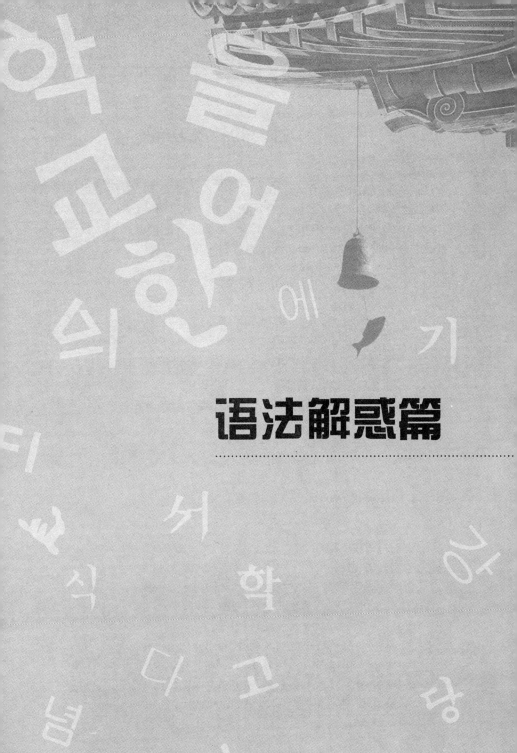

语法解惑篇

一、名词的特殊功能

名词一般用作主语、宾语，但与一些语法要素结合后，也可构成其他句子成分。即，名词具有定语功能（관형어 역할）、副词功能（부사 역할）、谓语功能（서술어 역할），与部分词尾结合在一起使用时，发挥其他的语法功能（일정한 문법적 역할）。

例：
ㄱ. <u>학교</u> 운동장（定语功能）
　　学校运动场
ㄴ. 저는 <u>오늘</u> 철수의 혼례식에 참석했다.（副词功能）
　　我今天参加了哲洙的婚礼。
ㄷ. 회사측은 하는 수 없이 노조간부들과 <u>협상</u>, 사태를 원만히 해결했다.（谓语功能）
　　公司方面没办法，只好与工会干部协商，妥善解决了该事件。
ㄹ. 오늘 비가 올 <u>모양</u>이다.
　　今天好像要下雨。（语法功能）

下面详细说明几种功能：

1．名词的定语功能

(1) 定语功能的类型

　　명사₁+인 명사₂
　　명사₁+의 명사₂
　　명사₁ 명사₂

① 학교의 강당（学校礼堂）/학교 강당
② 친구의 옷（朋友的衣服）/친구 옷
③ 친구 갑돌이（小伙伴儿狗娃）/친구인 갑돌이
④ 대통령 박정희（总统朴正熙）/대통령인 박정희
⑤ 애인 사이（恋人关系）/애인인 사이 (?)
⑥ 남자 학생（男生）/남자인 학생 (?)

以上"①、②"中构成"명₁+의 명₂"结构,用不用"의"均可。"③、④"构成"명₁+인 명₂"的结构,也可不用"인",但绝对不能用"의"。"⑤、⑥"构成"명₁ 명₂"结构,不能加"의",加"인"时则不通顺。

此外,部分名词以"명사+적"的形式起到定语的作用,这些名词多为汉字词。

如:
ㄱ. 제도적인 경제통합(制度上的经济一体化)
ㄴ. 제도적 교육(制度教育)
ㄷ. 그들은 창의적 또는 혁신적 노력을 하려고 한다.
他们旨在做出有创意的、具有革新意义的努力。

(2) 名词做定语及与其相关的"의"的用法
① 前后词为所有关系:나의 책(我的书)/내 책,
우리의 학교(我们的学校)/우리 학교
② 前后词为所属关系:언니의 남편(姐姐的丈夫)/언니 남편,
연구회의 회원(研究会会员)/연구회 회원
③ 前后词为存在关系:제주도의 한라산(济州道汉拏山)/제주도 한라산,
도시의 경찰(城市警察)/도시 경찰
④ 前后词为产地关系:서울의 말(首尔话)/서울 말,
고려의 자기(高丽瓷器)/고려 자기
⑤ 前后词为对象关系:어머니의 초상(妈妈的肖像)/어머니 초상,
인물의 평론(人物的评论)/인물 평론
⑥ 前后词为整体与部分关系:학교의 강당(学校礼堂)/학교 강당,
교수의 대부분(大部分教授)/교수 대부분
⑦ 前面词为后面词的主体:석탄 가격의 하락(煤炭价格的下跌)/석탄 가격 하락
⑧ 前面词为后面词的客体:정의의 호소(正义的呼唤)/정의 호소
⑨ 前面词说明后面词的内容:
선생님의 말씀(老师所说过的话)/선생님 말씀

以上9种情况一般加不加"의"均可，但有时会有语感差异。如表示整体与部分关系时，加不加"의"是有区别的。如：

⑩
ㄱ. 어느 강당에서 회의를 한다고?
ㄴ. 학교의 강당에서 (？)(×)
ㄷ. 학교 강당에서

⑪
ㄱ. 학교의 어디에서 기념식을 한다고?
ㄴ. 학교의 강당에서
ㄷ. 학교 강당에서 (？)(×)

以上⑩"ㄱ"中要求回答的是什么礼堂，即是市礼堂，还是区礼堂、学校礼堂。提问是以礼堂为前题，因此需用"학교 강당"。而⑪"ㄱ"要求回答的是学校的什么地方，因为在学校礼堂，是整体部分关系，因此需加"의"，即"학교의 강당"。

以下是必须加"의"才可成立的关系。

⑫ 与前面词构成比喻关系：일장춘몽의 인생（人生如梦），
    자연의 미（自然之美）
⑬ 有前面词才能形成的一种关系：신라의 통일（新罗的统一），
    현대의 문화（现代文化）
⑭ 后面词是前面词的作品关系：이순신의 거북선（李舜臣的龟甲船），김소월의 시（金素月的诗）
⑮ 前面词表示后面词的属性：평화의 세계（和平的世界），
⑯ 前面词表示后面词的数量：한 사람의 환자（一位患者），
    한 시간 가량의 이야기（一小时左右的谈话）
⑰ 与前面词形成包含与被包含的关系：가설의 하나（假说之一），
    형법의 하나（刑法之一）
⑱ 前后词一起构成比喻的关系：오해의 벽（误解导致的隔膜），
    비난의 화살（责怪的话语）

2. 名词的副词功能

名词可单独或与助词结合在一起使用，而具有副词功能。

① 그는 그런 학생들이었으므로 나는 평소/평소에 데면데면하게 대했다.
　他是那样的学生，我平时对他有些疏远。
② 국가에서는 최대한/최대한으로 이재민을 지원했다.
　国家最大限度地支援了灾民。
③ 나는 진짜/진짜로 다리가 아파요.
　我真的腿痛。
④ 나는 오늘 선생님의 강연회에 참석하겠다.
　我今天要参加老师的演讲会。

　　从以上句子①可以看出名词表示时间时，加不加助词均可，加助词时需加"에"。而②、③表示程度及状态时，加不加助词均可，加助词时需加"로"。但④不能加助词。
　　下例情况对助词的使用要求：
① 그 시인은 4월에/4월(×) 시집을 냈다.
　那位诗人4月份出了本诗集。
② 그 시인은 지난 4월로/4월(×) 시집을 낸 지 다섯 달이 됐다.
　那位诗人4月份出的诗集到现在已经5个月了。
③ 오늘/오늘에(×) 내가 이 학교에 처음 들어왔다.
　今天我第一次来到这个学校。
④ 오늘로/ 오늘(×) 내가 이 학교에 온 지 이레가 된다.
　到今天为止我来学校已经7天了。
⑤ 오늘에야/오늘(×) 비로소 그 문제가 무엇인지 알게 되었다.
　到今天才知道究竟是什么问题。

　　从以上句子可以看出③为限定的时间，不能加助词"에"，而①为非限定时间，②、④为基准点，⑤为动作状态的始发时间点则一定要加助词"에"或"로"。
　　需要指出的是并不是所有名词都有副词的功能，一般表示时间、程度、行为方式及状态的名词才有这种功能。如：

(1) 表示时间的名词
　　表示时间点的名词：어제（昨天），오늘（今天），내일（明天），훗날（将来），그저께（前天），이제（现在）
　　表示时间长短的名词：잠깐（一小会儿），오래（好久），잠시

（稍微—小会儿）

表示时间先后的名词：처음（开始），다음（以后），나중（以后）

表示时间的名词与助词的结合情况：

① 이 책은 <u>어제</u> 사온 것입니다.
　　这本书是昨天买的。
② 나머지 학위는 <u>훗날에/훗날</u> 따도 됩니다.
　　最终的学位将来再拿也可以。
③ 나는 <u>잠시</u> 내 눈이 착각을 한 것으로 생각했다.
　　我想只是我眼睛一时的错觉。
④ 인간에게는 한 <u>평생</u> 살아나가는 과정 속에서 겪어야 할 일이 많다.
　　人的一生中要经历的事情很多。
⑤ 먼저 오른쪽을 돌아보고, <u>다음에/다음</u>(×) 왼쪽을 돌아본다고 해도 상관 없어.
　　即使先看右面，后看左面也没有关系。
⑥ 제일 중요한 것은 마음가짐이고, <u>다음으로/다음</u> 중요한 것은 훈련이다.
　　最重要的是心态，其次是训练。
⑦ 프랑스는 미국 <u>다음으로/다음</u>(×) 비중이 큰 나라이다.
　　法国是重要性仅次于美国的国家。
⑧ <u>나중에는</u> 못하는 소리가 없다.
　　最后居然到了什么都说的地步。
⑨ 먼저 온 사람과 <u>나중</u> 온 사람이 있다.
　　人都有先来后到。

从以上句子可以看出，表示时间点的名词（오늘，어제，그저께……）起副词作用时不接"에"，但"훗날"副词性较弱接不接"에"均可。表示时间长短的名词（잠깐，오래，잠시……）副词性较强，一般也不接"에"。表示时间先后的名词（나중，다음，처음）起副词作用时用法也不相同。"나중"接不接助词均可，而"다음"由其意义和前面限定的定语而决定助词的使用。当表示"以后"顺序时，如⑤接不接助词"에"均可。而表示事情顺序时，如⑥前面如无定语接不接助词均可，前面有定语时，如⑦必须接助词"로"。

(2) **表示程度的名词**：조금（少量），좀（稍微），약간（若干），거의（几乎），다소（多少）
　　表示程度的名词与助词的结合情况：
　　① 그리고 동생에게 용돈도 <u>조금</u> 주었다.
　　　 而且还给了弟弟一点儿零花钱。
　　② 소금은 <u>조금</u>만 넣어 주세요.
　　　 请稍放点儿盐。
　　③ 군수품을 제외한 두 가지 물건은 <u>거의</u> 공개되어 있는 셈이죠.
　　　 除军需品以外的两种东西几乎算是被公开了。
　　④ 그 사람은 <u>약간</u> 거리를 두고 여유롭게 그것을 바라보았다.
　　　 那个人与它保持一定距离，悠闲地看着。
　　从以上句子可以看出表示程度的名词（조금，좀，거의，약간）副词性很强，除补助词外不能接其他助词。

(3) **表示行为方式、状态的名词**：최대한（最大限度），최소한（最小限度），진짜（真的），거짓（假的），진정（真正），보통（一般），사실（事实），요행（侥幸），실상（实况，实际上）
　　表示行为、方式和状态的名词与助词的结合情况：
　　① 그는 좁은 공간을 <u>최대한으로/최대한</u> 이용했다.
　　　 他最大限度地利用了狭小的空间。
　　② 나는 만약 <u>거짓으로</u> 증언한 사실이 발각될 시에는 어떠한 처벌도 받을 수 있다.
　　　 如果我的证言被证实是虚假的，我愿接受任何处罚。
　　③ 학생의 말엔 <u>진정/진정으로</u> 미안하다는 느낌이 묻어 있었다.
　　　 学生的话中包含着发自内心的歉意。
　　④ 그는 <u>실상</u> 뭔가 구실이 필요했었다.
　　　 他实际上需要什么借口。
　　⑤ <u>사실</u>, 그게 운명인지 모르죠.
　　　 事实上，也许那就是命吧。
　　⑥ 이 유명한 사격장은 <u>보통</u> 운천사격장으로 불린다.
　　　 这个有名的射击场一般被称为云泉射击场。
　　以上①、②、③句中表示行为方式的"최대한，거짓，진정"其副词性较弱，接不接助词均可，而④、⑤、⑥句中的副词"실상，사

실, 보통"一般不加助词。

3. 名词做谓语

在韩国语中一般用动词、形容词做谓语，但名词直接或经过形态上的变化后也可做谓语。

(1) 名词直接做谓语

名词有时可直接做谓语，多在报纸文章的标题中使用。
① 담배 끊기로 과감히 결정.
　果断地决定戒烟。
② 전염병이 전국에 만연.
　传染病向全国蔓延。
③ 쓰레기를 신속하게 처리.
　迅速处理垃圾。

(2) 名词+"하다"做谓语

名词直接做谓语不能解决时制、状态问题，这就需加"하다"。
① 담배를 끊기로 과감히 결정함.
　果断地决定戒烟。
　담배를 끊기로 과감히 결정하였음.
　果断地决定了戒烟。
② 전염병이 전국에 만연함.
　传染病向全国蔓延。
　전염병이 전국에 만연할 것임.
　传染病将向全国蔓延。
③ 쓰레기를 신속하게 처리함.
　迅速处理垃圾。
　쓰레기를 신속하게 처리하겠음.
　将迅速处理垃圾。

(3) 名词+"이다"谓词化后做谓语

名词通常没有谓语功能，一般需加"이다"将其谓词化后做谓语

① 너는 <u>학생</u>, 나는 선생이야.
   你是学生，我是老师。
② 너는 <u>학생</u>이고 나는 선생이야.
   你是学生，我是老师。

4．名词的其他语法功能

某些名词有时在句子中不独立使用，需要与其他句子成分结合起来起语法作用。如：
① 모양이 예쁘면 내가 가질 거야.
   样子漂亮的话，我会要。
② 한쪽 눈이 부어서 눈을 뜰 수 없게 되자 다른 쪽 눈도 덩달아 뜰 수 없는 모양을 보고 어머니는 걱정을 했다.
   母亲见我一只眼肿了睁不开，另一只眼好象也睁不开的样子，很是担心。

例句①句中"모양"是起一般名词的作用，充当主语。而②句中"모양"前面需有定语进行修饰，起到依存名词的作用，表示语法意义的"推测"之义。名词具有以下几种语法属性的功能：

(1) 名词（含依存名词）具有语法属性的连接功能

① 이런 일이 생긴 <u>마당</u>에 내가 도와 줄 수 있는 방법이 없다니…
② 이런 일이 생겼<u>는데</u> 내가 도와 줄 수 있는 방법이 없다니…
   发生了这样的事情，我却帮不上忙……
③ 눈이 계속 내리는 <u>관계</u>로 회의가 연기되었다.
④ 눈이 계속 <u>내려서</u> 회의가 연기되었다.
   因为一直下雪，会议延期了。

以上①、③句子的"마당，관계"本来为名词，但在定语之后，实际上起到类似连接词尾"는데，아（어，여）서"的作用，所以说名词有语法属性的连接功能。

除独立名词外，有些依存名词也起语法属性的连接功能。如：
① 가는 <u>김</u>에 그를 찾아갔다.
   去的时候顺便去见了他。
② 고향에 내려갔던 <u>차</u>에 학교를 찾아갔다.

趁回老家之机去了趟学校。
③ 사람들이 재빠르게 몸을 피하는 통에 그 여자는 쓰러졌다.
因为人们快速闪开，那女的摔倒了。

(2) 名词（含依存名词）具有语法属性的副词功能
① 이 천은 열에 강한 반면(에) 습기에 약하다.
这种布耐高温却怕潮湿。
② 비가 온 뒤(에) 홍수가 났다.
雨后发洪水了。
③ 생일에 대한 자료를 뒤진 결과 얻어낸 것은 그림 여덟 장이었다.
翻找有关生日的资料，最终找到的是8张照片。
④ 일단 약속한 이상 반드시 실천해야 한다.
一旦约定就一定要付诸实践。
⑤ 보초병은 총을 쥔 채(로) 잠들었다.
哨兵拿着枪睡着了。
⑥ 나를 때리려는 듯 그가 나에게 달려들었다.
他向我跑来，好像是要打我。

(3) 名词（依存名词）具有语法属性的样态功能
① 내일은 눈이 올 모양이다.
明天好像要下雪。
② 죄를 지으면 벌을 받는 법이다.
犯罪者必受惩罚。
③ 인생이란 빈손으로 왔던 것처럼 빈손으로 돌아가기 마련이다.
人都是生不带来死不带去的。
④ 나는 듯 달려간다.
飞奔过去。

(4) 名词具有语法属性的时制功能
① 내가 왔을 때는 잠을 자는 중이었다.
我来的时候，他正在睡觉。
② 전 지금 출근하는 길입니다.
我正在上班的路上。

③ 나는 내일 떠날 참이다.
　　我打算明天出发。
以上例句中的"중，길，참"均起到时制的作用。

练 습 一

一、다음 문장에서 틀린 부분을 고치시오.
　　1. 한국 통일은 꼭 실현될 것이다.
　　2. 한국 사람은 김소월 시를 좋아한다.
　　3. 한국 이광수와 중국 노신은 모두 위대한 작가이다.
　　4. 이것은 가설 하나이다.
　　5. 오늘에 내가 대련에 처음 왔다.
　　6. 오늘 내가 집에 돌아온 지 이틀이 된다.
　　7. 먼저 앞 부분을 읽어보고 다음 뒤 부분을 읽어본다고 해도 상관 없다.
　　8. 사실로 그게 정확한지 모르죠.
　　9. 이 사람은 보통에 사람은 아니다.
　　10. 그는 동생에게 용돈도 조금에 주었다.

二、다음 명사 또는 의존명사로 문장의 빠진 부분을 완성하시오.

반면, 마당, 한, 모양, 길, 만큼, 사이, 대신, 덕분, 김

　　1. 가: 백화점에서 세일을 한대요. 나랑 같이 안 가볼래요?
　　　　나: 돈 없는 (　　) 에 가면 뭐 하겠어요?
　　2. 가: 철수 씨, 어때요? 능력이 있는 사람 같아 보이는데요.
　　　　나: 글쎄요. 제가 보기에는 말이 많은 (　　) 에 실천력은 좀 약한 것 같아요.
　　3. 가: 왕화 씨, 한국 서울 대학교에서 공부하고 있는 우리 아들 좀 잘 부탁드립니다.
　　　　나: 제가 한국에 있는 (　　) 걱정하지 마세요.

4. 가: 지금 어디에 가니?
   나: 전 지금 출근하는 (   ) 입니다.
5. 가: 날씨가 흐렸어요.
   나: 내일은 눈이 올 (   ) 이다.
6. 가: 어떻게 이 어려운 문제를 풀어 낼 수 있었습니까?
   나: 선생님이 잘 가르쳐 주신 (   ) 에 가능했습니다.
7. 가: 다음 주에 출장 가는데 전부 현금으로 가져갈까요?
   나: 현금은 도난당할 엄려가 있으니까 현금 (   ) 에 카드를 가져 가세요.
8. 가: 철수 씨, 무슨 일 있었어요?
   나: 큰일 났어요. 잠깐 교실을 떠난 (   ) 에 도둑이 들어와서 컴퓨터를 훔쳐갔어요.
9. 가: 지금 도서관에 가려고 하는데 부탁할 일이 있으면 하세요.
   나: 도서관에 가시는 (   ) 에 제 책을 반환해 주세요.
10. 가: 한국에서 유학 생활이 어렵지요?
    나: 바쁘고 힘든 (   ) 보람도 있지요.

二、人称代词

人称分为第一、二、三人称，此外还有不定称。

1. 第一人称代词

第一人称用"나（我），우리（我们）"及自谦语"저（我），저희（我们）"来表达。除了以上第一人称代词外，还可用带有古语色彩和书面语体的第一人称代词"소인（小人），소생（小生），소자（小子），소승（小僧），신（臣），과인（寡人），본인（本人），짐（朕），당사（本公司）"等来表达。

ㄱ. 짐이 곧 국가다.
　　朕就是国家。
ㄴ. 소자도 무사히 지내고 있습니다.
　　儿一切平安。
ㄷ. 당사는 이 물품을 구매하려고 합니다.
　　本公司拟购买这批货物。

2. 第二人称代词

第二人称主要用"너（너희），자네，당신，댁，어르신"来表达。

ㄱ. 이거(이것) 너의 사진이니/사진이냐?
　　这是你的照片吗?
ㄴ. 이거 자네 사진인가?
ㄷ. 이거 당신 사진이오?
ㄹ. 이거 댁의 사진입니까?
ㅁ. 이거 어르신의 사진입니까?

从以上例句可以看出第二人称代词必须与相应的终结词尾结合。因为不同的第二人称代词须用于不同的对象。"너"是对朋友、子女及小孩使用的最低等级的第二人称代词。因此，必须与低等级的终结词尾"니，이냐"等搭配。

"자네"比"너"高一个等级。一般大学教授对学生，小学或中学老师对自己的已经三四十岁的学生使用"자네"较为适当。当然，对不熟悉的人也可以使用"자네"，但其年龄至少应在二十岁以上，而对三十岁以上的人使用应当慎重。这就是说当自己高于对方，但根据对方的年龄需要一定程度的尊敬时可用"자네"，且应与相应的终结词尾搭配。

　　"당신"是夫妇间相互使用的有代表性的代词，非夫妇的青年男女之间不能使用"당신"。此外，在广告或无特定读者的书的题目中也常使用。

ㅂ. 이 제품은 당신의 고민을 덜어 드립니다.（广告）
　　该产品可减少您的烦恼。

ㅅ. 당신의 중국말 실력은?（题目）
　　您的中文水平如何？

　　"당신"的尊敬程度虽然高于"너，자네"，但与人交往时应当慎用。因为使用"당신"并都不表示对人特别尊敬，有时还会引起别人不快。甚至争执时也使用"당신"。

ㅇ. 누구더러 당신이라는 거야?（不快）
　　你对谁说呢？

ㅈ. 당신 같은 사람은 처음 보겠어.（争执）
　　你这样的人真是头一次见。

ㅊ. 당신이 뭔데 이래라 저래라 하는 거야?（不快）
　　你干嘛多管闲事？

　　"댁"是对需要尊敬，但又不太熟悉的人所使用的代词。如：

ㅋ. 댁의 짐입니까?
　　这是您的行李吗？

　　"어르신"在一般交往中用的不多，使用时带有传统的气氛。如记者去农村采访，见到年龄大的长者可以用"어르신"。年轻人在地铁车厢里遇到身着韩服的长者，问话时使用"어르신"也比较贴切。

ㅌ. 여기가 어르신의 자리입니까?
　　这是您老的座位吗？

此外，还有"임자，그대"等。

ㅍ. 이번 일은 임자 덕 잘 되었네.
　　托你的福，这事很顺利。

ㅎ. 임자가 먼저 먹어 보게.
　　你先尝尝。
ㄲ. 요즘 그대 생각에 잠 못 이루는 밤이 많아졌소.
　　最近，对您的思念使我夜里难眠。
ㄸ. 내 사랑하는 그대여, 영원히 변치 마오.
　　亲爱的，望你永不变心。

"임자"是在相互比较亲密稍微尊敬时使用的第二人称代词，其意思及使用等级与"자네"类似。到了相当年记的夫妇间丈夫对妻子也可使用。"그대"用于书面语。如：在信中对称"너"的人可以使用，诗歌中用得较多。值得注意的是韩国语中经常省略第二人称，若使用第二人称反而别扭。有时还可直接用名词代替代词。

ㅃ. (너는) 어디 가니？（省略代词）
　　你去哪儿？
ㅆ. 선생님도 가십니까？（名词代替代词）
　　老师您也去吗？

第二人称还可以用以下词汇表示。如：
형（兄），여러분（各位），귀사（贵公司），귀하（您，足下）。

ㅉ. 귀사의 무한한 발전을 빕니다.
　　祝贵公司大展鸿图。
ㅇ. 여러분, 안녕하십니까?
　　各位，你们好？

3. 第三人称代词

第三人称用冠词"이，그，저"加依存名词"이，분"或加名词表达。由冠词"이，그，저"加依存名词或加名词可构成"이이，그이，저이"、"이분，그분，저분"、"이 사람，그 사람，저 사람"及"이놈，그놈，저놈"等。但使用时有一定的限制，如"그분"就比"그이"尊敬的程度高一些，而"그이"比"그 사람"尊敬的程度也高一些。因此，"그이"可用于女性称其丈夫使用，而丈夫对妻子则用"그 사람"。"그분"在最尊敬时使用。如："그분은 우리 선생님이시다."，谈论他人的长辈时也可以使用。还有时在"그"后面可直接加助词，表示第三人称代词。如：

韩国语 语法解惑与词义辨析

ㄱ. 그분은 너희 5대 조할아버지시니?
　　那是你的5代祖爷爷吗?
ㄴ. 그는 책을 보고 있다.
　　他正在看书。

练习 二

다음 문장의 빈칸에 아래 대명사를 넣으시오.

> 어르신, 자네, 귀국, 당사, 너희

1. 이 책을 (　　)가 가져 가게
2. 이 옷이 (　　)의 것입니까?
3. 그 분은 (　　) 할머니시니?
4. 저는 분국 정부를 대표하여 (　　) 정부에 진심으로 축하를 드리는 바입니다.
5. (　　)는 컴퓨터 부품을 주문하려고 합니다.

三、被　动

　　韩国语的动词有主动词、使动词、被动词，并可由其构成主动句、使动句、被动句。下面首先说明动词被动的的概念。
　　被动是指动作不是主体主动发出的，而是主体被另一个主体推动而实现的，这样构成的句子称为被动句。如：
　　호랑이가 포수에게 잡혔다.
　　老虎被猎人捉住了。

1．动词被动的实现方法

(1) 被动主体（+助词）+ 行动主体（+助词）+ 汉字词被动动词（汉字词+"되다，받다，당하다"）

　　ㄱ. 그의 제안이 학교측에 채택되었다.
　　　　他的建议被校方采纳了。
　　ㄴ. 그의 목표가 달성되었다.
　　　　他的目标实现了。
　　ㄷ. 그 선생님은 학생들에게 존경받는다.
　　　　那位老师受到学生的尊敬。
　　ㄹ. 그는 직장에서 해고당했다.
　　　　他被单位解雇了。

　　以上被动称为词汇被动，有时句子中可省略行动主体。动词与"당하다"结合时多为消极事项。

(2) 被动主体（+助词）+ 行动主体（+助词）+ 固有被动动词（谓词词干 +"이，히，기，리"）

　　此类动词称为短形派生被动，数量不多，有人统计大约150个左右。
　　列表如下：

被动接尾词	他动词
(1) 이	개다,깎다,끊다,보다,깔보다,얕보다,넘보다,꼬다,꿰다,깨다,나누다,낚다,닦다,덮다,뒤덮다,뜨다,볶다,들볶다,매다,얽매다,모으다,묶다,바꾸다,뒤바꾸다,섞다,뒤섞다,싸다,둘러싸다,에워싸다,쌓다,쓰다(用),쓰다(写),짜다(编),짜다(榨),쥐어짜다,쪼다,찧다,차다(踢),트다,파다,차다,놓다
(2) 히	걷다,긁다,꼬집다,꽂다,닫다,뒤집다,막다,먹다,떠먹다,맺다(结果实),묻다,파묻다,박다,처박다,치받다,들이받다,받다,밟다,짓밟다,뽑다,꼽다,손꼽다,씹다,짓씹다,얹다,얽다,뒤얽다,업다,읽다,잊다,잡다,사로잡다,붙잡다,접다,찍다,찍다(拍摄),짚다
(3) 기	감다,감다(머리),끊다,닫다,담다,듣다,뜯다,빼앗다,씻다,안다,앗다,쫓다,잠그다,찢다,신다,싣다,빗다
(4) 리	가르다,갈다,갈다(耕),갈다(磨),걸다,깔다,끌다,끊다,날다,널다,누르다,짓누르다,눈다,달다,매달다,달다(称),덜다,듣다,들다,따르다,떨다,뚫다,뒤틀다,비틀다,말다,말다(卷),몰다,내몰다,물다,깨물다,밀다,밀다(积),내밀다,치밀다,벌다,불다,부르다,붙들다,빨다,빨다(吸),싣다,쓸다,휩쓸다,썰다,열다,자르다,찌르다,털다,팔다,되팔다,풀다,흔들다,뒤흔들다,헐다

根据谓词词干的末音特点，被动的连接方式如下：

被动接尾词	词干末音	例词
이	모음,ㄲ,ㅎ,ㅍ,ㄾ	보이다,꺾이다,쌓이다,덮이다,핥이다
히	ㄱ,ㅂ,ㄷ,ㅈ,ㄺ,ㄼ	막히다,잡히다,묻히다,잊히다,얽히다,밟히다
리	ㄹ,ㄷ(ㄹ),ㅀ	갈리다,들리다(듣다,들다),뚫리다
기	ㄴ,ㅁ,ㅅ,ㅊ,ㅀ,ㄻ	안기다,감기다,벗기다,쫓기다,끊기다,삶기다

ㄱ. 아이가 개한테 물렸다.
　　小孩被狗咬了。

ㄴ. 저 사람이 벌한테 쏘였다(쏘이었다).
   那个人被黄蜂蛰了。
ㄷ. 어항 속의 고기가 고양이에게 잡아 먹혔다.
   鱼缸里的鱼被猫吃掉了。
ㄹ. 그는 강도에게 돈을 빼앗겼다.
   他被强盗抢了钱。

如前所述只有少数固有动词可接"이, 히, 리, 기", 而以下几种动词不能接以上接尾词。

① 动词词干末音是"ㅣ"的动词

던지다（扔），때리다（打），지키다（遵守），가르치다（教），가지다（具有）。

② 表示取得、给予含义的动词

얻다（获得），받다（接受），사다（买），찾다（找），입다（受到），돕다（帮助），주다（给）。

③ 对称动词

만나다（遇到），닮다（像），싸우다（打仗）。

④ 表示经验的动词

알다（知道），배우다（学），바라다（希望），느끼다（感觉）。

⑤ 表示移动的动词

가다（去），걷다（走），기다（爬），오르다（上）。

⑥ 以"하다"结尾的动词

일하다（干活），건설하다（建设），공부하다（学习）。

(3) 被动主体（+助词）+ 行动主体（+助词）+ 被动词（谓词词干 +"아(어, 여)지다"）

此类被动称为长型被动或句法被动。在谓词不能接词缀"이, 히, 리, 기"的情况下, 大多可接"아（어, 여）지다"构成被动, 这种被动表达方式还可反映事物变化的过程。

① 他动词词干+아（어, 여）지다

ㄱ. 집내부 전체가 벽지가 발라져 있어요.
   家里全都贴了壁纸。
ㄴ. 방금 만들어져 나온 빵인데 맛 좀 보세요.

刚烤好的面包，请尝尝吧。
ㄷ. 산 지 얼마 안 되는데 칠이 벗겨져 있다.
　　　买来没多久就开始掉漆了。
ㄹ. 새로운 사실이 연구진에 의해 밝혀졌다.
　　　研究团队阐明了新的事实。
ㅁ. 문제가 좀 있지만 그렇게 심각하게는 보여지지는 않습니다.
　　　虽然有点儿问题，但看起来不是那么严重。
ㅂ. 저 사람 손에 들려져 있는 게 무엇입니까?
　　　那个人手里提的是什么呀?

② 形容词词干+아（어，여）지다

ㄱ. 그 집 딸을 오랜만에 보았는데 예뻐졌어요.
　　　好久没看到他们家的女儿了，比以前漂亮多了。
ㄴ. 교실이 갑자기 조용해졌어요.
　　　教室里突然安静下来。

　　此类形态因反映的是状态变化，因此有人不把它看成被动，而是视为形容词的动词化。

2. 被动句中动作主体的助词使用方法

（1）活动体名词接"에게，한테，에 의하여"

ㄱ. 도둑이 경찰에게/한테 붙잡혔다.
　　　小偷被警察捉住了。
ㄴ. 남동생이 누나에게/한테 업혀 있다.
　　　姐姐背着弟弟。
ㄷ. 철수에 의해 벽에 구멍이 뚫렸다.
　　　哲洙在墙上凿了个洞。

（2）非活动体名词接"에，에 의하여"

ㄱ. 농부가 작두에 손이 잘렸다.
　　　农夫被铡刀轧了手。
ㄴ. 철근이 기계에 의해 땅에 깊숙히 박혔다.
　　　机器将钢筋深深地砸进了地下。

(3) 助词的互换
   ① "에게"与"한테"的互换
   ㄱ. 소매치기 한 명이 순찰하던 경찰에게/한테 검거되었다.
      一个扒手被巡逻的警察抓住了。
   ㄴ. 나한테/에게 잡히기만 해 봐라, 가만히 안 둘 거야.
      你要是被我抓住，决不轻饶了你。
   以上"에게，한테"可以互换，但"한테"多用于口语。
   ② "에게/한테"和"에 의해서"的互换
   ㄱ. 동생이 개에게/한테 물렸다.
      弟弟被狗咬了。
   ㄴ. 동생이 개에 의해서 물렸다.
      弟弟被狗咬了。
   以上"ㄱ，ㄴ"句虽然可以互换，但"ㄴ"句稍别扭一些。一般动作性强的词，如"안기다，잡히다，눌리다，보이다，쫓기다"与"에게/한테"，而状态性强的词，如"끊기다，묻히다，걸리다，닫히다，풀리다"与"에 의해서"搭配使用，表示被动句的动作主体。
   ㄱ. 나는 그에게/한테 손을 잡혔다.
      我的手被他抓住了。
   ㄴ. 그 꽃이 책상위에 그에게(×)/그에 의해 놓였다.
      他把那朵花放在桌子上了。

(4) 被动的行动主体的省略
   ㄱ. 여기는 황하삼각주라 불린다.
      这里被人们称为黄河三角洲。
   ㄴ. 그는 까무잡잡하게 그을렸다.
      他被晒得黝黑。
   ㄷ. 그녀가 다른 한 손으로 그를 밀려고 하자 그 손도 (그한테) 붙잡혀 버렸다.
      她想用另一只手去推他，但也被（他）握住了。
   ㄹ. 안개가 점점 걷혀가자 눈앞에 강이 나타났다.
      雾逐渐散去，一条河出现在眼前。
   以上"ㄱ"句省略的人泛指多数人，"ㄴ"句省略的太阳指的是

自然力，"ㄷ"句的"그"在前句已经出现而不必重复，"ㄹ"句属不可知或说不清的情况，均可省略。

3．被动句并非都有对应的主动句

在韩国语中，不是所有的被动句都有对应的主动句。具体如下：

(1) 人的意志很难介入而只反映状态的结果时，被动句往往无对应的主动句

此类句子多与自然现象或状态有关。

ㄱ. 추위가 풀렸다.
　 天暖和了。

ㄴ. 서서히 안개가 걷혔다.
　 雾慢慢地散了。

ㄷ. 낙엽이 쌓였다.
　 落叶堆积。

ㄹ. 이마에 땀이 맺혀 있다.
　 额头上挂着汗水。

(2) 惯用语一般无对应的主动句

ㄱ. 곧은 나무가 먼저 꺾인다.
　 直树先伐。（木秀于林，风必催之。）

ㄴ. 꼬리가 길면 밟힌다.
　 常在河边走，哪能不湿鞋！／多行不义必自毙。

(3) 转义的被动词，无法构成主动句

ㄱ. 손에 못이 박혔다.
　 手上长了茧子。

ㄴ. 일이 산더미같이 밀렸다.
　 要做的事情堆积如山。

ㄷ. 게임이 잘 안 풀린다.
　 比赛难分难解。

ㄹ. 그 배우에 관한 소문이 쫙 깔렸다.
　 关于那个演员的传闻铺天盖地。

从以上句子可以看出被动词是动词词干添加接尾词"히"或"리"构成的,与主动词处于同等地位,不一定与主动词构成对应关系。

4. 主动动词与被动动词前加上否定词时的意义变化

主动动词与被动动词前加上否定词时,产生的意义变化不一样。

ㄱ. 그는 고기를 안 먹는다.
   他不吃肉。
ㄴ. 그는 요즘 고기가 안 먹힌다.
   他最近不想吃肉。

练 习 三

一、주어진 동사의 피동형을 (   )안에 넣으시오.
   1. 눈이 많이 (   )서 비로 쓸었어요. (쌓다)
   2. 집 주소가 (   ) 었습니까? (바꾸다)
   3. 보물이 무덤에 (   ) 있어요. (묻다)
   4. 누나의 품에 (   ) 동생이 자고 있어요. (안다)
   5. 창문이 (   )서 모기가 들어왔어요. (열다)
   6. 이 문제가 (   )면 저도 마음을 놓겠어요. (해결하다)
   7. 고등 학교에서 (   ) 명문 대학에 들어왔다. (추천하다)
   8. (   )고도 아직 정신을 못 차렸어요. (사기치다)
   9. 꿈이 (   )서 정말 기쁘겠어요. (이루다)
   10. 그 소식이 널리 (   )다. (알다)

二、다음 대화에서 피동형으로 빈칸을 채우시오.
   1. 가: 왜 교실에 들어가지 않고 복도에 있습니까?
      나: 문이 (   ) 있어서 못 들어갑니다.
   2. 가: 안녕하세요. 요즘 장사는 어떻습니까?
      나: 네, 요즘은 더워서 수박이 많이 (   ).

3. 가: 한글을 언제 만들었어요?
　 나: 15세기에 (　　　　).
4. 가: 그 책의 제목이 뭐예요?
　 나: 지워져서 안 (　　　　).
5. 가: 도둑이 어떻게 되었습니까?
　 나: 도둑이 경찰에게 (　　　　).

三、**다음에서 틀린 부분을 고치십시오.**
　 1. 2008년에 중국에서 올림픽이 엽니다.
　 2. 눈이 많이 와서 교통이 끊었습니다.
　 3. 철수 씨, 반장으로 뽑은 소감이 어때요?
　 4. 시대가 많이 바꾸었어요.
　 5. 어릴 때부터 사랑당하면서 자라 왔어요.

四、使　动

使动是主体发出一个动作，推动、促使另一个对象做出动作，这样构成的句子称为使动句。如：

어머니가 아이에게 밥을 먹인다.

妈妈给孩子喂饭。

어머니가 아이에게 밥을 먹게 한다.

妈妈叫孩子吃饭。

1．动词使动的实现方法

（1）使动主体（+助词）+ 被使动对象（+助词）+ 汉字词使动词
　　（汉字名词 + "시키다"）

此类使动称为词汇使动。如：

할아버지의 말씀은 손자를 감동시켰다.

爷爷的话使孙子很受感动。

（2）使动主体（+助词）+ 被使动对象（+助词）+ 固有词使动词
　　（固有词词干 + "이，히，리，기，우，구，추"）

此类动词称短形使动或派生使动。

① 词干与接尾词的结合规律不太明显，现将使动的接尾词与对应的部分例词列表如下：

使动接尾词	例词
(1) 이	보다，먹다，속다，녹다，죽다，늘다，삭다，썩다，숙다，누다，졸다，절다，끓다，붙다，벌다，기울다，들다，쓰다
(2) 히	익다，식다，묵다，썩다，굳다，묻다，잡다，입다，업다，눕다，굽다，맞다，앉다，삭다，늙다，밟다，뽑다（形容词：괴롭다，덥다，밝다，좁다）

续表

使动 接尾词	例词
(3) 리	알다, 곯다, 꿇다, 뚫다, 놀다, 늘다, 빨다, 얼다, 덜다, 틀다, 갈다, 늘다, 물다, 울다, 살다, 돌다, 듣다(들리다), 걷다(걸리다), 부르다(불리다), 마르다(말리다), 오르다(올리다), 흐르다(흘리다), 무르다(물리다)
(4) 기	안다, 신다, 남다, 넘다, 감다, 굶다, 숨다, 낚다, 벗다, 옮다, 씻다, 웃다, 뜯다, 맡다, 찢다, 튀다
(5) 우	비다, 깨다, 끼다, 새다, 돋다, 미루다, 메다, 지다, 찌다, 피다, 띄다, 내리다
(6) 구	돋다, 일다, 솟다, 달다
(7) 추	맞다, 들다 (形容词：늦다, 낮다)
(8) -ㅣ우	차다(채우다), 자다(재우다), 서다(세우다), 타다(태우다), 트다(틔우다), 쓰다(씌우다) (形容词：크다)

② 根据词性分别说明词干与接尾词的连接方式

形容词词干+接尾词

낮다→낮추다 (말을 낮추다)
늦다→늦추다 (기일을 늦추다)
맞다→맞추다 (양복을 맞추다)
붉다→붉히다 (얼굴을 붉히다)
밝다→밝히다 (신분을 밝히다)
높다→높이다 (댐을 높이다)
굽다→굽히다 (뜻을 굽히다)
비다→비우다 (교실을 비우다)

以上情况一般认为不是使动词，而是形容词变成他动词。但起类似使动的作用。

自动词词干+接尾词

숨다→숨기다 (비밀을 숨기다)
옮다→옮기다 (집을 옮기다)
새다→새우다 (밤을 새우다)
살다→살리다 (환자를 살리다)

구르다➡굴리다 (생각을 굴리다)
돋다➡돋우다 (입맛을 돋우다)
他动词词干+接尾词
알다➡알리다 (소식을 알리다)
말다➡말리다 (싸움을 말리다)
벌다➡벌이다 (싸움을 벌이다)
넘다➡넘기다 (위기를 넘기다)
입다➡입히다 (옷을 입히다)

③由各种词性的谓词所形成的使动句。如：

ㄱ. 도로가 넓다 (形容词) ➡ (인부들이) 도로를 넓혔다.
ㄴ. 댐이 높다 (形容词) ➡ (농민이) 댐을 높였다.
ㄷ. 영수가 깨다 (自动词) ➡ (어머니가) 영수를 깨웠다.
ㄹ. 라면이 끓다 (自动词) ➡ (어머니가) 라면을 끓였다.
ㅁ. 동생이 의자에 앉다 (自动词) ➡ (내가) 동생을 의자에 앉혔다.
ㅂ. 짐이 옮다 (自动词) ➡ (내가) 짐을 기숙사로 옮겼다.
ㅅ. 친구가 여권을 보다 (他动词) ➡ (내가) 친구에게 여권을 보여 주었다.
ㅇ. 동생이 옷을 입다 (他动词) ➡ (어머니가) 동생에게 옷을 입혔다.

但是能接"이，히，리，기，우，구，추"接尾词的固有词并不很多，下面是不能接的情况：

①动词词干末音是"ㅣ"的动词：
던지다（扔），지키다（遵守），때리다（打），만지다（摸），치다（打），밀다（推）……

②具有取得、给予意义的动词：
얻다（获得），받다（接受），찾다（找），입다（受到），사다（买），주다（给），드리다（给），바치다（交）……

③对称动词：
만나다（遇），닮다（像），싸우다（打仗）……

④经验动词：
배우다（学），바라다（希望），느끼다（感到）……

④表示移动的动词：
가다（走），걷다（去），기다（爬），오르다（上）……

⑥ "하다"结尾的动词:
일하다(干活),건설하다(建设),공부하다(学习)……

(3) 使动主体(+助词)+ 被使动对象(+助词)+ 使动词(谓词词干+"게 하다, 도록 하다")
此类使动称为长形使动或句法使动。
ㄱ. 나는 순희를 <u>가게 했다/도록 했다</u>.(自动词)
　　我让顺姬去了。
ㄴ. 어머니가 방을 <u>깨끗하게 했다</u>.(形容词)
　　妈妈把房间打扫干净了。
ㄷ. 어머니가 동생에게 옷을 <u>입게 했다</u>.(他动词)
　　母亲让弟弟穿上了衣服。

如前所述,并不是所有的动词都能与接尾词结合在一起构成短形使动,所以短形使动的使用受到限制,长形使动虽然使用起来比较灵活,但在以下情况同样受到限制。
ㄱ. 할아버지가 손자에게 유언을 남겼다./남게 했다.(×)
　　爷爷给孙子留下了遗言。
ㄴ. 나는 순희를 <u>가게 했다/도록 했다</u>.
　　어머니가 방을 <u>깨끗하게 했다</u>.
ㄷ. 어머니가 동생에게 옷을 <u>입게 했다</u>.
　　어머니가 치마를 줄였다./줄게 했다.(×)
　　妈妈把裙子改小了。
ㅁ. 어머니가 소식을 알렸다./알게 했다.(×)
　　母亲告诉了消息。
ㄹ. 동생이 친구를 속였다./속게 했다.(×)
　　弟弟骗了朋友。

以上使动实际上是起他动的作用。如"유언을 남겼다→유언을 했다."

2. 短形使动和长形使动的区别

(1) 使动主体是否参与被使动对象行为的区别
　　短形使动一般是使动主体直接参与被使动对象的行为,但有时也间接参与其行为。长形使动一般是间接参与其行为。

ㄱ. 어머니는 아이에게 밥을 먹인다. (直接参与)
　　妈妈给孩子喂饭。
ㄴ. 내가 아이를 죽인 거야. (由于母亲疏忽, 实际起到间接参与作用)
　　是我把孩子害死的。
ㄷ. 어머니는 아이에게 밥을 먹게 한다. (间接参与)
　　妈妈让孩子吃饭。
　　因为短形使动(包括词汇使动)直接参与被使动的对象的形为, 故带有强制的性质, 一般其结果一定实现, 而长形使动不一定实现。
ㄹ. 어머니가 아이에게 옷을 입혔으나 입지 않았다. (×)
ㅁ. 어머니가 아이에게 옷을 입게 했으나 입지 않았다.
　　"ㄹ"句中"입히는"的行为肯定是穿上了, 后句如果是"입지 않았다"就是错误的, 而"ㅁ"句中"입게 하는"的行为, 不一定穿上, 所以后句"입지 않았다"可以成立。
　　但表示心理活动的动词(듣다, 보다 等)涉及被使动对象的心理活动, 其结果也不一定必须实现。
ㅂ. 영희는 철수에게 사진을 보여 주었으나 보지 않았다.
　　永姬让哲洙看照片, 他却没看。

(2) 使动事件与被使动事件时间是否一致的区别

　　短形使动句中使动事件与被使动事件一般时间是一致的。而长形使动句中使动事件与被使动事件之间有时会有时间上的差异。
ㄱ. 의사는 환자를 눕혔다. (患者躺的行为与医生扶的时间一致)
　　医生扶患者躺下了。
ㄴ. 어제 교수님께서 오늘 학생들에게 리포트를 제출하게 하셨다.
　　昨天教授让学生今天提交报告。(教授提出要求的时间与学生提交时间不一致)

(3) 短形使动与长形使动助词使用的区别

　　短形使动句中被使动对象所接助词受到限制, 长形使动比较灵活。
ㄱ. 아버지가 아이(가, 를, 에게, 한테, 로 하여금) 과자를 먹게 한다.
　　爸爸让孩子吃点心。

29

ㄴ. 아버지가 아이 (에게, 한테, 를, 가(×), 로 하여금(×))
과자를 먹인다.
爸爸给孩子吃点心。

以上"ㄱ"句中"아이"后面可接"가,를,에게,한테,로 하여금";而"ㄴ"句中接"에게,한테"比较好,也可以接"를",绝对不能接"가, 로 하여금"。

但有的自动词形成的短形使动句中,被使动对象不能接"에게",而他动词形成的短形使动句中被使动对象可以接"에게"。

ㄷ. 저 사람이 아이를 웃겼다/아이게게(×)웃겼다.
那个把孩子逗笑了。

ㄹ. 저 사람이 소년에게 책을 읽혔다.
那个人给少年读了书。

长形使动中虽然"에게,를"均可使用,但语感上是有差别的。

ㅁ. 선생님은 아이를 집에 가게 했다.(强制)
老师让孩子回家。

ㅂ. 선생님은 아이에게 집에 가게 했다.(非强制)
老师让孩子回家。

以上ㅁ句接"를"带有强制的性质,而ㅂ句则没有这种性质。

(4) 短形使动与长形使动状语的修饰范围的区别

① 时间状语

短形使动句中时间状语起限定使动主体行为的作用,长形使动句中的时间状语则起限制被使动对象的作用。

ㄱ. 어머니가 아이에게 옷을 빨리 입혔다.(限定母亲的行为)
妈妈很快给孩子穿上衣服。

ㄴ. 어머니가 아이에게 옷을 빨리 입게 했다.(限定孩子的行为)
妈妈让孩子快穿衣服。

以上"ㄱ"句的"빨리"是妈妈的行为,而"ㄴ"句的"빨리"是孩子的形为。

② 否定状语

ㄱ. 나는 철수에게 그 책을 못 읽혔다.
我不能给哲洙读那本书。

ㄴ. 나는 철수에게 그 책을 못 읽게 했다.
我不能让哲洙读那本书。

以上"ㄱ"句"못"是我的行为，而"ㄴ"句"못"是哲洙的行为。
③ 场所状语
ㄱ. 어머니가 아이를 마루에서 재웠다.
　　妈妈在地板上把孩子哄睡了。
ㄴ. 어머니가 아이를 마루에서 자게 했다.
　　妈妈让孩子睡在地板上。
以上"ㄱ"句中在"마루"上的行为是妈妈的，而"ㄴ"句中在"마루"上是孩子的行为。

(5) 短形使动与长形使动中敬语"시"使用的区别
敬语"시"在短形使动中只能在一处使用，而长形使动中可以用在两处。
ㄱ. 선생님께서 철수에게 책을 읽히셨다.
　　老师给哲洙读了书。
ㄴ. 선생님께서 철수에게 책을 읽게 하셨다.
　　老师让哲洙读了书。
ㄷ. 이 선생님께서 우리 선생님께 책을 읽으시게 하셨다.
　　李先生让我们的老师给读了书。
"ㄱ，ㄴ"句尊敬的是主语，"ㄷ"句则既尊敬主语又尊敬被使动的对象。

3．双重使动

韩国语中有时出现双重使动，即在短形使动或词汇使动上面再加一个长形使动。
ㄱ. 내가 철수보고/에게 동생에게 밥을 먹이게 했다.
　　我让哲洙给弟弟喂饭。
ㄴ. 내가 철수에게 동생을 교육시키게 했다.
　　我让哲洙教育弟弟。

4．被动、使动在使用相同接尾词时的区分方法

有些动词的被动、使动形使用相同的接尾词，这样的词有"보이다，물리다，들리다，잡히다，업히다，안기다，씻기다"等。如：

ㄱ. 다른 사람한테 안 <u>보이게</u> 잘 감추세요. (被动)
要藏好，不要被别人看到。

ㄴ. 그는 나에게 사진첩을 <u>보여</u> 주었다. (使动)
他给我看了相册。

ㄷ. 손에 짐이 <u>들려</u> 문을 열 수가 없다. (被动)
因为手里拎着行李不能开门。

ㄹ. 할아버지가 손자한테 짐을 <u>들린</u> 채 가고 있다. (使动)
爷爷让孙子提着行李走。

ㅁ. 경찰에게 <u>잡힌</u> 도둑은 순순히 범행 사실을 시인했다. (被动)
被警察抓到的小偷对自己的犯罪事实供认不讳。

ㅂ. 시계를 <u>잡히고</u> 돈을 빌렸다. (使动)
抵押手表借了钱。

ㅅ. 모래위에 새겨 놓은 글자가 <u>씻겨</u> 지워졌다. (被动)
在沙滩上写的字被冲掉了。

ㅇ. 할머니께 발을 <u>씻겨</u> 드렸다. (使动)
给奶奶洗了脚。

被动、使动使用相同的接尾词时，主要靠语境区别，为了将使动形态更加明确，无论使动、被动的形态是否一样，在使动接尾词后面可加"아(어,여) 주다"。如：

ㄱ. 이 산에 오르니까 바다가 보인다. (被动)
登上这座山，就能看到海。

ㄴ. 책을 보여 주세요. (使动)
让我看看书。

ㄷ. 과자가 먹힌다. (被动)
吃了点心。

ㄹ. 과자를 먹여 주세요. (使动)
请给我吃点心吧。

练 习 四

一、주어진 동사의 사동형을 ( ) 안에 넣으시오.
　　1. 그 소식을 빨리 ( ) 주세요. (알다)

2. 내일 오전에 집을 (　　)기로 한다. (옮다)
3. 어머니는 철수를 (　　). (깨다)
4. 내가 친구에게 사진을 (　　). (보다)
5. 어머니는 아이에게 옷을 (　　). (입다)
6. 할머니는 심지를 (　　) 있다. (돋다)
7. 철수는 밤을 (　　) 공부한다. (새다)
8. 여우는 "네가 만일 아직도 의심하고 있다면 내말을 (　　) 주지." 하고 말했다. (확인하다)
9. 사장은 철수를 북경에 (　　) 했다. (가다)
10. 어머니는 영희에게 옷을 (　　) 했다. (입다)

二、다음 대화에서 사동형으로 빈칸을 채우시오.
1. 가: 벽 뒤에 (　　) 게 뭐예요?(숨다)
   나: 아무것도 아니에요.
2. 가: 철수 씨는 장난치기를 매우 좋아하는 사람입니다.
   나: 맞아요. 어제도 소풍에서 친구를 (　　).(울다)
3. 가: 저 벽시계가 좀 늦는 것 같아요.
   나: 그러면 좀 시간을 (　　) 주세요.(맞다)
4. 가: 어머니가 뭘 하시고 있습니까?
   나: 어머니가 아이에게 밥을 (　　) 고 있습니다.(먹다)
5. 가: 길이 너무 좁습니다.
   나: 그러면 길을 (　　) 겠습니다.(넓다)

三、다음 밑줄 친 부분 중 잘못된 것을 고르시오.
1. (　　)
   A. 형은 동생에게 과일을 먹혔다.
   B. 철수는 재미 있는 말로 동창생을 웃겼다.
   C. 영희는 종이 비행기를 하늘에 날렸다.
   D. 깨지 않는 아이를 겨우 깨웠다.
2. (　　)
   A. 옷이 너무 길어서 길이를 줄이고 싶어요.
   B. 엄마가 아이를 안기고 있어요.
   C. 친구의 돈을 속이는 사람은 나쁜 사람이에요.

D. 벽이 낮아서 벽을 <u>높히는</u> 공사를 하고 있어요.

四、**다음에서 틀린 부분을 고치시오.**
　　1. 방 열쇠는 아예 카운터에 맡아 두는 게 좋을 것 같아요.
　　2. 남대문 앞에 차를 서 주십시오.
　　3. 철수는 친구에게 그 소식을 알았어요.
　　4. 나는 철수에게 한국어를 배우겼다.
　　5. 어머니가 아이로 하여금 밥을 먹인다.

五、形容词的形态与变化

形容词与动词同属谓词,与动词一样有形态的变化,因此形容词与动词有许多相同的功能。甚至有人把形容词称为状态动词。

1．形容词与动词形态相同其意义不同

形容词	动词
ㄱ. 날이 밝다. 天亮了。	날이 밝는다. 天正在放亮。
ㄴ. 그는 너무 늙었다. 他太老了。	그는 날로 늙는다. 他日渐衰老。
ㄷ. 그의 키가 크다. 他个子高。	그가 잘 큰다. 他在长大。

以上形容词与动词虽然具有相同形态,其表达的意义却不同。形容词表达的是事物的状态,动词表达的是动作。

2．形容词有时也可作动词使用

形容词表示事物的性质和状态。因此,一般其终结词尾不能用命令式或共动式,但是个别与动作有关的形容词也可以使用命令式或共动式终结词尾。

ㄱ. 영철아, 더 부지런해라/더 성실해라.
　　永哲,再勤快点儿吧/再诚实点儿吧。
ㄴ. 우리 좀 더 부지런하자.
　　我们再勤快一点儿吧。

以上"부지런해라,부지런하자"中的"부지런하다"虽为形容词,实际上可以看成"부지런히 해라,부지런히 하자"的省略形。

3. 形容词可以变成动词

形容词不仅有的可当动词使用，而且在其词干上加上词尾可以变成动词。

(1) **形容词词干+아（어，여）**

날이 어둡다.　　　　　날이 어두워진다.
天黑。　　　　　　　　天黑起来。
우리 사업은 번창하다.　우리 사업은 날로 번창해진다.
我们的生意繁荣昌盛。　我们的生意日益繁荣昌盛。
这种形容词的动词化反映了事物或状态渐渐变化的过程。

(2) **形容词词干+이，리，히，우，추**

뚝이 높다.　　　　　　우리는 뚝을 높인다.
堤坝高。　　　　　　　我们正加高堤坝。
배가 부르다.　　　　　이렇게 하면 다른 사람의 배만 불리게 한다.
肚子饱了。　　　　　　这样做的话只能让他人占便宜。
운동장이 넓다.　　　　우리는 운동장을 넓힌다.
运动场很大。　　　　　我们正加宽运动场。
교실이 비어 있다.　　　우리는 교실을 비우자.
教室是空的。　　　　　我们把教室腾出来吧。
출생률이 낮다.　　　　인구 출생률을 낮춘다.
出生率低。　　　　　　降低人口出生率。
这种动词化，是将形容词变成他动词，起到使动的作用。

(3) **形容词词干+아(어，여) 가다，오다 等**

ㄱ. 날씨가 춥다.　　　날씨가 점점 추워온다.
　　天气冷。　　　　　天气渐渐冷起来。
ㄴ. 관계가 멀다.　　　우리 두 사람의 관계가 점점 멀어져갔다.
　　关系远。　　　　　我们两个人的关系渐渐疏远了。
这种动词化反映了状态的趋向。

(4) 形容词词干+아(어, 여)하다

ㄱ. 나는 기쁘다.　　　　나는 기뻐한다.
　　我高兴。　　　　　　我感到高兴。
ㄴ. 그는 기쁘다.(×)　　그는 기뻐한다.
　　　　　　　　　　　他感到高兴。
ㄷ. 그는 기뻤다.
　　他高兴了。
ㄹ. 그는 기쁘다고 한다.
　　他说高兴。
ㅁ. 선생님, 기쁘십니까?
　　老师您高兴吗?

　　这种反映心理状态的形容词接"아(어, 여)하다"以后，可以表明心理活动的过程。因为自己了解自己的心理活动。因此，"ㄱ"句中既可用"기쁘다"又可用"기뻐하다"。而第三人称时，只有当别人有行动表示时，你才可以判断他高不高兴，因此"ㄴ"句中必须用"기뻐하다"，不能用"기쁘다"。"ㄷ"句中，心理活动已经完了，而"ㄹ"句中是他自己说的，都可以用"기쁘다"。"ㅁ"句中作为第二人称的疑问句也可以用"기쁘다"。

练 习 五

다음 문장 중의 형용사를 동사로 바꾸시오.

1. 벽이 높다.
2. 우리의 교실이 비어 있다.
3. 중한 두 나라의 관계가 가깝다.
4. 날씨가 따뜻하다.
5. 나는 꽃이 좋다.

六、副词的功能及搭配

副词的主要功能是修饰动词和形容词,在句子中做状语,但副词加上助词后可以修饰其他词性的词,并成为其他句子成分,有时副词还可修饰整个句子或起到连接词和词、句子和句子的作用。副词在修饰时通常需要很好地对应有关搭配。

1. 副词的各种功能

副词有多种功能,实现方法主要有以下几种。

ㄱ. 그녀는 방을 깨끗이 청소한다.(修饰动词)
  她把房间打扫得很干净。

ㄴ. 금강산이 매우 아름답다.(修饰形容词)
  金刚山很美丽。

ㄷ. 우리 앞차는 아주 빨리 달려갔다.(修饰副词)
  我们前面的车很快地开走了。

ㄹ. 그는 꼭 추리소설만 보는구나!(修饰名词)
  他只看推理小说呀!

ㅁ. 바로 이웃이 우리 집이다.(修饰名词)
  旁边就是我家。

ㅂ. 철수가 아주 새 사람이 되었다.(修饰冠词)
  哲洙完全像变了一个人。

ㅅ. 의외로 손님이 많이 오셨다.(修饰整个句子)
  很出乎意料,来了许多客人。

ㅇ. 그는 이번에 기차 또는 고속버스를 이용할 것이다.(连接词与词)
  他这次可能乘坐火车或长途大巴。

ㅈ. 길을 많이 넓혔어요. 그래서 출근시간에도 막히지 않아요.
  (连接句子和句子)
  道路加宽了,因此上班时间也不堵了。

2. 副词做各种句子成分

副词在句子中主要做状语,但部分副词加上助词后,可以做主语、定语,而接续副词和语气副词则可做独立成分。

ㄱ. 식구 <u>모두가</u> 여행을 떠났다. (主语)
全家人都旅游去了。

ㄴ. 그것은 <u>아까의</u> 일이었다. (定语)
那是刚才的事。

ㄷ. <u>물론</u>, 그것은 중요한 일이다. (独立成分)
当然那是重要的事。

ㄹ. 다리가 많이 아파요. <u>그래도</u> 학교에 갈 수 있어요. (独立成分)
虽然腿很痛,但还能去学校。

3. 副词修饰其他句子成分时的搭配方法

(1) 副词与否定意义对应的搭配

ㄱ. 약속 시간이 지났는데 <u>아직</u> 안 왔다.
已经过了约好的时间,可还没来。

ㄴ. 학교가 집에서 <u>그리</u> 멀지 않아요.
学校离家不远。

ㄷ. 나는 <u>그다지</u> 먹고 싶지 않다.
我不怎么想吃。

ㄹ. 돈을 벌려고 한국에 갔는데 돈을 <u>별로</u> 벌지 못했어요.
为赚钱去了韩国,却没赚多少。

ㅁ. 수업 때문에 열 시까지 <u>도저히</u> 갈 수 없지요.
因为上课,无论如何10点前也去不了。

ㅂ. 너무 젊어서 70세라는 연세가 <u>도무지</u> 믿어지지 않아요.
长得年轻,怎么也无法相信他是70岁的高龄。

ㅅ. 그 사람이 나이가 그렇게 많은 줄 <u>미처</u> 몰랐어요.
没有想到那个人的年龄那么大。

ㅇ. 그 사람 말은 <u>아예</u> 믿지 마세요.
干脆别相信那个人的话。

ㅈ. 이 식당 음식이 <u>여간</u> 맛있지 않아요.
这家饭店的饭菜味道不一般。

ㅊ. 2년이나 한국에 있었는데 한국말을 <u>전혀</u> 못해요.
    在韩国都呆两年了，韩国语一点儿也不会。
ㅋ. 다음에는 <u>절대로</u> 실수하지 않을 겁니다.
    下次决不会错了。
ㅌ. 아무리 어려워도 <u>결코 (결단코)</u> 물러서지 않으리라.
    即使再难也决不会退缩。
ㅍ. 나는 그의 소식을 <u>통</u> 모른다.
    我根本不知道他的消息。
ㅎ. 그의 마음은 <u>쉽사리</u> 흔들리지 않을 거예요.
    他的决心不会轻易动摇的。

(2) 副词与让步、转折意义对应的搭配
ㄱ. <u>아무리</u> 추워도 보리는 싹튼다.
    天再冷大麦也会发芽。
ㄴ. <u>설령/설사</u> 내가 거기 있었더라도 별 수 없었겠지.
    即使我在那儿，也可能没有什么用。
ㄷ. <u>비록</u> 그것이 사실이라 하더라도 믿어지지 않는다.
    即使那是事实，我们也不能相信。
ㄹ. <u>비록</u> 나이는 어리지만 생각이 아주 깊다.
    虽然年纪小，但却能深入想问题。
ㅁ. <u>구태여</u> 직접 찾아 가지 않아도 좋다.
    不一定非要亲自去。

(3) 副词与假定意义对应的搭配
ㄱ. <u>만일</u> 용돈이 부족하면 이 돈을 쓰세요.
    如果零钱不够，就用这些钱吧。
ㄴ. <u>만약</u> 안 되면 즉시 나에게 연락해.
    如果不行，马上跟我联系。
ㄷ. <u>가령</u> 갈 사람이 많다면 우리도 가자.
    假如去的人多，我们也去吧。

(4) 副词与疑问、反问意义对应的搭配
ㄱ. 지금 <u>얼마나</u> 남았습니까?

현재还剩多少呢?
ㄴ. 금강산이 얼마나 아름다운지 몰라요.
金刚山可美了。
ㄷ. 어찌 된 일인가?
怎么搞的?
ㄹ. <u>도대체</u> 어떻게 된 일이에요?
到底是怎么回事?
ㅁ. 짐승도 은혜를 알거든 <u>하물며</u> 사람에 있어서랴.
连动物都知道报恩,更何况是人呢?

(5) 副词与比较、推测意义对应的搭配
ㄱ. <u>마치</u> 외국에 온 것 같다.
好像到了外国一样。
ㄴ. 메밀꽃이 만발하여 <u>흡사</u> 눈이 내린 것 같다.
荞麦花盛开,好像下雪了似的。
ㄷ. <u>아마</u> 이번에는 합격할 것이다./합격할 것 같다.
好像这次会及格的。

练 习 六

다음 대화에서 아래 단어로 문장을 만들어 가지고 빈칸을 채우시오

별로, 구태여, 결코, 도무지, 그다지, 비록, 마치, 그러면, 어찌나, 그렇지 않아도

1. 가: 한국 음식을 좋아하세요?
   나: 아니오,매운 음식을 (　　) 좋아하지 않아요.
2. 가: 한국에서 사는 동안에 당신에게 가장 잊을 수 없는 사람은 누구입니까?
   나: 저를 가르쳐 주시는 지도 교수님을 (　　) 잊을 수 없습니다.

3. 가: 소주가 다 떨어졌는데 제가 가게에 가서 맥주를 더 사올까요?
   나: 이걸로 충분하니까 (　) 가게까지 갔다 올 필요는 없어요.
4. 가: 짐이 무거워 보이는데 제가 도와 드릴까요?
   나: 아니오, 안에 이불이 있어서 (　) 무겁지 않아요.
5. 가: 이번 시험에도 떨어지고 말았어요.
   나: 그렇게 열심히 공부하는 데도 왜 합격을 못하는 건지 (　) 알 수가 없구나.
6. 가: 이 자전거는 다른 것보다 좀 비싸네요.
   나: 네, (　) 가격은 다른 것보다 비싸지만 보기 좋고 튼튼해요.
7. 가: 요즘 날씨가 너무 더워서 밤에 잠도 잘 못자요.
   나: 맞아요, 어제는 (　) 더운지 선풍기를 밤새 켰어요.
8. 가: 중국의 태산을 소재로 한 그림이군요.
   나: 이 그림을 보고 있으니까 (　) 우리가 태산 밑에 서 있는 것과 같은 착각에 빠지게 하는군요.
9. 가: 오늘은 바빠요.
   나: (　) 내일 만나서 이야기 합시다.
10. 가: 오후에 시내에 가려고 하는데 같이 가시겠어요?
    나: 잘 됐네요. (　). 백화점에 가려고 하는데요.

七、助词的比较

助词有格助词、补助词、接续助词。

1. 格助词

(1) 与地点（空间）相关的格助词"에，에서，를（을），로，에게서，한테서"用法的比较

ㄱ. 여기<u>에</u> 피아노를 고치는 곳이 있다.
   这里有修钢琴的地方。

ㄴ. 나는 슈퍼마켓<u>에서</u> 원피스를 샀다.
   我在超市里买了条连衣裙。

ㄷ. 철수는 한국<u>에</u> 갔다.
   哲洙去了韩国。

ㄹ. 오른쪽<u>으로</u> 가면 건물이 보여요.
   往右走能看见一栋大楼。

ㅁ. 11시에 점심을 먹으러 산<u>을(에서)</u> 내려왔다.
   11点该吃午饭了，就下了山。

ㅂ. 버스는 천안문 광장<u>을</u> 지났다.
   公交车经过了天安门广场。

ㅅ. 대학 시절<u>을</u> 연애만 하면서 보내면 안 돼요.
   大学时代光知道谈恋爱是不行的。

ㅇ. 방금 차에서 내려 여기<u>를</u> 오는 길입니다.
   刚下车，正在来这儿。

ㅈ. 아버지<u>에게서</u> 배웠다.
   从父亲那里学的。

ㅊ. 철수<u>한테서</u> 반가운 소식이 왔다.
   从哲洙那儿传来了好消息。

ㅋ. 그는 북경<u>에서</u> 왔다.
   他从北京来。

"ㄱ"句为存在的处所,所以用"에","ㄴ"句为活动的处所用"에서","ㄷ"句为目的地用"에","ㄹ"句为去的方向用"로","ㅁ"句为出发点,"ㅂ"句为经过的地点,"ㅅ"句是经过的时间,"ㅇ"句为行为的目的用"를(을)","ㅈ,ㅊ"句中的助词在活动体后面用"에게서,한테서","ㅋ"句在非活动体后面用"에서"。

(2) 与对象有关的格助词"에,에게,께,한테,더러,보고"用法的比较

ㄱ. 중국 음식이 입에 맞아요.
   中餐很合胃口。

ㄴ. 철수는 과일나무에 물을 줬다.
   哲洙给果树浇了水。

ㄷ. 이것이 나에게 맞는 음식이다.
   这是适合我的饭菜。

ㄹ. 그는 철수에게 복숭아를 주었다.
   他给了哲洙桃子。

ㅁ. 그는 할아버지께 산딸기를 가져다 드렸다.
   他给爷爷拿了覆盆子(树莓)。

ㅂ. 그는 철수한테 소식을 알려 주었다.
   他把消息告诉了哲洙。

ㅅ. 그더러 오라고 하여라.
   跟他说,叫他来一下。

ㅇ. 그것은 언니더러 물어봐.
   那个问姐姐吧。

ㅈ. 그 여자가 나더러 누구냐고 묻더군.
   她问过我是谁。

ㅊ. 친구보고 말해 보세요.
   跟朋友谈谈吧。

ㅋ. 누구보고 하는 소리야?
   对谁说的话?

ㅌ. 나는 그보고 (더러×) 말했다.
   我跟他说了。

ㅍ. 동생에게/한테 (보고×, 더러×) 돈을 주었다.
　　给弟弟钱了。

对象涉及到活动体和非活动体对象，活动体又涉及到尊敬的对象和非尊敬的对象。"ㄱ，ㄴ"句为非活动体对象用"에"，"ㄷ，ㄹ"句为活动体对象用"에게"，"ㅁ"句为尊敬的对象用"께"，"ㅂ，ㅅ，ㅇ，ㅈ，ㅊ，ㅋ"句为活动体无需尊敬的对象用"한테，더러，보고"，且多用于口语中。其中"더러，보고"既可在直接指使他人做事时使用，如"ㅅ，ㅇ，ㅊ"句。又可在对话中使用，如"ㅈ，ㅋ"句。

但在单纯叙述某件事情时，"보고"也可以用，"더러"却不可以用，如"ㅌ"句。然而，单纯叙述某件事情，但不是"说话"，"보고"也不能用。只能用"에게/한테"。如"ㅍ"句。

(3) 与资格、手段（材料）相关的格助词"로서，로써，로"用法的比较

ㄱ. 학생으로서 해야 할 일은 공부를 열심히 하는 것이다.
　　学生该做的事情是认真学习。
ㄴ. 쓰레기를 줄임으로써 환경 공해를 없애야 한다.
　　应通过减少垃圾，清除环境污染。
ㄷ. 철수는 블루베리로 주스를 만들었다.
　　哲洙用蓝莓做了果汁。
ㄹ. 컴퓨터로 이메일을 보냅니다.
　　用电脑发电子邮件。
ㅁ. 그는 신문사 특파원으로 서울에 왔다.
　　他作为报社特派记者来到首尔。

"ㄱ"句表示资格用"로서"，"ㄴ"句表示手段用"로써"，"ㄷ，ㄹ"句表示手段也用"로"，"ㅁ"句用"로"表示资格。

2．补助词

(1) 表示包含的补助词"도，까지，조차，마저"用法的比较

ㄱ. 영희도 훈제 생선을 좋아한다.
　　英姬也喜欢熏鱼。

ㄴ. 철수는 어제도 왔었다.
　　哲洙昨天也来过了。
ㄷ. 만년필로도 글씨를 잘 씁니다.
　　他用钢笔写字也写得好。
ㄹ. 왜 물어 보지도 않고 모른다고 하니?
　　为什么连问都不问，就说不知道？
ㅁ. 너까지 나를 믿지 못하면 어떡하지?
　　连你都不相信我，我该怎么办呢？
ㅂ. 대학까지 졸업했는데 그것도 몰라?
　　大学都毕业了，连那个都不懂吗？
ㅅ. 너조차 나를 안 도와주니?
　　连你也不帮我吗？
ㅇ. 금메달은커녕 동메달조차 못 땄어요.
　　别说金牌了，连铜牌都没得到。
ㅈ. 수업 시간에조차 껌을 씹는 학생이 있어요.
　　甚至在课堂上也有嚼口香糖的学生。
ㅊ. 친한 친구마저 내 곁을 떠났어요.
　　连好朋友也离开了我。
ㅋ. 돈이 없어서 집마저 팔았어요.
　　因为没有钱，连房子都卖了。
ㅌ. 너마저 나를 안 믿어.
　　连你也不相信我。

以上补助词都有包含之意，主要与体词连用，也可与格助词等连用。

"도"可接在体词、副词、格助词、词尾后面表示一般性包含。如"ㄱ, ㄴ, ㄷ, ㄹ"句。

"까지"有终极之意，并在感到意外时使用，如"ㅁ, ㅂ"句。"까지"主要用在消极方面，如"ㅁ, ㅂ"句。

"조차"在没有达到期望值的情况下，表示不满。一般用在消极的方面，不能用于共动句和命令句。如"ㅅ, ㅇ, ㅈ"句。

"마저"不仅用于消极方面，还表示最后的结果。如"ㅊ, ㅋ, ㅌ"句。

(2) 表示选择、让步的补助词"나，나마，라도"用法的比较

    ㄱ. 나도 전교 삼등<u>이나</u> 하였으면 좋겠어요.
       我也能得全校第三名该多好啊。
    ㄴ. 할 일도 없는데 산책<u>이나</u> 가자.
       没有什么事可做，去散步吧。
    ㄷ. 콜라가 없으면 차<u>나</u> 한 잔 마시지요.
       没有可乐的话，那就喝杯茶吧。
    ㄹ. 선풍기<u>나마</u> 있었으면 좋겠다.
       哪怕有一台风扇也好啊。
    ㅁ. 우선 전화로<u>나마</u> 소식을 알려 드립니다.
       那就先打个电话通报一下消息。
    ㅂ. 자주 오지 못하면 소식<u>이라도</u> 전하세요.
       要是不能常来，就传个音讯吧。
    ㅅ. 싼 것이 없으면 비싼 것<u>이라도</u> 주세요.
       如果没有便宜的，就拿贵的吧。

  "나"表示心中有多个想法并想达到更好的目标，但在条件不允许的情况下，虽然感到不满意，还是选择退而求其次。如"ㄱ，ㄴ，ㄷ"。

  "나마"表示在认识到不行的情况下，而不得已做出的让步。如"ㄹ，ㅁ"。

  "라도"表示在达不到理想选择时，而选择的最后手段。如"ㅂ，ㅅ"句。

3. 格助词"가/이"与补助词"는（은）"的用法

    ㄱ. 그 사람은 제<u>가</u> 대접하겠습니다.
       那个人我接待。
    ㄴ. 이것<u>은</u> 마이며 그것<u>은</u> 고구마이다.
       这是山药，那是白薯。
    ㄷ. 옛날에 한 마을에 할아버지와 할머니<u>가</u> 살았습니다. 할아버지와 할머니<u>는</u> 정말 착한 분이셨습니다.
       很久以前，一个村子里住着老爷爷和老奶奶，老爷爷和老奶奶很善良。

ㄹ. 방학이 되면 집을 갑니다.
　　假期一到我们就回家。

ㅁ. 엄마는 잔소리가 많다.
　　妈妈唠叨的话很多。

ㅂ. 철수는 학자가 되었다.
　　哲洙成了学者。

ㅅ. 철수가 중국어를 전공하는 것은 대단한 일이다.
　　哲洙专攻中文是件了不起的事。

ㅇ. 지구는 태양을 돈다.
　　地球绕着太阳转。

　　以上"ㄱ"句强调主语用"가/이"，而"ㄴ"句强调谓语，又有对比之意用"는/은"，"ㄷ"句首次提到的事物用"가/이"，而已知或重复提到的事物用"는/은"。"ㄹ"句中从句一般用"가/이"，"ㅁ"句为包孕句，小主语用"가/이"，大主语用"는（은）"。"ㅂ"句中补语一般用"가/이"，"ㅅ"句作为包孕句的子句用"가/이"。"ㅇ"句为有规律性的普遍真理用"는（은）"。

4．与补助词具有相同形态的其他语法要素

(1) 补助词"만큼，대로"与依存名词"만큼，대로"

ㄱ. 그도 한국 사람만큼 한국말을 잘 할 수 있다.
　　他也是韩国语说得跟韩国人一样好。

ㄴ. 날이 어두어진 만큼 빨리 갑시다.
　　天要黑了，快走吧。

ㄷ. 법대로 처리해라.
　　依法处理吧。

ㄹ. 있는 대로 가져 가세요.
　　有多少都拿走吧。

　　以上语法要素在体词后且合写的，如"ㄱ，ㄷ"句中为补助词，而在定语后且分写的，如"ㄴ，ㄹ"句为依存名词。

(2) 补助词"나，든지"与连接词尾"나，든지"

ㄱ. 커피나 홍차를 주십시오.
　　给我咖啡或红茶吧。

ㄴ. 눈이 오나 비가 오나 그는 쉬지 않고 일을 한다.
　　他风雨无阻地天天干活。
ㄷ. 누구든지 노력하면 성공할 수 있다.
　　无论是谁，只要付出努力就会成功。
ㄹ. 이걸 먹든지 저걸 먹든지 좋을 대로 하려무나.
　　吃这个还是吃那个，按你喜欢的办吧。
　以上"ㄱ"句"나"，"ㄷ"句"든지"接在体词后面为补助词，而"ㄴ"句"나"，"ㄹ"句"든지"接在谓词词干后面为连接词尾。

(3) 补助词"나마（이나마）"与连接词尾"이나마, 으나마"
ㄱ. 헌 모자나마 하나 있었으면 좋겠다.
　　有个旧帽子也好。
ㄴ. 이 돈으로 영화구경이나마 할 수 있을까?
　　用这些钱够去看场电影吗？
ㄷ. 보잘 것 없는 것이나마 받아 주십시오.
　　些小薄物，请笑纳。
ㄹ. 차린 게 없으나마 많이 드세요.
　　没准备什么，请用吧。
　"ㄱ，ㄴ"句中"나마"接在体词后为补助词，而"ㄷ，ㄹ"句中接在体词谓词形、谓词词干后为连接词尾。

练 习 七

一、다음의 (　) 안에 알맞은 격조사를 넣으시오
　1. 남산(　　) 바라보는 서울 경치가 정말 아름답습니다.
　2. 여기(　　) 시계를 고치는 곳이 있다.
　3. 아까 철수 (　　) 전화가 왔어요.
　4. 왼쪽(　　) 가면 백화점이 있어요.
　5. 나는 이 선생님(　　) 한국어를 배웠다.
　6. 버스는 한강 다리(　　) 지나고 있다.

7. 학생 시절(　　) 게임만 하면서 보내면 안 된다.
8. 방금 산에서 내려 여기(　　) 오는 길이다.
9. 철수는 삼년전에 이미 집(　　) 떠났다.
10. 할아버지(　　) 드릴 선물은 다 준비되었어요.
11. 이번 회의의 분위기(　　) 어울리는 옷을 입으세요.
12. 철수는 잔디밭(　　) 물을 줬다.
13. 어머니는 철수(　　) 과자를 주었다.
14. 선생님은 철수(　　) 반가운 소식을 알려 주셨다.
15. 그(　　) 오라고 하여라.

二、다음 대화에서 "조차, 마저, 까지"를 가지고 문장을 완성하시오
 1. 가: 이번 시험이 많이 어려웠다면서요?
    나: 네, 우등생인 내 친구(　　) 불합격했어요.
 2. 가: 그 사람 사업이 많이 어렵다고 들었는데, 맞아요?
    나: 네. 사업 실패로 마지막으로 남아있던 재산인 집(　　) 팔았어요.
 3. 가: 그 친구가 너를 기차역까지 데려다 주었니?
    나: 응. 나를 기차역까지 데려다 주고 차비(　　) 주었어.

三、다음 대화에서 "(이)나, (이)나마, (이)라도"를 가지고 문장을 완성하시오
 1. 가: 저녁에 우리 뭘 하니?
    나: 할 일 없으면 집에서 잠(　　) 자자.
 2. 가: 이번 학기도 한달밖에 안 남았어요.
    나: 그렇군요. 얼마 남지 않은 시간(　　) 열심히 공부합시다.
 3. 가: 지금 밥이 하나도 없는데요. 어떡하죠?
    나: 우리 라면(　　) 끓여 먹자.

四、다음 문장에서 틀린 부분을 고치시오
 1. 그는 가수로써 인기가 대단해요.
 2. 그는 유리로서 흑판을 만들었어요.
 3. 우리 나라는 지열을 이용함으로서 환경 공해를 줄여야 한다.
 4. 철수는 신문사 특파원으로써 북경에 왔다.

5. 감기는 안 나으면 그냥 쉬십시오.
6. 물이 증기는 되었다.
7. 이 학교에는 우수한 학생은 한 명 있다. 이 학생이 공부도 잘하고 사회 봉사도 잘한다.
8. 철수는 러시아어를 전공하는 것이 대단한 일이다.
9. 이것이 사과이며 저것이 바나나이다.
10. 어느 것은 철수 씨의 책이에요?

八、连接词尾的使用要求及辨析

接续句又称为复句,其中包括对等接续句和主从接续句。对等接续句包括并列、转折、选择接续句,而主从接续句的从句一般是为说明或补充主句的条件、原因、目的、假定、让步等而使用的。接续句通过连接词尾来连接前后两个单句。下面说明连接词尾的使用要求并对部分同类连接词尾进行辨析。

1. 连接词尾的使用要求

(1) 连接词尾的主要意义与附加意义

许多连接词尾往往有多种意义,其中一个为主要意义,其它的则为附加意义。如连接词尾"(으)되"主要意义表示转折,附加意义为补充说明、附加条件。

ㄱ. 산천은 의구하<u>되</u> 인걸은 간 데 없네. (转折)
　　山川依旧,人却无踪。

ㄴ. 그 집은 남향이로<u>되</u> 동으로 약간 치우쳤다. (补充说明)
　　那房子座北向南,稍微偏东。

ㄷ. 가기는 가<u>되</u> 내말을 명심하도록 하시오. (附加条件)
　　可以去,但要记住我的话。

(2) 重视连接词尾的前后连接

连接词尾前面可接动词词干、形容词词干、体词谓词形,还可接尊敬词尾"(으)시"、时制词尾"았(었,였),겠,리,더",甚至还可接在引用或终结词尾后面,但是连接词尾前面所连接的部分有时受到限制。连接词尾后面可接补助词,接补助词后有的仍保留原意,有的意思改变。

ㄱ. 노인도 일을 하<u>는데</u> 하물며 청년이 하지 않으랴? (动词词干)
　　老人都在干活,何况年轻人呢?

ㄴ. 키는 큰<u>데</u> 힘이 없다. (形容词词干)
　　个子很高,却没有力气。

ㄷ. 귀한 것인데 하나 가지시오. (体词谓词形)
挺宝贵的，拿一个去吧。

ㄹ. 아버님이 부르시는데 왜 대답을 하지 않으세요? (尊敬词尾)
爸爸叫你，为什么不答应？

ㅁ. 지난 겨울은 참 따뜻했는데 올 겨울은 춥다. (过去时制)
去年冬天真暖和，今年冬天冷。

ㅂ. 잊혀지면 좋겠는데, 어디 그렇게 됩니까? (未来时制)
忘了的话倒是好，怎么那样呢？

ㅅ. 좋은 책이던데 읽어 보았니? (过去回想时制)
是本好书，读过了吗？

ㅇ. 군내의 인구가 십만이나 된다는데 의료기관은 세 군데밖에 없다. (引用后面)
全郡人口多达10万，可医疗机构却只有三处。

ㅈ. 다음 달에 한국에 간다면서? (终结词尾后面)
听说你下个月去韩国？

ㅊ. 멀리 오시느라고 수고가 많으셨겠어요. (只能接在动词词干或尊敬词尾后面)
远道而来，想必很辛苦吧。

ㅋ. 철수는 달디단 수박을 가져 왔다. (只能接在形容词词干后面)
哲洙拿来了个非常甜的西瓜。

ㅌ. 때가 가을이라 벌써 단풍잎이 붉게 물들이게 되었다. (只能接在体词谓词形后面)
秋天到了，枫叶红了。

ㅍ. 그는 알면서도 모르는 체한다. (加补助词意思变化)
他明明知道却装不知道。

ㅎ. 도착하면은 빨리 소식을 전해라. (加补助词只加强语气未改变意思)
到了马上回信吧。

(3) 注意连接尾词与后半句的搭配

连接词尾后搭配的后半句，有的是否定句、有的是反问句、陈述句、命令句、引用句等，必须很好地加以区别。

ㄱ. 내가 가난할지언정 권세를 부러워하지는 않소. (否定句)

我即使再困难，也不羡慕权贵。

ㄴ. 콩을 심으면 콩이 나지 팥이 날 수는 없다. (否定句)
   种黄豆不能得小豆。

ㄷ. 길을 한번 잃지 두번이나 잃겠어요? (反问句)
   迷了一次路，还要再迷失第二次吗?

ㄹ. 내가 앞으로 산다고 한들 무슨 보람이 있을 것인가? (反问句)
   我今后即使活下去又有什么意义呢?

ㅁ. 나는 출장준비를 하느라고 이렇게 바쁘게 지내고 있다. (陈述句)
   我正忙着准备出差。

ㅂ. 날이 개거든 떠나시오. (命令句)
   天一放晴就离开吧。

ㅅ. 그가 부탁하기를 나더러 꼭 와 달라는 것이었다. (引用句)
   他嘱咐我一定要来。

(4) 接续句中前后句主语的类型

ㄱ. 그는 춤을 추면서 노래를 부른다. (同一主语)
   他一边跳舞，一边唱歌。

ㄴ. 그가 왔으면 이런 일이 없을 텐데. (不同主语)
   他来了的话，就不会有这事了。

2. 几类连接尾词的辨析

(1) 转折(대립): 지만, 건만, (으)련만, 는/ㄴ(은)데도, (으)나, (으)나마

① 지만

"지만"是由"지마는"缩略而成，主要表示转折之义，还表示递进式转折。另外在口语中表示前句为后句营造出一种礼貌的语气。

ㄱ. 비가 오지마는 꼭 가야 돼. (转折)
   虽然下雨，但必须去。

ㄴ. 밥은 밥이지만 못 먹는 밥이 무슨 소용이 있어요? (转折)
   虽然也叫米饭，可没法吃的米饭有什么用处呢?

ㄷ. 이 애도 공부를 잘하지만 저 애가 더 잘한다. (递进式转折)
   这个孩子学习好，但那个孩子学习更好。

ㄹ. 미안하지만 서울역으로 가려면 어느 길로 가야 하겠습니까?
（礼貌的语气）
请问，去首尔火车站该走哪条路？
ㅁ. 실례지만 이 근처에는 은행이 있습니까？（礼貌的语气）
请问，这附近有银行吗？

② 건만, (으)련만

"건만"是"건마는"的缩略形,是由"ㄴ 것이지만"变化而来,因此前面一般不能接时制词尾"았（었，였），더"。通常是肯定前面的事情,但后面是相反结果。"(으)련만"相当于"겠건만",因此前面一般不能接"겠",但可接"았（었，였）"。

ㄱ. 시계는 오후 여섯시를 가리키건만, 아직 햇볕이 쨍쨍하다.
表针虽然指着下午6点,但阳光还是挺强的。
ㄴ. 가진 돈은 많건만 인색하기 짝이 없다.
钱虽然多,却不是一般的吝啬。
ㄷ. 구경이 좋겠건만 나는 갈 수가 없다.
去看看当然好,但我去不了。
ㄹ. 그는 책을 읽었으련만 왜 아무 말이 없을까?
他好象是读过那本书了,但为什么一言不发呢?

③ 는/ㄴ(은) 데도

"는/ㄴ(은) 데도"是肯定前面的事实,但令人意外的出现了后面的结果。

ㄱ. 나는 이렇게 성의껏 남편의 의무를 다하려고 하는데도 당신이 마다고 하니 난들 어찌하겠소?
我诚心诚意地想尽做丈夫的义务,你却不满意,让我怎么办呢?
ㄴ. 날씨가 이렇게 안 좋은데도 떠나겠나?
天气这么糟,你还要离开吗?
ㄷ. 비가 오겠는데도 그는 우산을 가지고 가지 않았다.
可能会下雨,可他没带雨伞去。

④ (으)나

"(으)나"表示转折,多用于书面语。

ㄱ. 봄은 왔으나 아직 꽃은 피지 않네.
春天虽然到了,花还没有开。
ㄴ. 키는 작으나 힘은 세다.

虽然个头矮但力气很大。

ㄷ. 그는 부자이나 매우 겸손한 사람이다.
他富有而且很谦虚。

ㄹ. 내일은 비가 오겠으나 그래도 떠나야 하네.
虽然明天可能会下雨，但也得离开呀。

⑤ (으)나마

"(으)나마"与"나"的意思相似，但有"遗憾"、"可惜"的语感。

ㄱ. 나는 재주가 모자라나마 이런 일을 해 보려고 한다.
我虽然本事不大，却想试一下这个事。

ㄴ. 맛은 없으나마 많이 드시오.
粗茶淡饭，请多用些吧。

(2) 原因 (원인): 기에, 길래, (으)니, (으)니까, 아(어, 여),(이)라, 아(어, 여)서, (이)라서, 므로, 느라고, 는/ㄴ(은)지라

① 기에

"기에"表示原因，主要是前句表示后句动作的原因，前后句的主语不同，后句多是陈述句。可以用于口语，更多用于书面语。还可以接在引用句的后面，并且有时句子中省略"고 하"。

ㄱ. 그가 가라고 하기에 가 보았어요.
他叫我去，所以就去了。

ㄴ. 봄 날씨가 하도 좋기에 꽃구경을 갔었지요.
因为春天天气很好，就去看花了。

ㄷ. 그이가 오라고 하기에 왔습니다.
他叫我，我就来了。

ㄹ. 다들 가자기에 나도 따라 갔다.
都说去，我也跟着去了。

ㅁ. 비가 오기에 계획을 취소했다.
因为下雨，取消了计划。

② 길래

"길래"表示原因，主要提示讲话者自身行动的根据，前后句为不同的主语，后句多是第一人称陈述句。只能在口语中使用，也可接在引用句的后面。

ㄱ. 네가 좋아할 것 같길래 샀지.
　　觉得你会喜欢就买了。
ㄴ. 다들 가지 말자길래 나도 가지 않았다.
　　都说不要去，我也就没去。
ㄷ. 그분이 하라시길래 했을 뿐입니다.
　　他让做，我就做了，仅此而已。

③ (으)니, (으)니까

"(으)니, (으)니까"主要意义是表示主观意识到的原因，其原因中又分规律性的原因和推测的原因。附加意义有通过行为得知某事实或提示说明等。"(으)니까"比"(으)니"语感更强，并可做句子的终结词尾。

ㄱ. 햇볕이 내리쬐니 나무들이 잘 자라는구나. (规律性的原因)
　　因阳光照射，树木生长得很好。
ㄴ. 봄이 오니 꽃이 핀다. (规律性的原因)
　　春天一到，花就开了。
ㄷ. 마음이 불안하니까 실수를 하게 된다. (规律性的原因)
　　心绪不宁，必然导致失误。
ㄹ. 이것은 네 것이니 가져 가거라. (推测的原因)
　　这是你的，拿走吧。
ㅁ. 물어도 대답을 하지 않으니 그런 사람을 어떻게 상대를 해? (推测的原因)
　　问也不回答，和那种人怎么相处呢？
ㅂ. 먹어보니 쇠고기다. (通过行为得知)
　　尝了一下，是牛肉。
ㅅ. 집에 가니 밤 12시였다. (通过行为得知)
　　到家都晚上12点了。
ㅇ. 선생님은 우리 나라의 큰 학자이시니 모든 사람의 존경을 받고 계십니다. (提示原因后说明)
　　老师是我国的大学者，因此受到所有人的尊敬。
ㅈ. 여기는 두 사람이 있으니 하나는 선배이고 하나는 친구야. (提示说明)
　　这边有两个人，一位是我的学长，一位是朋友。
ㅊ. 빨리 가세요. 그렇지 않으면 늦으니까요. (终结词尾)

快去吧，不然就晚了。

④ 아(어/여), (이)라, 아(어/여)서, (이)라서

"아(어/여), (이)라, 아(어/여)서, (이)라서"表示原因，前后句的动作或状态时间上是依次的，一般表示前面的动作已经完成或状态已经存在，并成为后半句的条件或客观原因。其前面不能接任何时制词尾。加 "서" 后语感更强。在一般体词谓词形后 "아(어/여), (이)라" 用得较少，而是多用 "아(어/여)서, (이)라서"。

ㄱ. 눈이 와/와서 길이 미끄럽다.

下雪，路滑。

ㄴ. 길이 좁아/좁아서 차가 못 간다.

因为路窄，车过不去。

ㄷ. 그는 착한 사람이어서/이라서 속이지 않는다.

他是善良的人，不能骗他。

ㄹ. 오늘은 휴일이 아니어서/아니라서 그리 붐비지 않는다.

今天不是休息日，不怎么拥挤。

⑤ 므로

"므로" 表示原因，主要是讲话者向听者提供直接而具体的原因。只能用于书面语，后半句通常不能接口语体的命令句、共动句。

ㄱ. 어제 비가 왔으므로 나는 그 자리에 가지 못했다.

昨天因为下雨，我没能出席。

ㄴ. 그는 집안이 넉넉하므로 별 걱정이 없다.

他家境殷实，没有什么可担心的。

ㄷ. 그는 워낙 완고한 자이므로 하는 수 없었다.

他本来就顽固不化，真拿他没有办法。

⑥ 느라고

"느라고" 表示动作目的的原因，主语为活动体且前后句为同一主语，前后句的动作时间应是一致的。前面不能接时制词尾，后句不能用命令、共动句。

ㄱ. 나는 웃음을 참느라고 잠시 창밖을 내다보았다.

我想强忍住笑，就向窗外看了一会。

ㄴ. 멀리 오시느라고 수고가 많으셨겠어요.

远道而来，一定辛苦了。

ㄷ. 나는 목욕을 하느라고 전화를 못 받았다.
   我因洗澡没能接电话。

⑦ 는지라, ㄴ지라, 은지라
该连接词尾前句表示原因，后句表示结果。"는지라"接在动词，包括"없다, 있다"后面，表示现在的事情，而"ㄴ지라/은지라"接在动词后面，表示过去的事情。"ㄴ지라/은지라"还可接在形容词或体词谓词形后。

ㄱ. 선생님께서 그렇게 하시는지라 나도 그대로 따라만 했지요.
   老师那样做，我也只能照样做了。
ㄴ. 돈은 없는지라 그것을 사지 못했어.
   因没有钱而没买。
ㄷ. 점심을 먹은지라 더 먹을 생각이 없어요.
   因为吃了午饭，不想再吃。
ㄹ. 배가 고픈지라 급히 먹었다.
   因为肚子饿，就急忙地吃了。
ㅁ. 아직 어린 아이인지라 상처가 쉽게 아물 겁니다.
   因为是小孩，所以伤口容易愈合。

(3) 让步(양보): 아(어, 여)도, 더라도, (으)ㄹ지라도, (으)ㄹ망정, (으)ㄹ지언정, (으)ㄴ들, 아(어, 여)야, 기로/기로니, 기로서, 기로서니, 기로소니, 기로선들, 았(었, 였)자
在表示让步的连接词尾中要区别的是现实性让步、假设性让步、转折性让步、选择性让步、极端性让步、遗憾性让步、消极性让步。

① 아 (어, 여) 도
"아 (어, 여) 도"分为现实性让步与假定性让步。现实性让步表示认定或肯定前面的事实，并不影响后面的事实。假定性让步表示假定出现前面的事实，并不影响后面的事实。有时这两种界限并不分明。

ㄱ. 이 땅에는 씨를 심어도 잘 나지 않는다. (现实性让步)
   这块地即使下了种也长不出庄稼。
ㄴ. 키는 작아도 마음은 넓다. (现实性让步)
   (他)个子矮小却心胸宽广。
ㄷ. 내일은 늦게 와도 괜찮아요. (假定性让步)
   明天晚点来也行。

② 더라도

"더라도"主要表示假定性让步,有时也可表示现实性让步。即如果前句成为事实的话,后句是必须成立的。

ㄱ. 내일은 무슨 일이 있더라도 지각하면 안돼.(假定性让步)
明天不管有什么事都不能迟到。

ㄴ. 어떤 곤경에 처하더라도 낙망하지 마시오.(假定性让步)
不管处于什么困境都不要灰心。

ㄷ. 비를 맞더라도 가야겠다.(现实性让步)
即使淋雨也要去。

ㄹ. 비록 그것이 보잘것없는 것이더라도 너그러히 보아 주게. (现实性让步)
即使那是不值一提的,也应宽容对待。

③ (으)ㄹ지라도

"(으)ㄹ지라도"既表示现实性让步,又可表示假定性让步。

ㄱ. 그는 몸은 작을지라도 힘은 세다.(现实性让步)
他个头小却力气大。

ㄴ. 비록 변변찮은 밥일지라도 달게 먹자.(现实性让步)
粗茶淡饭,咱们也好好吃吧。

ㄷ. 태산보다 더한 장애물이 있다 할지라도 이와 대결하여 새로운 국면을 개척해야 한다.(假定性让步)
即使困难重重,我们也应积极面对,开拓新的局面。

ㄹ. 몸은 없을지라도 넋은 살아 있다.(假定性让步)
即使肉体没有了,灵魂还在。

④ (으)ㄹ망정

"(으)ㄹ망정"主要表示转折的现实性让步。即承认前一个事实,并不影响后一个事实。有时也可表示假定性让步,同样有转折之意。

ㄱ. 몸은 떠나 있을망정 마음만은 항상 네 곁에 있다.(表示转折的现实性让步)
虽然人离开了,心一直与你在一起。

ㄴ. 몸은 약할망정 마음은 굳다.(表示转折的现实性让步)
身弱志坚。

ㄷ. 비록 보잘 것 없는 존재일망정 저 넓은 우주를 인식할 수 있기 때문에 인간은 위대하다.(表示转折的现실性让步)

人类虽然是渺小的存在，却能认识广袤的宇宙，人类是伟大的。
ㄹ. 내일 죽을망정 오늘은 바르게 살고 싶다.（表示转折的假定性让步）
即使明天就要死去，今天也要堂堂正正地活着。

⑤ (으)ㄹ지언정

"(으)ㄹ지언정"表示选择性让步，主要表示现实性让步，有时也表示假定性让步。

ㄱ. 밥은 먹을지언정 죽은 안 먹겠다.（表示选择的现实性让步）
即使吃米饭也不想喝粥。

ㄴ. 아무리 먼 길일지언정 꼭 가야만 한다.（表示选择的现实性让步）
即使再远的路，也一定要去。

ㄷ. 설혹 그가 나를 배신한다 할지언정 나는 그를 배신할 수 없소.（表示选择的现实性让步）
就算是他背叛了我，我也不能背叛他。

⑥ ㄴ(은)들

"ㄴ(은)들"表示极端性让步，主要表示现实性的，也可表示假定性的，即前面的事实成立，后面也不会出现预料的结果。后面多用反问句。

ㄱ. 떠나간들 어떻게 너희들을 잊는단 말이냐?（极端性现实性让步）
就算是离开了，又怎么能忘记你们呢？

ㄴ. 좁은들 어떠며 넓은들 어떤가?（极端性现实性让步）
窄了又怎么样，宽了又怎么样呢？

ㄷ. 이야기를 한들 네가 다 알아들을 수 있겠느냐?（极端性现实性让步）
即使说了，你就能都听懂吗？

⑦ 아(어, 여)야

"아(어, 여)야"表示条件性让步。主要表示现实的，也可表示假定的。意思是虽然具备了必须的条件，但却得到相反的结果。

ㄱ. 아무리 힘써 보아야 소용이 없다.（条件性、现实性让步）
不管怎么努力都没用。

ㄴ. 그는 아무리 돈이 많아야 남을 도울 사람은 아니다.（条件性、现实性让步）

他即使再有钱，也不会帮助别人的。
ㄷ. 그가 자랑하는 집이라야 겨우 초가 삼간인걸. (条件性、现实性让步)
他引以为豪的家，只不过是三间草房而已。
ㄹ. 길어야 한 달을 넘지 않겠소. (条件性、现实性让步)
再长也超不过一个月。

⑧ 기로/기로니, 기로서, 기로서니, 기로소니, 기로선들

以上连接词尾意思相似，主要表示现实性让步。即表示肯定前句的事实，但后句不是必然结果。

ㄱ. 아무리 걸음을 잘 걷기로 자동차를 따를 수 있나? (现实性让步)
即使走得再快能比得上汽车吗？
ㄴ. 아무리 없기로니 그 만한 돈도 없을라고? (现实性让步)
再怎么没有，连那点钱都没有吗？
ㄷ. 아무리 바쁘기로서니 이 약속을 잊었겠소? (现实性让步)
再怎么忙也不能忘掉这个约定啊！
ㄹ. 아무리 시골이로서니 서점이 없겠나? (现实性让步)
即使地方再偏僻，也不能没有书店啊。
ㅁ. 물건이 좋기로선들 그렇게 비쌀까? (现实性让步)
即使东西再好，也不能贵成这样。

⑨ 았 (었, 였) 자

"았 (었, 였) 자"表示消极性让步，即做了什么事情，也不会得到应有结果。

ㄱ. 아무리 후회하였자 쓸 데 없는 일이다. (消极性让步)
再怎么后悔也没有用。
ㄴ. 좋았자 별 수 있나, 그림의 떡이지. (消极性让步)
即使好有什么用，不过是画饼充饥而已。
ㄷ. 제깐 놈이 부자였자 얼마나 가지고 있을라고? (消极性让步)
在我看来那家伙即使有钱又能有多少呢？

(4) **假设、条件**(가정, 조건): (으)면, 다면/라면/는(ㄴ)다면, 자면, 노라면, 을라치면, 거든, 거들랑, 아(어, 여)야, 라야, 던들, 더라면, 단들, 란들, (으)진대/진대는

"(으)면"主要表示前句是假定的条件、理由，在这个假定的

条件、理由下后句的事情必然发生。除假定条件外，"(으)면"也可表示其他条件，但都与假定有关。

"다면/라면/는(ㄴ)다면"由引用省略"고 하"构成，比"(으)면"语气更强。"자면"由"자고 하면"变来，表示假定的意图。

"노라면/느라면"由"노라고 하면"变来，也表示假定的意图。"을치라면"表示假定举出某个例子，由此而得出后句的结果。

① (으)면

"(으)면"表示多种条件。

ㄱ. 순희가 <u>오면</u> 나는 가겠다.（假定性条件）
顺姬如果来的话，我就去。

ㄴ. 일을 다 마쳤<u>으면</u> 옆으로 비키시오.（推测性条件）
活儿都干完了的话，请到旁边去吧。

ㄷ. 봄이 <u>오면</u> 산과 들에 진달래가 피네.（规律性条件）
春天到了，山上和田野里的杜鹃花就会开放。

ㄹ. 키가 큰 사람이 형이<u>면</u> 키가 작은 사람은 동생이다.（对比性条件）
个子高的是哥哥，那么个子矮的就是弟弟。

ㅁ. 그날 떠나지 않았<u>으면</u> 사고가 나지 않았겠는데.（非现实性条件）
如果那天不离开的话，可能就不会出事了。

ㅂ. 다시 말하<u>면</u> 그 사람의 키가 우리 학교에서 가장 큽니다.（介绍性条件）
换句话说，那个人是我校个子最高的。

ㅅ. 운동에 만약 흥미가 따르지 않<u>는다면</u> 그것은 노동과 같다.（假定性条件）
如果对运动不感兴趣的话，那么就跟劳动差不多了。

ㅇ. 날이 흐리<u>다면</u> 우산을 준비해야지.（假定性条件）
如果阴天的话，就应该准备雨伞。

ㅈ. 이 일을 오늘 끝내<u>자면</u> 바삐 서둘러야겠어요.（假定意图性条件）
想要今天结束这项工作的话，那么就需要加快进度。

ㅊ. 날이 밝<u>자면</u> 두 시간은 더 있어야 한다.（假定意图性条件）

要等天亮,还得两个小时。

ㅋ. 이 길로 계속 가노라면 냇가에 이를 것이다 (假定意图性条件)
沿着这条路,就可以走到小河边。

ㅌ. 책을 볼라치면 머리가 아파 견딜 수가 없을 것이다. (假定意图性条件)
想看书时,可能会因头痛坚持不住。

② 거든, 거들랑

"거든"表示前句是必需的假定条件,有时也表示推理的条件,"거들랑"与"거든"类似,但表示的意义更明确。

ㄱ. 그가 오지 않거든 우리가 찾아가자. (必须的假定条件)
要是他不来,我们就去找他吧。

ㄴ. 네가 정직한 청년이거든 이리 와서 일해라. (必须的假定条件)
如果你是正直的青年,就来这儿工作吧。

ㄷ. 아이도 하거든 하물며 어른이 못하랴? (推测性条件)
小孩都能干,何况大人呢?

ㄹ. 그가 주거들랑 가져 오너라. (必须的假定条件)
他给的话,就拿来吧。

ㅁ. 그게 좋거들랑 가져 가게. (必须的假定条件)
你喜欢的话就拿走吧。

ㅂ. 그게 자네 것이거들랑 가져 가렴. (必须的假定条件)
如果是你的,就拿走吧。

③ 아 (어, 여) 야, 라야

"아(어, 여) 야"表示前句是为了实现后句内容的必须的条件,"라야"可用于体词谓词形后。

ㄱ. 곪은 자리는 수술을 해야 빨리 낫는다.
化脓处只有做了手术才能好得快。

ㄴ. 물이 깊어야 고기가 모인다.
水深鱼才多。

ㄷ. 네가 착한 사람이라야 남의 사랑을 받는다.
你自己心眼儿好,人家才会喜欢你。

④ 던들, 더라면

"던들"表示非现实的条件,即假定与现有结果相反的事实,是为得到抱有某种希望的结果时而做出的假定。当"던들"前面接过去

时制时与 "더라면" 意思相同。

ㄱ. 조금만 노력했던들 실패의 쓴 잔을 마시진 않았을 텐데.
稍努力的话，想必就不会吃失败这个苦果。

ㄴ. 영희가 왔던들 이런 일은 없었을 것이다.
如果英姬来了，就不会有这事了。

ㄷ. 자네도 그 때 그곳으로 갔더라면 좋았을 걸.
如果你当时也去了那里的话就好了。

ㄹ. 우리 반을 가르치는 선생이 장 교수였더라면 더 많은 지식을 배웠을 것인데.
如果教我们班的老师是张教授的话，可能会学到更多的知识。

⑤ (을)진대/진대는

"(을)진대"表示假定性条件，在比较郑重表达自己意思时使用。

ㄱ. 네가 그리 할진대 나는 어찌하랴?
你那样干的话，让我又怎么办呢？

ㄴ. 값이 같을진대는 큰 것을 주시오.
既然价钱都一样，就拿个大的吧。

练 习 八

一、다음( ) 안에 알맞은 것을 고르시오.

1. 나는 모자를 쓰는 것을 싫어하여 좋은 모자가 하나도 없다. 그래서 모자가 필요할 때마다 쓸 만 한 모자를 사놓아야지 하고 결심을 ( ) 매번 생각으로만 끝나곤 한다.
   A. 하건만   B. 하노라고
   C. 한답시고   D. 하려니

2. 다른 사람에게 일을 맡길 때는 하는 방법을 알려 주고 통제 ( ) 그 사람이 융통성을 발휘할 수 있는 권한도 함께 주어야 한다.
   A. 하기는 하되   B. 해봤자
   C. 하랴만   D. 할것없이

3. 가: 이 일을 할 수 있니?
　　나: 저는 힘이 모자라(　　) 이런 일을 해 보려고 한다.
　　A. 나마　　　　B. 기에　　　　C. 므로　　　　D. 았자
4. 어머니가 노래를 부르면서 (　　) 오늘 무슨 기분 좋은 일이 있었던 것 같아요.
　　A. 일하는데도　　　　　　B. 일하므로
　　C. 일하고 있어서　　　　D. 일하는 것을 보니까
5. 가: 왜 그 사람에게 집 주소를 가르쳐 주었어요?
　　나: 그 사람이 알려 달라고 조르(　　) 제가 가르쳐 주었어요.
　　A. 길래　　　　B. 망정　　　　C. 더라도　　　　D. 므로
6. 가: 다음 주에 유학 가신다고요? 섭섭하네요.
　　나: 네, 그런데 (　　) 방학 동안에 종종 돌아올 수 있을 거예요.
　　A. 유학 가기에　　　　　B. 유학 가더라도
　　C. 유학 간다는지　　　　D. 유학 가는 데다가
7. 가: 내가 (　　) 네 도움은 받고 싶지 않아.
　　나: 그 고집은 여전하구나.
　　A. 굶어 죽을지언정　　　B. 굶어 죽을 듯이
　　C. 굶어 죽을 만큼　　　　D. 굶어 죽을 지경에
8. 아무리 화가 (　　) 어린아이를 그렇게 때리면 되겠습니까?
　　A. 난다면야　　　　　　　B. 날 바에야
　　C. 나기로서니　　　　　　D. 난다면 몰라도
9. 만약에 중국에 항주서호가 없었다면 시인은 살 맛이 안 났을 법하다. 시인에게 항주서호가 (　　) 그의 시가 이렇게 풍성해질 수 있었을까?
　　A. 없었기에　　　　　　　B. 없었던들
　　C. 없는 듯이　　　　　　　D. 없다시피
10. 가: 요즘 취직하기 힘들다고 야단들이더라.
　　나: 그래, 나도 지난 달에 회사에 사표를 (　　) 지금쯤 일자리 구하느라 바쁘게 돌아다니고 있을 거야.
　　A. 냈더니　　　　　　　　B. 냈더라면
　　C. 내는 바람에　　　　　　D. 냈다 할지라도
11. 그는 항상 일을 미루는 경향이 있다. 코앞에 (　　) 비로소 일을 시작하니 늘 일처리가 늦을 수밖에 없다.

A. 닥쳐서야 　　　　　　　B. 닥치려면
C. 닥치는 대로 　　　　　　D. 닥치려면

12. 가: 이번 사고의 원인을 뭐라고 분석하고 계십니까?
　　나: 대부분의 안전 사고는 부주의 때문입니다. 굳이 ( ) 건물의 전기 시설을 제대로 손보지 않은 데 있다고 할 수 있습니다.
　　A. 분석하자면 　　　　　B. 분석할망정
　　C. 분석하더라도 　　　　D. 분석한댔자

二、밑줄 친 부분과 바꿔 쓸 수 있는 것을 고르시오

1. ( )
가: 이 집은 어떠세요? 교통이 편리하고 주위에 부대 시설이 잘 갖추어져 있어서 생활하시기에는 매우 좋으실 겁니다.
나: 다른 건 마음에 드는데 이층이면 너무 낮은 것 같아요. 5층 이상이면 <u>좋겠는데</u>.
　　A. 좋을까봐 　　　　　　B. 좋으련만
　　C. 좋고 말고 　　　　　　D. 좋기야 좋지

2. ( )
가: 철수 씨가 내일 소풍을 갈 수 있는지 한번 물어봅시다.
나: <u>물어보나마나</u> 참석한다고 할 거예요.
　　A. 물어보다니까 　　　　B. 물어볼 건지
　　C. 물어봐야지 　　　　　D. 물어보지 않아도

3. ( )
가: 식초가 떨어져 지금 슈퍼마케에 가려는데 뭐 필요한 거 없으세요?
나: 그럼, 우유나 하나 사오렴. 유통 기한을 꼭 확인하고 날짜가 <u>지났으면</u> 사지 마라.
　　A. 지났거들랑 　　　　　B. 지났을지라도
　　C. 지났을망정 　　　　　D. 지났을지언정

三、밑줄 친 부분과 의미가 비슷한 말을 고르시오

1. ( )
가: 가방을 잃어버리셨어요?

나: 네, 여기저기 찾아 <u>봤는데도</u> 아무데도 없어요.
　　A. 찾아봐서　　　　　B. 찾아보면
　　C. 찾아 봤지만　　　 D. 찾아봤으니까
2. (　　)
너를 사랑하지 <u>않으려고 해도</u> 사랑할 수밖에 없어.
　　A. 않는 한　　　　　B. 않을지라도
　　C. 않을래도　　　　 D. 않을망정

四、밑줄 친 부분이 바르게 사용된 문장을 고르시오. (　　)
　A. 요즘은 대학원을 <u>졸업해 보고서야</u> 취직하기도 힘들다.
　B. 병이 악화되어 이제는 <u>수술을 해 봤자</u> 소용이 없다고 한다.
　C. 그 사람과 <u>이야기해 봐도</u> 그 사람에 대한 인생을 변화시킬 수 있었다.
　D. 여기저기 <u>다녀 봐야</u> 우리 도시가 살기 좋은 곳이라는 것을 알았다.

五、○ㄱ을 알맞게 고쳐 쓰시오.
　　인터넷을 정보의 바다라고 할 만큼 그 속에는 많은 정보들이 들어 있다. 이런 정보들은 아이들의 정신 건강에 영향을 미칠 수도 있기 때문에 심각한 문제가 된다. 우리의 아이들을 해로운 정보로부터 ○ㄱ(보호하다) 부모 스스로가 자녀의 인터넷 사용에 관심을 가져야 한다.

六、다음 틀린 것을 고르시오. (　　)
　A. 소설책을 읽느라고 밤을 새운 적이 있어요?
　B. 그 동안 뭐 하느라고 아직 밥도 못 먹었어?
　C. 갑자기 일이 생기느라고 약속을 지킬 수 없게 됐어요.
　D. 동창생들에게 한 턱 내느라고 첫 월급을 다 써 버렸어요.

七、다음 밑줄 친 것 중 틀린 것을 찾아 바르게 고쳐 쓰십시오.
　　나는 아침에 <u>일어나고</u> 제일 먼저 신문을 본다. 어제 무슨 일이 <u>일어났는지</u> 알 수 있을 뿐만 아니라, 일기 예보를 보고 그날의 날씨가 <u>어떨지도</u> 알 수 있기 때문이다.

九、终结词尾的使用与语感

韩国语中的终结词尾有三个等级,即尊敬阶、平阶、卑阶,有的等级又分为正式体(격식체)与非正式体(비격식체),总共有六个层次,即"해라체,해체,하게체,하오체,해요체,합쇼체"。此外,每一个层次又有四种句式,即陈述式、疑问式、命令式、共动式。如:

1. 终结词尾的各种句式

(1) 陈述句

ㄱ. 먹는다.	간다.	(격식)	해라체
ㄴ. 먹어.	가.	(비격식)	해체(반말체)
ㄷ. 먹네.	가네.	(격식)	하게체
ㄹ. 먹으오/소.	가오.	(격식)	하오체
ㅁ. 먹어요.	가요.	(비격식)	해요체
ㅂ. 먹습니다.	갑니다.	(격식)	합쇼체

(2) 疑问句

ㄱ. 먹느냐?	가느냐?	(격식)	해라체
ㄴ. 먹어?	가?	(비격식)	해체(반말체)
ㄷ. 먹나?	가나?	(격식)	하게체
ㄹ. 먹으오/소?	가오?	(격식)	하오체
ㅁ. 먹어요?	가요?	(비격식)	해요체
ㅂ. 먹습니까?	갑니까?	(격식)	합쇼체

(3) 命令句

ㄱ. 먹어라./가거라/오너라.		(격식)	해라체
ㄴ. 먹어.	가.	(비격식)	해체(반말체)
ㄷ. 먹게.	가게.	(격식)	하게체
ㄹ. 먹으오/소.	가오.	(격식)	하오체
ㅁ. 먹어요.	가요.	(비격식)	해요체
ㅂ. 잡수십시오./	가십시오.	(격식)	합쇼체

(4) 共动句

ㄱ.먹자.	가자.	(격식)	해라체
ㄴ.먹어.	가.	(비격식)	해체(반말체)
ㄷ.먹세.	가세.	(격식)	하게체
ㄹ.먹으오/소.	가오.	(격식)	하오체
ㅁ.먹어요.	가요.	(비격식)	해요체
ㅂ.먹읍시다.	갑시다.	(격식)	합쇼체

2. 各种终结词尾的使用要求

(1) 基本阶（해라체）

　　基本阶是亲密无间的年轻朋友、父母对子女或年龄较大的说话者对相当于小学到高中年龄的人使用的表达方式。高中以下的学生即使不甚亲密相互之间也可使用。但中年以后即使是亲密的朋友之间也不宜使用。写文章是以广大读者为对象，无需表示尊敬，可以使用基本阶。此外,韩国语中的间接引用的子句也要使用基本阶。

　　ㄱ. 그는 항상 남을 깔본다.（陈述）
　　　　他总是瞧不起别人。
　　ㄴ. 영희가 집에 가느냐?（疑问）
　　　　永姬回家吗？
　　ㄷ. 시비를 잘 판단하여라.（命令）
　　　　要明辨是非。
　　ㄹ. 우리는 여기에 그냥 있자.（共动）
　　　　我们就在这儿待着吧。

ㅁ. 이순신 장군은 군대를 인솔하여 적을 무찔렀다. (历史书上)
   李舜臣将军率领军队打败了敌人。
ㅂ. 그는 철수가 갔다고 말했다. (间接引用)
   他说哲洙去了。

(2) 不定阶（해체/반말체）

不定阶"해체/반말체"比基本阶稍高一个等级，绝大多数情况下可以与基本阶通用，但又不能完全通用。如大学生刚入学时使用基本阶向同学问话就不太合适，而应用不定阶。随着熟悉且关系变得亲密以后可用基本阶。如：

ㄱ. 고향이 어디냐? (×) （刚入学）
ㄴ. 고향이 어디니? (O)
ㄷ. 고향이 어디지? (O)
   你的家乡在哪儿啊？

同样，老师曾经教过的中、小学生如果长大之后，对其也不应用基本阶，可用不定阶。

夫妇之间虽然有时妻子对丈夫比丈夫对妻子用语高一个等级，但丈夫一般不能对妻子用基本阶。如：

ㄱ. 당신, 안 먹겠어? (O)
ㄴ. 당신, 안 먹겠느냐? (×)

(3) 准平阶（하게체）

当听话者比说话者年龄小或地位低时使用此阶称，通常对大学生以上年龄的男性使用。中小学老师原来对学生说话时用基本阶，当其学生长大以后，可以用此阶称。大学教授对大学生使用此阶称比较贴切。即说话者对其听话对象表示一定程度的尊敬，又不必使用敬语。此阶称适合与代词"자네"搭配使用。

ㄱ. 자네들의 그런 추측에 대해서 구태여 부인하고 싶지 않았네.
   （陈述）
   我不想否认你们的猜测。
ㄴ. 나의 생각을 자네도 아나? （疑问）（老师问学生）
   我的想法你也知道吗？
ㄷ. 가면 빨리 돌아오게. （命令）

要去的话，就快回来吧。
　　ㄹ. 같이 가세.（共动）
　　　　一起去吧。

（4）平阶（하오체）

　　平阶是过去权贵们不想对商人使用敬语，又不好意思对其使用卑阶，于是就用了这种比"하게체"高一个等级的阶称。现在朝鲜还大量使用，但韩国随着"해요체"的广泛使用，"하오체"的使用范围逐渐变窄，甚至丧失生命力。

　　然而在韩国丈夫与妻子之间、年长者对同事中的晚辈、公司中上级对下属、军队中的军人对很久未见的部下及在信中为表示朋友之间的尊重可以用"하오체"。近年来播放的古装韩剧较多，韩剧中反映权贵们与下属、平民的关系较多，往往使用此种阶称。如：

　　ㄱ. 그런 말을 듣기 싫소.
　　　　我讨厌听那些话。
　　ㄴ. 당신은 날마다 술 먹기를 일삼소/으오?
　　　　难道你每天只知道喝酒吗？

（5）准尊敬阶（해요체）

　　准尊敬阶是在韩国广泛使用的一种阶称。往往是在"해체"，甚至在"하게체"或连接词尾上加"요"构成的，不仅对长辈，就是同辈之间甚至对晚辈也可使用。但是对晚辈使用稍有些限制。比如当问路时，对方的年龄至少应是高中生以上才能用"해요체"，当然大学生对中小学生使用"해요체"也显得不太自然。

　　ㄱ. 그 일이 늘 마음에 걸려요.
　　　　我总是放心不下那件事。
　　ㄴ. 내가 내야 하지요.
　　　　我交吧。
　　ㄷ. 이런 경우에 혼자 견디기가 어렵거든요.
　　　　在这种情况下，一个人坚持有些难。
　　ㄹ. 이런 일도 있나요?
　　　　还有这样的事吗？
　　ㅁ. 이것이 싫다면 그럼 그것은 좋고요?

要是不喜欢这个的话，那么喜欢那个吗？

(6) **尊敬阶**（합쇼체）

　　尊敬阶是六个等级中最郑重、最尊敬的等级。因此，在一些正式场合及对长辈和地位高的人一般都使用"합쇼체"。如去某公司面试或在军队里向首长报告，面对众多听众讲演、播送新闻、天气预报时都要用"합쇼체"。在正式场合，对长辈和地位高的人既可以使用"합쇼체"，也可以使用"해요체"。一般对父母使用"해요체"，但在礼仪比较严格的家庭里既可用"합쇼체"，又可用"해요체"。对老师要用"합쇼체"，有时根据说话的气氛或亲密的程度也可用"해요체"。

　　但在共动句中，由于说话者也参与其中的行动，使用时应慎重。如：

　　ㄱ. 선생님, 아침 먹읍시다. （×）
　　ㄴ. 선생님, 진지 잡수십시다. （×）

　　很显然"ㄱ"句对老师用"먹다"是不礼貌的，容易引起不快，而"ㄴ"句用"진지 잡수시다"似乎又包括尊敬自己，也是不恰当的。"ㅂ시다"现在有时降为对等情况下使用。为此，这种情况下多将共动改为询问的语气，委婉地邀请长辈一起行动。如：

　　선생님, 식사하시지요./하실까요?
　　老师，一起去吃饭吧。/一起去吃饭好吗？

　　当听者是很多人时（包括说话者在内），表示共动时可以使用"ㅂ시다"。如：

　　여러분, 아름다운 꿈을 위하여 우리 같이 노력합시다.
　　各位，为了美好的理想我们努力吧。

　　此外，"ㅂ시다"有时还表示委婉的说法，如在地铁里，希望别人给让路下车时就可以说：

　　자, 좀 내립시다.
　　劳驾，我下车。

3．陈述句终结词尾的连接方式与语感

(1) 卑阶

卑阶陈述式终结词尾分为基本阶和不定阶。陈述式表示告知他人某种事情，但在告知时却有五种表达形式，即单纯告知、约定、意图、推测、感叹等。这五种表达方式中各自又有多个终结词尾，其语感有较大差异。现将基本阶和不定阶一起说明。

① 单纯告知

1）다, ㄴ다, 는다

"다"接在体词谓词形、形容词词干、尊敬词尾"(으)시"及时制词尾"았(었, 였), 겠"后；"ㄴ다"接在动词词干开音节后，"는다"接在动词词干闭音节后，前面可接尊敬词尾"(으)시"。以上词尾表示单纯告知他人某种事情。

ㄱ. 산은 산이요, 물은 물이다. (体词谓词形后)
　　山是山，水是水。

ㄴ. 그 아이의 얼굴은 희고도 아름답다. (形容词词干后)
　　那孩子的脸蛋白皙好看。

ㄷ. 그는 나에게 돈을 준다. (动词开音节后)
　　他给我钱。

ㄹ. 그는 항상 남을 돕는다. (动词闭音节后)
　　他经常帮助别人。

ㅁ. 선생님께서는 지금 매우 바쁘시다. (尊敬词尾后)
　　老师现在很忙。

ㅂ. 기차 떠날 시간이 가까웠다. (过去时制后)
　　火车发车的时间快到了。

ㅅ. 하늘을 보니 곧 비가 오겠다. (未来时制后表示推测)
　　天看起来快要下雨的样子。

2）(으)니라, 느니라 (나니라), 리라 (으리라)

"(으)니라"可以接在体词谓词形、形容词词干之后，"느니라 (나니라)"可以接在动词词干、尊称词尾"시"及时制词尾"았(었, 였), 겠"之后，其语气均有古语的色彩。日常生活中用得不多，多在告诫他人一般的真理或确定无疑的事实时使用，"(으)니라"在体词谓词形与形容词词干后表示现实的事实。"느니라 (나니라)"在动词词干后也表示现实的事实。

"리라（으리라）" 可以接在形容词词干、动词词干之后,表示表示推测和意志,主要用在诗歌和歌词等韵文中。

ㄱ. 밥을 잘 먹는 것이 보약이니라.
　　药补不如食补。
ㄴ. 일찍 자고 일찍 일어나면 몸에 좋으니라.
　　早睡早起身体好。
ㄷ. 부지런한 자가 성공하느니라.
　　天道酬勤。
ㄹ. 그 때 그는 산으로 들어갔느니라.
　　那时他上山了。
ㅁ. 옛날에 이 산에 범이 많더니라.
　　过去这山里老虎多。
ㅂ. 일이란 무슨 일이든지 조급하게 굴면 못 쓰느니라.
　　无论什么事,欲速则不达。
ㅅ. 그 은혜는 꼭 갚으리라.
　　我一定要报恩。
ㅇ. 언젠가는 통일이 되리라.
　　总有一天会统一的。
ㅈ. 가정 환경 좋으니 성격이 원만하리라고 생각합니다.
　　我认为家庭环境好性格就会随和。

3）아（어, 여）

"아（어, 여）"接在体词谓词形、形容词词干、动词词干、尊敬词"시"及时制"았（었, 였）, 겠"之后, 可与"다, ㄴ다, 는다"通用, 因为是非正式体, 主要用于口语中, 其尊敬程度比"다, ㄴ다, 는다"略高一些。在使用时要特别注意其与前面词干结合时的音变及形态上的缩略形式。

当在体词谓词形后构成"이어"形式时, 更多用"이야"。在引用句中可省略"고 하"直接与引用子句的终结词尾结合。

ㄱ. 난 그것을 몰라.
　　我不认识那个。
ㄴ. 난 그게 싫어.
　　我讨厌那个。
ㄷ. 하늘은 푸르러.（特殊音变）

天空是蓝的。

ㄹ. 오늘 날씨가 따뜻해. (缩略形)
今天天气暖和。

ㅁ. 그건 내것이야/내거야. ("이어"变成"이야")
那是我的。

ㅂ. 그건 사실이 아니야.
那不是事实。

ㅅ. 그 일은 아버지께서 하셨어.
那事是爸爸干的。

ㅇ. 그랬으면 좋겠어.
那样的话就好了。

ㅈ. 그가 곧 간대 (간다고 해).
他说马上就去。

ㅊ. 세상에! 그놈이 날 보고 너도 가느내(가느냐고 해).
真是，那家伙问我去不去。

ㅋ. 날더러 그런 걸 먹으래(먹으라고 해).
他对我说吃那个吧。

ㅌ. 저분이 날더러 같이 가재(가자고 해).
他说让我跟他一起走。

4) 지

"지"接在体词谓词形、形容词词干、动词词干、尊称词尾"시"及时制词尾"았（었，였），겠"后，多用于表示对事情的确认。

ㄱ. 폐가 될까 해서 안 가지.
因怕添麻烦就不去了。

ㄴ. 죽어도 굽히지 않는 것이 좋지.
宁死不屈才好。

ㄷ. 믿음의 문제는 각자가 해결해야 할 일이지.
信仰的问题应由他们自己解决。

ㄹ. 아버님은 수염이 희시지.
爸爸胡子都白了吧。

ㅁ. 그 때는 모두 살기 어려웠지.
那个时候生活都很困难。

ㅂ. 지금 그곳은 따뜻하겠지.
　　现在那个地方可能暖和了。

5) 을지라, 을지니라

a. 을지라

"을지라"表示比较强的告知或推测，具有古语色彩，语气严肃、庄重。当用在单纯告知时，主要接在动词词干后，并有命令的语气。当表示推测时，可以接在体词谓词形、形容词词干、动词词干后。

ㄱ. 응당 자기 맡은 과업을 다해야 할지라. (告知)
　　自己分内的事，要全力做好。

ㄴ. 일한 보람을 찾을지라. (告知)
　　要懂得工作的价值。

ㄷ. 그는 꼭 성공할지라. (推测)
　　他一定会成功。

ㄹ. 그는 부자일지라. (推测)
　　他好像是有钱人。

b. 을지니라

"을지니라"可在接动词词干、形容词词干、体词谓词形后，具有古语色彩、语气严肃、庄重。当用在表示单纯告知时，具有命令的语气或要人们一定相信。

ㄱ. 환자는 반드시 약을 먹을지니라. (告知、命令语气)
　　患者必须吃药。

ㄴ. 너는 꼭 성공할지니라. (告知、要人相信)
　　你一定会成功。

ㄷ. 곧 날이 밝을지니라. (告知、要人相信)
　　马上天就会亮了。

ㄹ. 그는 정직한 사람일지니라. (告知、要人相信)
　　他是个正直的人。

6) 단다, 란다, 는단다, ㄴ단다

"단다"接在形容词词干之后，"란다"接在体词谓形后，"는단다, ㄴ단다"接在动词词干后。时制词尾"았(었, 였), 겠"后面接"단다"，而"더, (으)리"后面接"란다"。本来这个词尾有人认为是由引用省略"고 하"而构成的，现在已经成为一个固定的

词尾。该词尾是将某种事实，站在客观的立场上亲切地告诉别人，有时还表示确有其事以及自豪的语气。

a. 단다, 란다

ㄱ. 며칠 전부터 우리 마을에도 전기가 들어와서 밤도 대낮같단다.
几天前我们村通电了，晚上也如同白昼一样。

ㄴ. 애,우리 도시는 참 아름답단다. 한 번 가 보렴.
唉，我们的城市真的很美，去看一下吧。

ㄷ. 이것이 아버지가 서울서 사온 신이란다.
这是爸爸从首尔买的鞋。

ㄹ. 제주도의 경치가 참 아름답단다. 꼭 한번 가보자.
听说济洲岛的风景很美，我们一定去看看吧。

ㅁ. 어머니가 아프단다. 그래서 문병을 갔던 거야.
（听说）妈妈病了，去探望了一下。

ㅂ. 추위가 닥치면 얼어서 죽는 일도 있었단다.
据说天太冷时，也有冻死的。

以上"ㄱ，ㄴ，ㄷ，ㄹ"句强调自己的感受或表示自豪感或亲切感，不属于引用转述，"ㅁ，ㅂ"既可认为是强调，又可认为是转述别人的说法。

b. 는단다, ㄴ단다

ㄱ. 설이 되면 우리는 좋은 옷을 입는단다.
到了新年，我们穿上新衣服。

ㄴ. 우리는 잘 먹고 잘 입고 잘 산단다.
我们吃得好，穿得暖，生活得很不错。

ㄷ. 서울에서는 이런 것은 안 먹는단다.
（据说）在首尔不吃这个。

ㄹ. 마음이 초조해지면 이렇게 된단다.
心情焦燥就会这样。

ㅁ. 그 놈은 도저히 잡지 못한단다.
据说始终都没抓到那家伙。

以上词尾多用于女性对孩子说话时表示亲切的语气，"ㄱ，ㄴ"句就是这种用法，"ㄷ，ㄹ"句既可表示亲切的语气又可表示引用转述，"ㅁ"句则是表示引用转述。

7）다네，라네，는다네，ㄴ다네

"다네，라네，는다네，ㄴ다네"与前面词的连接方法类似于"단다，란다，는단다，ㄴ단다"，主要是话者将已知之事客观地告知听者确有其事，有时还有亲切、自豪或轻微感叹之意。

ㄱ. 우리는 그를 안 믿는다네.
我们不相信他呀。

ㄴ. 봄이 온다네.
春天来了。

ㄷ. 우리 고장은 물 좋고 인심이 좋다네.
我们的故乡水好人也好呀。

ㄹ. 이별할 때 마음은 겨울이라네.
离别时心情像冬天一样冰冷。

ㅁ. 벌써 졸업이라네.
转眼就到毕业了。

ㅂ. 그 놈이 내 돈을 떼어 먹었다네.
那家伙贪了我的钱呀。

8）다나，라나，는다나，ㄴ다나，으라나

"다나，라나，는다나，ㄴ다나，으라나"与前面词的连接方法类似"다네，라네，는다네，ㄴ다네"，该终结词尾表示自豪地告诉别人，但有时也对别人做的事或说的话表示怀疑，有时还表示讽刺之意。

ㄱ. 졸업을 하고는 기어이 유학을 간다나.
毕业以后终于去留学了。

ㄴ. 우리 집에는 금송아지가 있다나.
难道我家有金牛犊?

ㄷ. 그게 제일 보약이라나.
那是最好的补药?

ㄹ. 이걸 먹으라나.
就让吃这个?

9）다마다

"다마다"可接在动词词干、形容词词干、体词谓词形后，强调自己告知别人的事情千真万确。

ㄱ. 닮다마다. 자기 아버지를 꼭 닮았지.
　　很像，确实像他爸爸。

ㄴ. 기분이 좋다마다. 이렇게 좋은 경치가 눈앞에 있는데.
　　眼前有这样的景致，心情确实好。

ㄷ. 그 사람 좋은 사람이다마다, 더 말할 나위 없지.
　　那人的确是好人，好得没说的。

10）고 말고

"고말고"与前面词的连接方法同"다마다"，强调自己告知他人的事情确定无疑。

ㄱ. "너도 가겠니?"
　　"你也去吗？"
　　"가고 말고, 내가 안 가고 누가 가?"
　　"当然去了，我不去谁去？"

ㄴ. 필요하고 말고. 큰 사업을 하려면 그만한 돈이 필요하고 말고.
　　当然需要了。要想做那么大的事，当然需要那些钱了。

ㄷ. 그 사람, 착한 사람이고 말고.
　　那个人，当然是好人了。

11）단 말이야，란 말이야，는단 말이야，ㄴ단 말이야

"단 말이야，란 말이야，는단 말이야，ㄴ단 말이야"与前面词尾的连接方法类似"단다，란다，는단다，ㄴ단다"。"말이야"还可变成"말이다，말일세，말이네，말이지"，其作用是为了强调自己告知别人的事情，"말이야"还是口头语。

ㄱ. 두고 보게. 나는 그 은혜만은 꼭 갚는단 말이야.
　　等着瞧吧。我一定知恩图报的。

ㄴ. 난 먼길을 떠난단 말이야.
　　我要去远方了。

ㄷ. 그 경치가 아름답단 말이야.
　　那儿风景真美呀。

ㄹ. 그놈, 아주 나쁜 놈이란 말이야.
　　那家伙是个很坏的家伙。

ㅁ. 그분은 세계적인 예술가이시란 말이야.
　　先生是世界级艺术家。

ㅂ. 그때 나는 틀림없이 그 자리에 있었단 말이야.

当时我确实在场。

12）아 (어, 여) 지, 라야지

"아（어，여）지"可接在动词词干、形容词词干后，"라야지"只能接在体词谓词形后，但这两个词尾都不能接过去时制"았（었，였）"、尊敬词尾"시"，该词尾表示告诉他人事情本该如此。有时还表示事情想那样做却做不成的着急心情。

ㄱ. 너도 가고 나도 가야지.

你我都应该去。

ㄴ. 물론 밥 짓는 솜씨도 좋아야지. 그리고 마음씨도 고와야지.

当然，做饭的手艺得好，心地也得好。

ㄷ. 물론 그 사람이라야지. 다른 사람으로는 안돼.

当然得是他了，其他人不行。

ㄹ. 조금 더 늦으면 그 차를 탈 수가 없어. 빨리 가야지.

再晚就坐不上车了。快点儿走吧。

② 约定

说话者对听话者约定某种事情，只能用于动词词干后面。因为说话者是当面对听话者讲的，不能用时制词尾，又因为句子主体是说话者，所以不能用尊敬词尾"시"。

1）(으) 마

"（으）마"除接在动词词干后表示约定外，还可在引用句中使用，有时用"하마고 하고"形式表示"同意做……"。

ㄱ. 내일 다시 오마.

明天再来吧。

ㄴ. 그 일은 내가 맡으마.

那件事就交给我吧。

ㄷ. 그는 할 수 없이 그렇게 하마고 허락했던 것이다.

他不得已的情况下同意那样做。

ㄹ. 갈대꽃이 피면 오마던 (오마고 하던) 어머니,이 가을이 다 가도 안 오시네.

母亲答应芦苇花开就来，但这个秋天都过去了也没来。

2）(을) 게

"을게"接在动词词干后表示意图或约定，这种约定往往考虑到听者的感受。表示尊敬对方时，后面可加"요"。

ㄱ. 내가 가서 편지할게.
　　我去了就给你写信。
ㄴ. 내일까지 다 갚을게.
　　明天之前都会还上。

3）（음）세

"（음）세"比"（으）마，（을）게"的尊敬程度略高一些，也是接在动词词干后表示约定。

ㄱ. 내가 자네를 추천함세.
　　我会推荐你。
ㄴ. 곧 갚음세.
　　一定还你。

③意图、希望

此类终结词尾只能接在动词词干后面，因为表示说话者的意图、希望，不能加任何时制词尾及尊敬词尾"시"。

1）（을）래

接在动词词干后面，委婉地表示意图。为表示尊敬对方，可加"요"。"（을）래"是"（을）거야"的委婉表达。

ㄱ. 그 일은 내가 할래.
　　我想干那件事。
ㄴ. 전 그 책을 읽을래요.
　　我想读那本书。

2）（을） 거야

接在动词词干后面，表示意图或计划。表示尊敬对方时可加"요"，写作"ㄹ（을）거예 요"的形式。与"（을）게"不同的是："（을）게"考虑到听者的感受，而"（을）거야"不考虑听者的感受。

ㄱ. 내일 뭐 할 거야?
　　明天干什么？
ㄴ. 친구 만날 거야.
　　想见朋友。
ㄷ. 이번 주말에 난 그냥 집에서 쉴 거예요.
　　这个周末我想在家休息。
ㄹ. 내가 사줄게（요）.（考虑到听者的感受）

我给你买。
　ㅁ. 내가 사줄 거예요.（不考虑听者的感受）
　　我给你买。

3）꺼나
接在动词词干后面表示意图，语感上显得更亲切一些。
　　제주도로 갈꺼나.
　　我想去济州岛。

④ 推测
表示说话者对事物的推测。

1）（을）라
"（을）라"可接在动词词干、形容词词干、体词谓词形后，表示对今后发生的事情的推测，有时有担心及忧虑之意。不能与"겠，（으）리"、尊敬词尾"시"连接，但可与过去时制词尾"았（었，였）"连接。
　ㄱ. 남이 들을라. 조용히 해.
　　别人会听到的，安静点儿。
　ㄴ. 빨리 가보자. 그 사람이 왔을라.
　　快点儿走吧，那人可能来了。
　ㄷ. 옷을 그렇게 입고 추울라.
　　那样穿衣服会冷的。
　ㄹ. 혹 그것이 가짜일라.（가짜였을라）
　　没准儿那是假的。

2）（을）세라
"（을）세라"可接在动词词干、形容词词干、体词谓词形后，表示担心、惦记某些事情。有时有感叹之意。
　ㄱ. 가는 길이 험할세라.
　　前面的路可能险峻。
　ㄴ. 거기가 위험한 곳일세라.
　　那里可能是危险的地方。
　ㄷ. 참으로 마음씨도 고울세라.（感叹）
　　心地真好呀。

3）（으）렷다
"（으）렷다"可接在动词词干、形容词词干、体词谓词形后，

表示估计、推测某些事情。

ㄱ. 내일쯤 비가 오렷다.
　　明天可能下雨。

ㄴ. 며칠 사이에 눈이 녹으렷다.
　　几天时间雪就该化了。

ㄷ. 고향은 지금쯤 무던히 추우렷다.
　　家乡现在可能会很冷。

ㄹ. 그럼 그것은 틀림없는 사실이렷다.
　　当然，那是确定无疑的事实。

⑤ 感叹（느낌）

1）는구나，는군 "는군"可以看成"는구나"的缩略形，接在动词词干后面，前面还可接尊敬词尾"시"、过去时制"았（었，였）"，表示感叹。但"는군"对听者尊敬程度比"는구나"略高一些，且后面可以接"요"，即"는군요"，而"는구나"后面不能接"요"。

ㄱ. 돈이 사람 죽이는구나.
　　钱能杀人呀。

ㄴ. 그 이야기를 들으니 마음이 다소 놓이는군.
　　听了那些话，稍微放心一些了。

ㄷ. 그분들도 다 가시는구나.
　　他们也都去了呀。

2）구나，군

"군"为"구나"的缩略形，可接在形容词词干、体词谓词形、过去时制词尾"았（었，였）"、尊敬词尾"시"的后面，表示感叹。

ㄱ. 이 경치가 참 기막히게 아름답구나.
　　这里的景致真是太美了。

ㄴ. 여기 고전극만 공연하는 극장이 있군.
　　这里有只演出古典剧的剧场呀。

ㄷ. 네가 벌써 쉰 살이구나.
　　你都已经50岁了呀。

ㄹ. 꽃이 이미 붉었군.
　　花已经红了呀。

ㅁ. 아버님 감기 걸리셨구나.
原来父亲是感冒了呀。
ㅂ. 그것은 사실이겠구나.
那确是事实呀。

3) 로구나, 로군

"로군"是"로구나"的缩略形, 接在体词谓词形后, 语气显得郑重。

ㄱ. 너와 나는 동갑이로구나.
你和我是同岁呀。
ㄴ. 여자가 황제가 되다니,대단한 여자로구나.
女人当皇帝, 真是了不起的女人呀。
ㄷ. 정말 괴상한 현상이로군.
真是奇怪的现象呀。

4) 는구려, 구려, 로구려, 는구먼, 구먼, 로구먼

"는구려, 구려, 로구려, 는구먼, 구먼, 로구먼"的连接方法与"는구나, 구나, 로구나"相同, 可将此看成同一个类型的词尾。只是此类词尾感叹语气更强一些。

ㄱ. 많이 먹는구려.
吃得真多呀。
ㄴ. 별소리가 많구려.
哪儿的话。
ㄷ. 벌써 가을이구려.
已经是秋天了。
ㄹ. 정말 재주 있는 학생이로구려.
真是个有才华的学生。
ㅁ. 참 좋은 이름이시구려.
真是个好名字呀。
ㅂ. 여보, 꽃이 붉었구려.
老婆, 花儿红了。
ㅅ. 참 기분이 좋겠구려.
心情该多好呀。
ㅇ. 공부를 잘 하구먼.
学习真好呀。

ㅈ. 길이 멀기도 하구먼.
　路真远呀。
ㅊ. 오늘 입추로구먼.
　今天是立秋呀。

5）다니，라니

"다니"既可接在动词后面又可接在形容词后面，"라니"接在体词谓词形及"아니다"后面，也可接在过去时制词尾"았（었，였）"、尊敬词尾"시"后面，通过反问的语气，表示意外、惊讶或愤慨，通常兼有感叹的语气。还有时以略带坚决的语气，表示自己的见解或对事情的评价，并以此说服别人。

ㄱ. 우리가 우승까지 하다니!
　我们终于赢了!
ㄴ. 서울이 이렇게 번화하다니 참 대단하구나.
　首尔这么繁华? 太了不起了。
ㄷ. 학교에 입학한 지가 엊그제 같은데 벌써 졸업이라니.
　好像入学才几天，已经快要毕业了。

6）는데，ㄴ（은）데

"는데"接在动词词干（包括"있다，없다"）后面，"ㄴ（은）데"接在形容词、体词谓词形后面。"는데，ㄴ（은）데"还可接在时制词尾"았（었，였）、겠"、尊敬词尾"시"后面。"는데，ㄴ데"是由连接词尾变来的，表示意犹未尽或感叹。有时说话者使用了终结词尾"는데，ㄴ（은）데"，表示是想听取对方的意向，如某人电话中问"선생님 댁에 계십니까?"，对方如果回答"안 계십니다."这句话就止于字面意见了。如果回答"안 계신데요."言外之意就是"有什么话要传达吗?"

ㄱ. 그 학생은 공부도 잘 하는데.
　那学生学习也很好。
ㄴ. 벌써 날이 선선한데.
　天气已经这么凉爽了。
ㄷ. 그 모양을 보니 돈 한 푼 없는 모양인데.
　看那样子，一分钱也没有。
ㄹ. 참 좋은 사람이었는데.
　他过去可真是个好人。

ㅁ. 지금쯤 달이 밝겠는데.
　　现在这个时候月亮可能很亮。
ㅂ. 그분도 가시는데.
　　那位也去。

7) 는걸, ㄴ(은)걸, ㄹ(을)걸

"는걸"接在动词词干后面(包括"있다、없다"),"ㄴ(은)걸"接在形容词词干、体词谓词形后面,表示对某种现实的事实出乎意外而感叹。"ㄹ(을)걸"对过去的事情表示后悔或推测。其后面可加"요",当说话者自言自语时不能加"요",在有听话者的情况下才可加"요"。如"ㅋ"句。

ㄱ. 햇빛이 너무 강해 눈을 뜰 수가 없는걸.
　　阳光太强,睁不开眼呀。
ㄴ. 그는 나보다 세 살 많은걸.
　　他比我大三岁呀。
ㄷ. 그것은 너무 작은걸.
　　那个也太小了。
ㄹ. 과연 성실한 청년인걸.
　　果然是个诚实的青年。
ㅁ. 나도 그 정도는 아는 사람이었는걸.
　　我也是心里有数的人呀。
ㅂ. 아무리 보아도 좋은 사람은 아니겠는걸.
　　他怎么看也不像个好人呀。
ㅅ. 그럴 줄 알았으면 공부를 더 해둘걸.(后悔)
　　早知道那样,我该更努力学习的。
ㅇ. 나도 갔으면 좋았을걸.(后悔)
　　我要是也去就好了。
ㅈ. 그는 집에 있을걸.(推测)
　　他现在可能在家。
ㅊ. 조심했더라면 그럴 일 없었을걸.(后悔、推测)
　　如果小心的话,就不会发生那种事了呀。
ㅋ. 난 땀을 흘렸더니 더 시원한걸(요).
　　我出过汗就更舒服些了。

8) ㄹ(을)세, 로세

"ㄹ(을)세"接在动词词干、形容词词干、体词谓词形后面, "로세"只接在体词谓词形后面, 表示意图或含蓄的推测, 有时还表示想法或感叹,此时可加"그려"。

ㄱ. 그럼 이따가 연락할세, 잘 가게 (意图)
　那就一会儿再和你联系，慢走啊。

ㄴ. 내 가게 문 닫으면 그 사람 무척 좋아할세. (推测)
　我的店要是关门大吉了，那人肯定会高兴的。

ㄷ. 아이구, 이게 마지막일세 그려. (想法)
　哎呀，这是最后的机会了。

ㄹ. 그 녀석 보통이 아니로세. (感叹)
　那家伙真不一般呀。

9) 거든

"거든"接在动词词干、形容词词干、体词谓词形、时制词尾"았(었, 였), 겠"、尊称词尾"시"后面, 有时似乎有些炫耀自己的意思。有时"거든"前面的句子, 可以成为听话者期待说话者继续讲下去的前题。以下"ㅁ, ㅂ"句括号中的句子就是听话者期待说话者继续讲的内容。

ㄱ. 그는 내 말을 썩 잘 듣거든.
　他最听我的话了。

ㄴ. 아무리 보아도 그 여자는 예쁘거든.
　那女的怎么看都很漂亮呀。

ㄷ. 장군이야말로 고금을 통해 가장 위대한 인물이거든.
　将军才是古往今来最伟大的人物呀。

ㄹ. 그날 내가 그 사람한테서 창피를 당했거든.
　那天我在那人面前丢脸了。

ㅁ. 내가 지난 주에 바빴거든. (그래서 약속을 못 지켰어.)
　我上周太忙。（所以没能赴约。）

ㅂ. 저분이 우리 학교 선생이거든. (그러니까 잘 부탁드려봐.)
　那位是咱们学校老师。（你好好求一下老师吧。）

10) 을진저

"을진저"表示本应如此的意思。

ㄱ. 나라와 겨레를 사랑할진저.

应当热爱国家和民族。
ㄴ. 병을 고치고자 하는 이는 약을 먹을진저.
　　想治病就应该吃药。
ㄷ. 그것이 바로 노력한 보람일진저.
　　那正是努力的结果。

11) 으니
"으니"用于形容词后面表示感叹，且有轻蔑之意。
ㄱ. 배은망덕한 놈 같으니!
　　真是个忘恩负义的家伙呀！
ㄴ. 인가 없는정머리 놈들 같으니!
　　真是些毫无人情味儿的家伙呀！
ㄷ. 어리석은 사람 같으니!
　　真是个愚蠢的人呀！
ㄹ. 더러운 녀석 같으니.
　　黑心肝的家伙呀。

12) 을시고, 누나, 누마
这几个终结词尾也表示感叹。
ㄱ. 우리 강산 좋을시고.
　　我们的大好河山真美呀。
ㄴ. 날씨가 점점 추워지누나.
　　天气渐渐冷起来了。
ㄷ. 일을 잘 하누마.
　　事情干得好呀。

(2) 平阶
陈述式平阶分为准平阶与平阶，主要是表示单纯的陈述。
① 准平阶 "네"
"네"可接在动词词干、形容词词干、体词谓词形、尊敬词尾 "시"、时制词尾 "았（었，였），겠" 后，其尊敬程度比 "다，ㄴ다，는다" 及 "아（어，여）" 略高一些，有时有轻微感叹之意。虽然能与 "시" 结合，因为 "네" 尊敬程度不高， "시" 的作用未得到应有体现。此外， "네" 后面还可与 "마는，그려" 结合，但不能接在 "더，리" 后面。

ㄱ. 이 모두 자네 덕이네.
　　这都是托您的福。

ㄴ. 자네가 나보다 낫네.
　　你比我强。

ㄷ. 그걸 다 깎으면 못 쓰네.
　　把那都削去就不能用了呀。

ㄹ. 별말씀을 다 하시네.
　　您过奖了。

ㅁ. 이분은 참 손도 고우시네.
　　您的手也真漂亮呀。

ㅂ. 윤 선생님도 참 익살이시네.
　　尹先生也真滑稽呀。

ㅅ. 화초가 말라 죽겠네.
　　花草快干死了。

ㅇ. 먹기는 잘 먹었네만 그놈들의 속을 알 수가 없어.
　　吃是吃了，但不知道那些家伙心里怎么想的。

ㅈ. 고향 땅을 떠난 지도 벌써 삼년이 지났네그려.
　　离开家乡一晃都已经三年了。

② 平阶

1) 오 (으오), 소

"오 (으오), 소"可接在动词词干、形容词词干、体词谓词形、尊敬词尾"시"、时制词尾"았 (었, 였), 겠"后，但不能接在"리, 더"后，是比"네"高一个等级的终结词尾。开音节接"오"，闭音节接"으오, 소"，其后面可接"구려"以加重语气。

ㄱ. 나는 손을 씻소/씻으오.
　　我在洗手。

ㄴ. 이 강물은 매우 깊소/깊으오.
　　这条河很深。

ㄷ. 여기가 서울이오.
　　这儿是首尔。

ㄹ. 선생님은 꽃을 좋아하시오.
　　老师喜欢花。

ㅁ. 찬 바람에 감기 들겠소.

吹冷风会感冒的。

ㅂ. 이젠 두 사람만 남았소그려
　　现在只剩下两个人了。

2) 는다오, ㄴ다오, 다오, 라오

"는다오, ㄴ다오"接在动词词干后面, "다오"接在形容词词干后面, "라오"接在体词谓词形后面。"다오"是由"다고 하오"省略"고 하"形成的, 此时已经失去引用转达的意思。主要是说话者告诉别人事情, 并带有自豪或炫耀自己的意思, 个别时候也有转述的意思。

ㄱ. 나는 술을 안 먹는다오.
　　我不喝酒。

ㄴ. 여기는 겨울에는 따뜻하다오.
　　这里冬天暖和。

ㄷ. 당신은 언제까지나 내 마음의 벗이라오.
　　您任何时候都是我知心知肺的朋友。

ㄹ. 설악산의 단풍,참 아름다운 경치라오.（自豪、转述均可）
　　雪岳山的红叶, 真是一道美丽的风景呀。

3) 는단 말이오, ㄴ단 말이오, 단 말이오, 란 말이오

"는단 말이오, ㄴ단 말이오"接在动词词干后面, "단 말이오"接在形容词词干（包括"있다, 없다, 계시다"）后面, "란 말이오"接在体词谓词形后面, 目的为加强"는다, ㄴ다, 다, 라"的语气。

ㄱ. 그는 그 일을 기어코 하고야 만단 말이오.
　　他终于干完了那件事。

ㄴ. 그곳은 매우 덥단 말이오.
　　那个地方很热呀。

ㄷ. 이것이 문제란 말이오.
　　这是个问题呀。

ㄹ. 선생님은 세계적인 학자이시란 말이오.
　　先生是世界级的学者。

ㅁ. 이미 떠나셨겠단 말이오.
　　好像已离开了。

(3) 尊敬阶

尊敬阶分为准尊敬阶和尊敬阶。

① 非正式体准尊敬阶

네요, 아(어, 여)요, 지요, (으)니까요, 다니까요, 라니까요, 는다나요, ㄴ다나요, 다나요, 라나요, 는다고요, ㄴ다고요, 다고요, 라고요, 다마다요, 고 말고요, 아(어, 여)야지요, 라야지요, ㄴ데요

以上准尊阶非正式体终结词尾是由基本阶、准平阶终结词尾加"요"构成的。与前面词的连接方法与基本阶、准平阶相同，其使用目的是提高尊敬程度。

ㄱ. 선생님은 시간 관념이 강하시네요.
　　先生的时间观念很强。

ㄴ. 눈이 와요.
　　下雪了。

ㄷ. 그러면 추석 쇠러 가지요.
　　那么，去过中秋节吧。

ㄹ. 오늘 떠납시다. 하늘이 맑으니까요.
　　今天走吧，天晴了。

ㅁ. 졸업을 하고는 기어이 유학을 간다나요.
　　说是毕业后终于得以去留学。

ㅂ. 그는 본디부터 그런 사람이라고요.
　　他本来就是那种人。

ㅅ. 바다는 푸르다마다요.
　　海是蓝的。

ㅇ. 그 정도의 돈은 나에게도 있고 말고요.
　　那点钱，我当然也有了。

ㅈ. 저도 이제는 정신을 차려야지요.
　　我现在也应打起精神。

ㅊ. 이것이 참 좋은데요.
　　这个真不错。

② 正式体尊敬阶

1) ㅂ니다, 습니다, (으)옵니다, 사옵니다

"ㅂ니다, 습니다"为尊敬阶正式体终结词尾。"ㅂ니다"用于开音节，"습니다"用于闭音节。"옵니다, 으옵니다, 사옵니다"

有古语色彩，更为郑重时使用。以上词尾可接在动词词干、形容词词干、体词谓词形、尊称词尾"시"、时制词尾"았（었，였），겠"后面，但不能接在"리，더"后面。后面还可接"그려"。

ㄱ. 나는 책을 봅니다.
　　我看书。
ㄴ. 사냥꾼은 토끼를 잡습니다.
　　猎人抓兔子。
ㄷ. 하늘이 푸릅니다.
　　天蓝蓝的。
ㄹ. 그런 치욕은 정말 난생 처음입니다.
　　平生第一次遭受那样的耻辱。
ㅁ. 저는 어르신만을 믿사옵니다 (믿으옵니다).
　　我只相信您老。
ㅂ. 선생님은 지금 댁에 계시옵니다.
　　老师现在在家。
ㅅ. 그것은 매우 아름다운 꽃이옵니다.
　　那是很美的花。
ㅇ. 선생님은 큰 학자이옵니다.
　　先生是个大学者。
ㅈ. 그분이 하시는 일이 재미있습니다그려.
　　那个人的工作很有趣。

2) 답니다, 랍니다, 는답니다, ㄴ답니다

"답니다"接在形容词词干后，"랍니다"接在体词谓词形后，"는답니다，ㄴ답니다"接在动词词干后，该词尾有时与"단다，란다，는다，ㄴ다"一样成为一个固定的词尾。将某些事实站在客观的立场上告知别人，带有亲切或自豪的语气。后面可接"요"。

ㄱ. 밭에는 콩을 심었답니다.
　　据说地里种了大豆。
ㄴ. 제가 그 일을 한답니다.
　　那件事是我做的。
ㄷ. 저분이 김선생이랍니다요.
　　那位是金老师。

3) 나이다, 소이다

"나이다, 소이다"都是带古语色彩的表示尊敬的终结词尾。主要用于书面语，口语局限于祈祷时使用。为了更加郑重，还可加上"사옵"变成"사옵나이다, 사옵소이다"。书面语在信件或诗歌中使用，这时表示说话者对听者的郑重态度。

ㄱ. 어머니께서 정성껏 만드신 수정과가 벌써 혀끝에 감도나이다.
　　妈妈精心做的柿饼汁的滋味已萦绕在舌尖了。

ㄴ. 그는 훌륭한 사람이었소이다/나이다.
　　他是一个优秀的人。

4. 疑问句终结词尾的连接方式与语感

(1) 卑阶

卑阶疑问式终结词尾分为基本阶和不定阶，现将基本阶和不定阶一起说明。

① 느냐나이다 느냐, (으) 냐

"느냐"用在动词词干后面（包括"있다，없다"），口语中有时动词后面也有用"냐"，这种属于不规范的用法。"(으) 냐"用在形容词词干和体词谓词形后面，以上终结词尾还可接在时制词尾"았（었，였），겠，더"及尊敬词尾"시"后面。引用句的子句中也用此终结词尾。

ㄱ. 너 어디 가느냐?
　　你去哪儿?

ㄴ. 그런 일이 있느냐, 없느냐?
　　有没有那种事?

ㄷ. 너 어디 아프냐?
　　你哪儿疼?

ㄹ. 그 여자가 네 색시감이냐?
　　那个女孩是你的未婚妻吗?

ㅁ. 요즘 아버님 건강이 좋으시냐?
　　最近爸爸的健康情况好吗?

ㅂ. 너에게도 그런 생각이 나더냐?
　　你也有过那种想法吗?

ㅅ. 너도 가겠느냐?
你也要去吗?
ㅇ. 그가 어느 것이 좋으냐고 묻는다.
他问哪个好。

② 는가, ㄴ(은)가
"는가"用在动词词干(包括"있다,없다")后面,"ㄴ(은)가"用在形容词词干、体词谓词形后面,以上词尾还可接在时制"았,었,겠,더"及尊敬词尾"시"后面。引用句子中也常用此终结词尾。如果说"느냐,(으)냐"是明确地表示疑问的话,而"는가,ㄴ(은)가"尊敬程度高于"느냐,(으)냐",主要在反问甚至怀疑自己想法时较多使用,多用于书面语。

ㄱ. 어째서 동족을 서로 죽여야 하는가?
怎么能同室操戈呢?
ㄴ. 그것은 얼마나 큰가?
那有多大呢?
ㄷ. 선생님 계신가?
老师在吗?
ㄹ. 그게 사실인가?
那是事实吗?
ㅁ. 이분이 어머님이신가?
这位是你母亲吗?
ㅂ. 전통이란 어떤 것이며 또 어떻게 계승되어 왔는가?
传统是什么,又是怎么传承下来的呢?
ㅅ. 그를 만나면 무슨 말부터 하겠는가?
如果见到他,先说什么呢?
ㅇ. 그랬으면 좋겠는가?
那样的话好吗?
ㅈ. 그들이 자네의 말을 믿으려던가?
他们试着相信过你的话吗?
ㅊ. 나는 그들이 바라는 것이 무엇인가를 알 수 있다.
我知道他们想要什么。
ㅋ. 모든 것을 어떻게 생각하는가가 문제다.
问题是怎么看待所有的事情。

③ (을) 까

"(을) 까"可接在动词词干、形容词词干、体词谓词形后面，还可用在尊敬词尾"시"、过去时制词尾"았 (었, 였)"后面，在引用句的子句中也可使用。但不能用在"겠, 리"后面, 比"느냐, (으) 냐"尊敬程度稍高一些，主要在表示说话者内心抱有疑问、犹豫不决或不能确定时使用。有时也可在征询听者意见时使用。

ㄱ. 이 강물은 어디서 흘러 내려올까?
这条河从哪儿流下来的呢？

ㄴ. 내일 날씨는 맑을까?
明天天晴吗？

ㄷ. 그 일을 해 낼 수 있는 사람은 과연 누구일까?
谁是能干那件事的人呢？

ㄹ. 너하고 같이 갈까?
和你一起去吗？

ㅁ. 내일 갈까 말까?
明天去不去呢？

ㅂ. 내일 그분이 오실까?
明天他会来吗？

ㅅ. 혼자서 그 힘든 일을 어떻게 해 내었을까?
一个人怎么完成那么费力的事的呢？

ㅇ. 우리 반성해야 할 점도 많지 않을까 합니다.
他说我们是不是也有很多地方应当反省一下。

④ 는지, ㄴ (은) 지, ㄹ (을) 지

"는지"接在动词词干（包括"있다, 없다"）后面，"ㄴ (은) 지"接在形容词词干和体词谓词形后面，以上词尾还可接在尊敬词尾"시"、时制词尾"았 (었, 였), 겠, 더"后面，表示对现实事情的疑惑。而"ㄹ (을) 지"不能接在"더"后面，其表示对今后发生事情的疑惑或推测。以上词尾一般是自言自语时用。

ㄱ. 그는 무엇을 얻으려고 하는지?
他想得到什么呢？

ㄴ. 거기가 얼마나 깊은지?
那里有多深呢？

ㄷ. 일이 잘못 된 것이나 아닌지?

事情不会是进展不顺吧?
ㄹ. 모두들 평안하셨는지?
大家都好吧?
ㅁ. 내일 맑겠는지?
明天天会晴吗?
ㅂ. 내일 비가 올지?
明天会下雨吗?
ㅅ. 지금쯤은 집에 계실지?
他现在这个时候会在家吗?
ㅇ. 그분도 내일 가실지?
他明天也去吗?

⑤ 는감, (은) 감

"는감, (은) 감"与"는가, (은) 가"有类似的作用, 连接方法相同。表示轻微的反驳或反问自己。

ㄱ. 누가 그걸 모르는감?
谁不知道那个?
ㄴ. 그 물고기가 큰감? 작지.
那条鱼大吗? 很小吧。
ㄷ. 처녀가 웬 하나뿐인감?
怎么就一个女孩?
ㄹ. 누가 보았는감?
谁看到了?
ㅁ. 그가 한 짓이 아니면 누구의 짓이겠는감?
如果不是他干的, 那是谁呢?

⑥ 니

"니"比"느냐"的语气更亲切而温和时使用, 连接方法与"느냐"相同。

ㄱ. 지금 학교에 가니?
现在去学校吗?
ㄴ. 왜 대답 없니?
怎么不回答呢?
ㄷ. 그건 무슨 책이니?
那是什么书?

ㄹ. 그분의 얼굴이 고우시니?
　　那位长得漂亮吗?
ㅁ. 너 요새 무슨 일이 생겼니?
　　你最近有什么事吗?
ㅂ. 누구를 나무라겠니?
　　你要埋怨谁呢?
ㅅ. 그분도 갔댔니?
　　听说那位也去了，是吗?

⑦ (으)랴

"(으)랴"可接在动词词干、尊敬词尾"시"后面，但不能接在"더，리，겠"的后面。为对自己今后要做的事情询问对方的意见时使用。

ㄱ. 좀 도와주랴?
　　需要帮你一下吗?
ㄴ. 이 책은 내가 읽으랴?
　　我能读这本书吗?

⑧ 아(어, 여), 야

"아(어, 여), 야"连接方法与陈述句一样，只是改为疑问句。

ㄱ. 그런 것을 먹어?
　　吃那个吗?
ㄴ. 그렇게 예뻐?
　　那么漂亮吗?
ㄷ. 여기가 어디야?
　　这是哪儿?

⑨ 지

"지"连接方法与陈述句一样，表示说话者内心疑问或自己想让对方肯定地回答自己预测的事情。

ㄱ. 무슨 일로 저 사람이 저렇게 달려 가지?
　　什么事让那个人跑得那么快呢?
ㄴ. 여보, 저 할머니가 퍽 착하지?
　　老婆，那老奶奶很好吧?
ㄷ. 저기 보이는 저것이 섬이지?

能看到的那个地方是岛屿吧?

ㄹ. 선생님 지금 이리로 오시지?
老师正往这边来吧?

ㅁ. 이제 하늘이 맑아졌지?
现在天晴了吧?

ㅂ. 내일은 날씨가 따뜻하겠지?
明天天气会暖和吧?

ㅅ. 그곳은 지금도 춥다지?
你说那个地方现在也很冷吗?

⑩ ㄹ(을)래

"ㄹ(을)래"连接方法与陈述句一样,有时有追问之意。

ㄱ. 너는 더 놀다 올래?
你玩一会儿再来吗?

ㄴ. 너 나한테 정말 이럴래?
你真要这样对我吗?

⑪ (을)라고

"(을)라고"询问对方明明实现不了的事情为什么还要那样做,或表示明知那种结果为何还要那样做。

ㄱ. 설마 나 혼자 가라고?
不会让我自己去吧?

ㄴ. 농사꾼이야 땅 파먹는 일밖에 또 있을라고?
庄稼人除种地吃饭还能干什么呢?

ㄷ. 아무러면 그만한 돈이 없을라고?
怎么会连那点儿钱也没有呢?

ㄹ. 설마 그것마저 가짜일라고?
不会连那个也是假的吧?

⑫ 아(어,여)야지, 라야지

"아(어,여)야지, 라야지"的连接方法与陈述式基本阶相同,表示明知会那样可又不是那样而产生着急的心情,并对此进行自问。

ㄱ. 아무리 찾아보아도 있어야지.
不管怎么找也找不到吧。

ㄴ. 그런 일이 어디 한두 가지라야지.
发生那样的事不是一两件吧。

⑬ 는다고, ㄴ다고, 다고, 라고

"는다고, ㄴ다고, 다고, 라고"的连接方法与陈述式基本阶相同，表示反问或讽刺。

ㄱ. 뭐, 네가 뭘 대단한 일을 한다고?
   唉，你做了什么了不起的大事了吗？
ㄴ. 그게 그렇게 좋다고?
   那个有那么好吗？
ㄷ. 그것이 쇠붙이보다 단단한 물질이라고?
   听说那个东西是比铁还硬的物质？

⑭ 는다며, ㄴ다며, 다며, 라며, 는다면서, ㄴ다면서, 다면서, 라면서

以上终结词尾的连接方法同基本阶，表示对别人说的话要重新确认而提出疑问。有时有讽刺、反问之意。实际上是将连接词尾"며，면서"后面的疑问句"그렇습니까"省略了，而将疑问提到前面。

ㄱ. 술은 안 먹는다며?/안 먹는다면서?
   听说你不喝酒了？
ㄴ. 고향에는 통 연락을 안 한다면서?
   听说你跟老家一点儿联系也没有？
ㄷ. 너는 산이 좋다며/좋다면서?
   听说你喜欢山？
ㄹ. 그게 거짓말이라며/거짓말이라면서?
   听说那是假话？
ㅁ. 외국엘 다녀왔다면서?
   听说（你）出国回来了。

⑮ 는다니, ㄴ다니, 다니, 라니

"는다니, ㄴ다니"接在动词后面，"다니"可接在形容词后面，"라니"接在体词谓词形及"아니다"后面，也可接在过去时制词尾"았（었, 였）"、尊敬词尾"시"后面，表示疑问的语气，并对此有意外、惊讶或认为不恰当的感觉。

ㄱ. 이 많은 책을 언제 다 읽는다니?
   这么多的书什么时候才能都读完呢？
ㄴ. 이 긴 시를 언제 외운다니?
   这么长的诗什么时候才能背下来呢？

ㄷ. 입춘이 지났는데 왜 이렇게 춥다니?
　　立春都过了，为什么还这么冷呢？
ㄹ. 결혼하겠다는 사람이 왜 하필 그런 총각이라니?
　　你想嫁的何必非是那样的小伙呢？

⑯ (으)렷다

"(으)렷다"可接在动词、形容词、体词谓词形、尊敬词尾 "시"后面，是话者为对推测的事实发问时使用。

ㄱ. 네 선생님도 산에 가시렷다?
　　你老师也去山里了吗？
ㄴ. 철수가 시계를 고장냈으렷다?
　　哲洙的手表出故障了吗？
ㄷ. 저분이 돈이 많으렷다?
　　那位很有钱吗。
ㄹ. 저분이 김선생이렷다?
　　那位是金老师吗？

(2) 平阶

① 准平阶 "나"

"나"是比 "느냐, (으)냐" 尊敬程度高一个等级的终结词尾，多用于动词词干后，也可用于形容词词干后。但不能用于体词谓词形后，主要用于男性。后面可接其他成分。

ㄱ. 자네 그리로 가나?
　　你去那儿吗？
ㄴ. 할머니가 병이 나셨나?
　　奶奶病了吗？
ㄷ. 무슨 사고가 생겼나 보지요?
　　好像发生了什么事故？
ㄹ. 내 어쩌다가 이 지경이 되었나 싶었다.
　　我不知怎么落到这个地步。
ㅁ. 언제나 일생의 소원을 이루나 하고 오늘까지 기다렸다.
　　等到今天不知何时才能实现一生的愿望。
ㅂ. 그런 것도 싫다나?
　　连那个也烦吗？

ㅅ. 내일 그가 오려나?
明天他想来吗?

② 平阶 "(으) 오, 소"

"(으) 오, 소"连接方法同陈述句, 只是将陈述句变成疑问句。

ㄱ. 그런 일이 일어날지도 모르잖소?
你都不知道会发生那样的事吧?

ㄴ. 어쩌면 거기서 길을 잃었소?
怎么在那儿迷路了呢?

ㄷ. 그의 수염이 그렇게 기오?
他的胡子有那么长吗?

ㄹ. 그것은 당연한 일 아니오?
那不是理所当然的事吗?

ㅁ. 그만 하면 괜찮소?
就到这儿行吗?

(3) **尊敬阶**

① 准尊敬阶 "ㄴ가요, 은가요, 을까요, 는지요, 은지요, 을지요, 아(어, 여)요, 나요, 지요, 을래요, 는데요, 은데요, 고요, 고서요, 아(어, 여)야지요, 라야지요, 는다고요, ㄴ다고요, 다고요, 라고요, 는다며요, ㄴ다며요, 다며요, 라며요"

以上终结词尾是由 "해체, 하게체" 加 "요" 构成疑问句, 其尊敬程度高于 "오, 소"。

ㄱ. 그 방이 따뜻한가요?
那个房间暖和吗?

ㄴ. 배가 아픈 데는 무슨 약이 좋을까요?
肚子痛吃什么药好呢?

ㄷ. 이런 힘든 일을 누가 하는지요?
这么费劲的事谁能干呢?

ㄹ. 내일이면 늦을지요?
明天会晚了吗?

ㅁ. 너무나 많아서 어떻게 다 먹나요?
太多了, 哪儿能吃得完呀?

ㅂ. 지금 눈이 와요?
　　现在下雪了吗?
ㅅ. 당신도 오늘 떠나지요?
　　您也是今天离开吧?
ㅇ. 당신도 같이 가실래요?
　　您也一起去吗?
ㅈ. 이것이 싫다면 그럼 그것은 좋고요?
　　如果不喜欢这个的话，那么那个好吗?
ㅊ. 가라고요? 거기가 어떤 곳인데요?
　　让我去吗? 那儿是什么地方?
ㅋ. 우리가 정신이 있어야지요?
　　我们应该有点精神啊?
ㅌ. 그이가 남편의 일까지 다한다고요?
　　她把丈夫的活都干了吗?
ㅍ. 그이를 그렇게나 사랑한다며요/면서요?
　　你那么爱他吗?

② 尊敬阶
1) ㅂ니까, 습니까, 사옵니까, (으)옵니까
"ㅂ니까"、"습니까"在特别尊敬听者时使用。"ㅂ니까"用于开音节，"습니까"用于闭音节，"사옵니까, (으)옵니까"带有古语色彩。
ㄱ. 무슨 집을 짓습니까?
　　盖什么房子呢?
ㄴ. 방이 따뜻합니까?
　　房间里暖和吗?
ㄷ. 거기가 편집국입니까?
　　那里是编辑部吗?
ㄹ. 무엇을 찾습니까?
　　想找什么?
ㅁ. 어디로 가옵니까?
　　您去哪儿?
ㅂ. 선생님은 댁에 계시옵니까?
　　老师在家吗?

ㅅ. 그 두 사정이 같사옵니까?
　　那两件事一样吗?

2) 나이까, 소이까

以上终结词尾有古语的色彩, 特别尊敬对方时使用。

ㄱ. 아버지께서는 꼭 베푸신 은혜를 거두고자 하시나이까?
　　父亲您施的恩惠一定要获得回报吗?

ㄴ. 그래도 좋소이까?
　　那样也行吗?

ㄷ. 그분이 그렇게 말씀하더나이까?
　　那位说过那样的话吗?

5．命令句终结词尾的连接方式与语感

　　命令式是说话者要求对方做某件事情, 当听者地位高时就变成恳请了。在要求对方做某件事情时, 原则上是对方能够做而且愿意做的事情。前面一般只能接动词 (包括 "있다, 계시다"), 而且一定是当下的事情, 所以不能接时制词尾。

(1) 卑阶

　　卑阶命令式终结词尾分为基本阶和不定阶, 现将基本阶和不定阶一起说明。

　　① 아 (어, 여) 라, 거라, 너라

　　"아라, 어라" 按元音调和规则接。"여라" 接在 "하" 的后面, 还可缩成 "해라"。"거라" 接在 "가다" 等动词词干后面, "너라" 接在 "오다" 词干后面, 还可变成 "와라" 或 "온", 此时有亲切感。极个别的还可接在形容词、体词谓词形后面。

　　ㄱ. 여기를 보아라.
　　　　往这儿看。

　　ㄴ. 젖은 옷을 벗어라.
　　　　把湿衣服换下来吧。

　　ㄷ. 이것을 받아라.
　　　　收下这个吧。

　　ㄹ. 이 일은 네가 맡아라.
　　　　这事交给你吧。

ㅁ. 시비를 잘 판단하여라/해라.
 要好好判断是非。
ㅂ. 빨리 가거라.
 快点儿去吧。
ㅅ. 잘 있어라/있거라.
 好好呆着吧。
ㅇ. 물을 길러 오너라.
 快打点儿水来吧。
ㅈ. 아기야, 이리 온.
 孩子，来这边儿吧。
ㅊ. 더 부지런해라.
 再勤奋点儿吧。
ㅋ. 제발 이 상자안에 있는 것이 금이거라.
 让这箱子里的东西都是金子吧。

② (으) 렴, (으) 려무나, (으) 려마

此类终结词尾接在动词词干、部分形容词词干后面，表示一种带有感情的命令或请求，有时有委婉劝告的语气，并略带感叹。

ㄱ. 자, 그러지 말고 오늘 허락을 하렴.
 唉，别那样，今天就答应了吧。
ㄴ. 잠시 내말 좀 들어보렴.
 请先听我说吧。
ㄷ. 너도 더 부지런하렴.
 你也再勤奋点儿吧。
ㄹ. 너 우리 집에서 잠시 쉬다가 가려무나.
 你在我家稍休息一下再走吧。
ㅁ. 내 품에 쉬려마.
 在我怀里休息一下吧。

③ 구려

该终结词尾接在动词词干后面表示命令时；有鼓励的意思，属卑阶。虽然可接尊敬词尾"시"，但其作用不明显。

ㄱ. 생각대로 하구려/생각대로 하시구려.
 按你想的法做吧。
ㄴ. 기왕이면 돈도 좀 넣어 보구려.

既然这样，你也放点儿钱吧。

④ 아 (어, 여) 지

　　该终结词尾接在动词词干后面，不仅可表示陈述、疑问，还可表示命令，虽然可接尊敬词尾"시"，但其作用不明显。"지"后面还可接"그래"加强语气。

　　ㄱ. 여기 와 앉아.
　　　　来这边儿坐。
　　ㄴ. 자네도 가지.
　　　　你也去吧。
　　ㄷ. 자네는 저리로 가 있지그래.
　　　　你去那边吧。

⑤ (으) 렷다

　　"(으) 렷다"主要是接在动词词干后面，是说话者对自己认为理所当然的事情，以强调、确认的口气，要求或叮嘱别人去做。

　　ㄱ. 이르는 대로 거행하렷다.
　　　　按要求举行吧。
　　ㄴ. 다시는 내 앞에 나타나지 말렷다.
　　　　不要让我再看见你。
　　ㄷ. 그 책은 읽지 말렷다.
　　　　不要读那本书吧。

(2) 平阶

① 准平阶 "게, 게나"

　　"게, 게나"接在动词词干后面，是比"아 (어, 여) 라"高一个等级的命令式。而"게나"比"게"语气上显得更为郑重。

　　ㄱ. 가지 말고 여기 있게.
　　　　不要去，在这儿待着。
　　ㄴ. 우리집에 한번 놀러 오게나.
　　　　来我家玩一次吧。
　　ㄷ. 모처럼 찾아온 고향이니 더 있다 가게나.
　　　　难得回老家，多待一阵子吧。

② 平阶 "(으) 오, 소"

　　"(으) 오, 소"是比"게"更高一个等级的命令式，连接方法

同陈述式。

ㄱ. 불편하더라도 좀 참소.
　　即使不舒服，也再忍耐一下吧。
ㄴ. 자세히 설명하시오.
　　请详细说明。
ㄷ. 마음 놓소.
　　请放心吧。
ㄹ. 이것 받으시오.
　　请接一下这个吧。
ㅁ. 어서 들어가오.
　　请快进去吧。

(3) 尊敬阶

① 准尊敬阶"아（어，여）요，지요，(으) 라고요"

"아（어，여）요，지요，(으) 라고요" 接在动词词干后面，是在"아（어，여），지，(으) 라고"的基础上接"요"表示命令，比"(으) 오，소"尊敬程度更高一个等级。

ㄱ. 여기 가만히 있어요.
　　在这儿老实待着吧。
ㄴ. 먼저 들어가요.
　　你先进去吧。
ㄷ. 어서 가지요.
　　快去吧。
ㄹ. 사진을 빨리 찍으시지요.
　　快点儿照相吧。
ㅁ. 장군 씨예요? 어서 들어오라고요.
　　是张军吗？快进来吧。

当表达"祝……"的意思时，形容词后边也可加"-어요"的尊敬表达方式"세요"。这属于不太规范的用法。

ㅂ. 더 건강하세요.
　　祝您健康。
ㅅ. 행복하세요.
　　祝您幸福。

② 尊敬阶

1)(으)십시오

"(으)십시오"接在动词词干、部分形容词词干后面,是更高等级的命令,有时反映说话者的恳求或愿望。

ㄱ. 어서 말에 오르십시오.
   快上马吧。

ㄴ. 여기 앉으십시오.
   请坐这儿吧。

ㄷ. 냉정하십시오/ 냉정히 하십시오.
   冷静点儿吧。

2)(으)소서

"(으)소서"接在动词词干后面,表示对听者的希望,带有古语色彩,一般在诗歌和祈祷中使用。为了把希望表达得更为恳切,前面还可加"옵, 으옵, 으시옵"。

ㄱ. 운명의 신이여, 나의 갈 길을 계시해 주소서.
   命运之神呀,请指点我迷津吧。

ㄴ. 용서하시고 들으소서.
   请宽恕我,听下去吧。

ㄷ. 이 정성을 받으옵소서.
   请接受我的诚意吧。

ㄹ. 하루밤만 더 묵으시어 저희들을 지도해 주시고 가시옵소서.
   请再待一个晚上,指导我们一下再走吧。

6. 共动句终结词尾的连接方式与语感

共动式终结词尾是说话者劝听者与自己一起做某件事情。一般只接在动词词干后面,也可接在部分形容词词干后面,个别时候将事物或动物拟人化以后也可使用共动式。

(1) 卑阶

卑阶共动式终结词尾分为基本阶和不定阶,现将基本阶和不定阶一起说明。

① 자
"자"是最低等级的共动式终结词尾，一般对下使用。
ㄱ. 힘을 다하여 나무를 가꾸자.
　　尽一切努力养护树木吧。
ㄴ. 우리는 여기 있자.
　　我们在这儿待着吧。
ㄷ. 형이 하자는 대로 따라 하자.
　　按哥说的去做吧。
ㄹ. 우리는 좀더 부지런하자. (부지런히 하자)
　　我们再勤奋一点儿吧。

② 자고
说话者与听话者的关系更亲近时使用"자고"。
ㄱ. 자, 함께 떠나자고.
　　嗨，我们一起走吧。
ㄴ. 우리 술이나 한잔 하자고.
　　我们一起喝杯酒吧。

③ 자꾸나
"자꾸나"是表示比"자"更有力地劝说他人跟自己一起做某件事时使用，并多一层亲切的意味。
ㄱ. 나와 같이 아들딸 낳고 살자꾸나.
　　和我一起生儿育女过日子吧。
ㄴ. 이 일은 빨리 끝내자꾸나.
　　尽快结束这件事吧。

④ 아 (어, 여), 지
以上终结词尾与陈述、疑问、命令一样，也可以用于共动。
ㄱ. 자, 같이 먹어.
　　喂，一起吃吧。
ㄴ. 우리 같이 놀지.
　　我们一起玩吧。

(2) 平阶
平阶共动式终结词尾有准平阶和平阶。
① 准平阶"세, 세나"

"세"比"자"更尊敬一些,"세나"比"세"更郑重一些。

ㄱ. 우리도 시작해 보세.
　　我们也开始吧。
ㄴ. 어서 들어가세나.
　　快点进去吧。
ㄷ. 한잔 먹세.
　　一起喝一杯吧。

②平阶"(으)오"

"(으)오"比"세"尊敬程度高一个等级。

ㄱ. 우리 저리 함께 가오.
　　我一起去那儿吧。
ㄴ. 우리 같이 먹으오.
　　我们一起吃吧。

(3) 尊敬阶

尊敬阶共动式终结词尾有准尊敬阶和尊敬阶

① 准尊敬阶"자고요, 아(어, 여)요, 지요"

"자고요, 아(어, 여)요, 지요"比"(으)오"尊敬程度高一个等级。其中"아(어, 여)요"可以接在尊敬词尾的后面,这时只是尊敬与自己一起行动的其他人。

ㄱ. 우리 모두 함께 가자고요.
　　我们一起去吧。
ㄴ. 우리 모두 같이 빨리 가세요.
　　我们一起快走吧。
ㄷ. 같이 가지요.
　　一起去吧。

② 尊敬阶"(읍)시다"

1)(읍)시다

"(읍)시다"在较为尊敬表示共同行动时使用,可接在尊敬词尾"시"的后面,表示尊敬程度更强一些。"(읍)시다"其后面还可接"그려"。如前所述,对特别尊敬对象使用"(읍)시다"应当慎重。

ㄱ. 여기 앉읍시다.

咱们就坐这儿吧。

ㄴ. 이 마을에서 그대로 삽시다.
咱们在这个村里继续生活吧。

ㄷ. 그의 말을 믿으십시다.
我们就相信他的话吧。

ㄹ. 이번에 떠나기로 합시다그려.
这次一起走吧。

2) 사이다

"사이다"有古语色彩，更为郑重时使用。

ㄱ. 그분은 모시고 함께 가사이다.
陪着那位一起去吧。

ㄴ. 우리 모두 저분의 말씀을 듣사이다.
咱们都听他的吧。

7．难以区别阶称的终结词尾

韩国语中大部分终结词尾都可以区分其阶称，即尊卑高低，但个别终结词尾不是针对特定的对话对象，有时是话者自言自语，这时就不需要或很难区分尊卑高低。此类终结词尾有

◆ 陈述式：다，ㅁ(음)
◆ 疑问式：ㄴ(는)담，(으)랴
◆ 命令式：(으)라，(을)것

(1) 陈述式

① 다

"다"与用在其他动词后面的"는다"不同，是独立的终结词尾，只在书面语中对非特定的读者告知某些事情或记录某些事物时使用。

ㄱ. 우리나라 원정대 남극 정복하다.
我国远征队征服南极。

ㄴ. 오늘 오후 2시 학교에서 친구 김철수를 만나다.
今天下午两点在学校见朋友金哲洙。

以上"ㄱ"句是报纸上的标题，不存在特定的读者，"ㄴ"句是在日记中记的内容。

② "ㅁ（음）"

"ㅁ（음）"只能在书面语中，对非特定的读者使用。

ㄱ. 자급：필요한 것을 자기 힘으로 마련해서 씀.
　　自给：自己准备好所需的东西。

ㄴ. 행복하게 삶.
　　要幸福地生活

以上"ㄱ"句中是词典里对一个单词的解释，"ㄴ"句中虽然将句子了变成名词形，却起陈述句的作用。

(2) 疑问式

① 는담

"는담"是接在动词词干后面，主要与 "누구，무엇，어떻게，어찌"等疑问词搭配，为自己心里的不快而叹气。有时有轻微地责备对方或感叹之意。通常说话者自言自语表示疑问时使用。

ㄱ. 어린 자식을 두고 어찌 그리 쉽게 눈을 감고 죽는담.（叹气）
　　撇下年幼的孩子，怎么那么容易闭上眼睛呢？

ㄴ. 이렇게 두꺼운 책을 어떻게 다 읽는담.（叹气）
　　这么厚的书什么时候能读完呢？

ㄷ. 서울은 뭐 하러 간담.（责备）
　　你干嘛去首尔呢！

ㄹ. 어쩜 옷을 저렇게 잘 입는담.（感叹）
　　衣服穿得怎么那么合身！

② (으)랴

"(으)랴"在说话者自言自语或对非特定的较多听者使用。通过反问加强语气。如："스승의 참뜻을 어찌 잊으랴?（怎么能忘老师的情谊呢？）"这个句子就是"스승의 참뜻을 잊을 수 없다.（不能忘记老师的情谊。）"加强语气的表达方式。以下句子与此相同。

ㄱ. 이제 와서 후회한들 무엇하랴?
　　现在后悔又有什么用呢？

ㄴ. 이런 명산이 또 어느 나라에 있으랴?
　　这样的名山哪个国家还有呢？

ㄷ. 어찌 기쁘지 않으랴?
　　怎么能不令人高兴呢？

ㄹ. 그것이 사람의 도리랴?
　　那是人干的吗?
ㅁ. 선생님께서 그러한 곳에야 가시랴?
　　老师怎能去那样的地方呢?
ㅂ. 손으로 그것을 어떻게 집어낼 수 있었으랴?
　　用手怎么能拿得起那个呢?

(3) 命令式
① (으) 라
"(으) 라"与"아 (어, 여) 라"一样, 是表示命令的终结词尾, 但不是针对个别听者, 而是针对非特定的多数听者使用, 其前面可以接尊敬词尾"시"。
　　ㄱ. 이 손에 뭐가 나올 것인지 기대하셔라. (×)
　　ㄴ. 이 손에 뭐가 나올 것인지 기대하시라.
　　　　请看手里有什么。
以上"ㄱ"句属于卑阶的终结词尾"아 (어, 여) 라", 前面不能加尊敬词尾"시", 而"ㄴ"句不属于那个阶称则可加"시"。但有时也可做古语体的表示命令的"해라체"终结词尾。
　　ㄱ. 소년이여, 높은 데를 보라.
　　　　少年们, 要往高处看吧。
　　ㄴ. 거기 앉으라.
　　　　往那边坐吧。
　　ㄷ. 국사에 그르침이 없도록 하라.
　　　　对国事要万无一失。
② "(을) 것"
"(을) 것"主要在书面语使用, 有时口语中也可使用。其使用时一般命令是针对多数的听者。
　　ㄱ. 내일 학교에 올 것.
　　　　明天要到学校。
　　ㄴ. 내일 학교에 오지 말 것.
　　　　明天不要到学校。
　　ㄷ. 내일 학교에 오지 않을 것. (×)

以上"ㄱ"和"ㄴ"句表示命令，"ㄷ"句不能表示命令，故是错句。

练习九

一、(　　) 안에 들어갈 적당한 말을 고르시오.

1. 가: 오늘 서점에서 사야 할 책이 있는데 시간이 없어서 큰일이야.
   나: 걱정하지 마. 내가 서점에 가는 길에 사다가 줄 (　　).
   A. 텐데　　B. 게　　C. 겠다　　D. 테니까

2. 가: 퇴근 후에 영화를 볼까요?
   나: 저녁에 약속이 (　　). 다음에 하지요.
   A. 있고 말고요　　B. 있거든요
   C. 있어야지요　　D. 있을 텐데요

3. 가: 너 어제 어디 갔었니? 몇 번 전화 했는데 안 (　　).
   나: 친구들이랑 소풍 갔었어.
   A. 받는데　　B. 받더라
   C. 받았겠는데　　D. 받았더라

4. 가: 너 어떻게 그 소식을 듣고도 놀라지 않니?
   나: 이제 습관이 되었어. 그런 일이 한두 번 (　　).
   A. 이더구나　　B. 이고 말고
   C. 이라야지　　D. 이구나

5. 가: 이것은 어디서 사온 신이냐?
   나: 이것은 아버지가 서울서 사온 신이 (　　).
   A. 란다　　B. 겠다　　C. 리라　　D. ㄹ 것이다

6. 가: 너 그 사람과 사귀지 마.
   나: 왜 안 돼요? 그 사람은 좋은 사람이 (　　).
   A. 고 말고요　　B. ㄹ 거예요
   C. 고 말았어요　　D. 란 말이에요

7. 가: 그대로 두는 게 어떡하냐?
   나: 그대로 두었다가는 썩 (　　).
   A. 썩을라　　B. 썩었다

C. 썩었겠다   D. 썩던데
8. 처음 엑스포를 찾은 관광객들은 안내원의 설명을 하나라도
   (   ) 귀기울여 들었다.
   A. 놓칠세라   B. 놓치련만
   C. 놓칠망정   D. 놓칠지라도
9. 가: 이번 경기에 참가한 사람은 모두 상을 받았어.
   나: 그럴 줄 알았으면 나도 (   ).
   A. 참가할 걸   B. 참가했을 걸
   C. 참가하겠는 걸   D. 참가한 걸
10. 가: 빨리 출발해야 되는데.
    나: 그러게 말이야. 저 애는 왜 이리 밥을 천천히 (   ).
    A. 먹다니?   B. 먹는다니?
    C. 먹었다니?   D. 먹겠다니?
11. 가: 그는 그일을 어떻게 했단 말이에요?
    나: 그는 그 일을 기어코 (   ).
    A. 하겠소   B. 해내고야 말았어요
    C. 했을 것이다   D. 할 것이다.
12. 가: 왜 이렇게 늦었어요?
    나: 길이 어찌나 (   ) 여기까지 오는 데 한 시간이나 걸렸어요.
    A. 복잡할지   B. 막히는지
    C. 막힐지   D. 막혔을지
13. 가: 경기에 참가한 자는 모두 상을 받았는데 나도 갔으면 좋
       았을 걸.
    나: 이제 와서 후회한들 (   ).
    A. 무엇하랴?   B. 소용이 있다
    C. 소용이 있겠다   D. 무엇이 있다
14. 가: 며칠간 폐를 끼쳐서 오늘 아무래도 가야지.
    나: 아니, 너 우리 집에서 더 쉬다가 (   ).
    A. 갈게   B. 갔어   C. 가려무나   D. 가너라
15. 가: 우리는 아이를 낳지 말자.
    나: 아니, 나와 같이 아들딸 낳고 (   ).
    A. 살자꾸나   B. 살겠다
    C. 살 것이다   D. 산다

115

二. 다음 중 틀린 부분을 찾아 바르게 고쳐 쓰시오.

1. Ⓐ누구에게나 일생 동안 선택할 기회가 찾아온다고 한다. 나에게도 그런 기회가 Ⓑ있었던 것 같다 그러나 나는 Ⓒ그것을 파악하지 못했기 때문에 그 기회를 그냥 Ⓓ놓쳐 버리고 맙니다.

2. 가: 글쎄, 그 구두쇠 친구가 자신의 전 재산을 고아원에 Ⓐ기부했대요.
　　나: 정말 놀랍군요. Ⓑ어쨌든 그렇게 Ⓒ아끼던 재산을 선뜻 Ⓓ기부한다.

三. 다음 중 틀린 것을 고르시오. (　　)
A. 약속 시간에 늦을라. 어서 일어나서 준비해라.
B. 빨리 들도록 해. 그 사람이 기다릴라.
C. 옷을 많이 입었더니 전혀 춥지 않은데 오히려 땀이 날라.
D. 빨리 가자. 그 사람이 왔을라.

十、否　定

　　否定句是通过否定词的方式来表示否定某一种事实或其意义的句子。
　　否定分为短形否定和长形否定。短形否定是否定词"안，못"放在谓语前，表示否定意义。长形否定是在谓词词干后接"지"再接"아니하다（않다），못하다"来表示否定意义。同一个否定词构成的短形否定和长形否定有时意义并不一样。这是因为短形否定的否定词只是否定后面的谓词，而长形否定是否定整个句子。

1．长、短形否定意义上的区别

　　ㄱ. 학생들이 다 안 왔다.
　　　　学生们都没来。
　　ㄴ. 학생들이 다 오지 않았다.
　　　　学生们没都来。
　　对以上例句有的韩国学者认为意义是一样的，多数认为是有区别的。

2．否定词使用时的限制

　　否定词"안"一般表示事实否定，而"못"表示能力或条件否定，其使用上有明显的区别。

(1) 形容词使用否定词时的限制
　　① 形容词"괴롭다，나쁘다，낮다，있다"等只能与否定词"안，지 않다"结合使用。
　　ㄱ. 그 학생은 성격이 안 나쁘다/나쁘지 않다.
　　　　那个学生性格不坏。
　　ㄴ. 그 학생은 성격이 못 나쁘다．（×）/나쁘지 못하다．（×）
　　② 形容词"깨끗하다，시원하다，자유롭다，자비롭다"可以与

否定词"안,지 않다,지 못하다"连用,但"못"不能放在这些词的前面。

ㄱ. 이 교실은 안 깨끗하다/깨끗하지 않다.
　　这个教室不干净。
ㄴ. 이 교실은 못 깨끗하다. (×)/깨끗하지 못하다.
　　这个教室不太干净。

③ 用形容词"넉넉하다, 우수하다, 만족하다, 풍부하다, 넓다, 크다, 좋다"等词表示没有达到预期的水准而感到遗憾或惋惜时,只能用"지 못하다"形式表示。

예산이 풍부하지 못해서 만족스럽게 일을 마치지 못했다.
预算不足,没能做好这件事。

(2) **动词使用否定词时的限制**

① 表示希望的动词只能与否定词"안,지 않다"连用。

ㄱ. 나는 그가 이번 시험에 낙제하기를 안 바란다./바라지 않는다.
　　我希望他这次考试不落榜。
ㄴ. 나는 그가 이번 시험에 낙제하기를 못 바란다. (×)/바라지 못한다. (×)

② 认知动词"깨닫다, 기억하다, 알다"只能与"못, 지 못하다"连用。

ㄱ. 나는 그 사람의 이름을 못 기억한다./기억하지 못한다.
　　我记不住那人的名字。
ㄴ. 나는 그 사람의 이름을 안 기억한다. (×)/기억하지 않는다. (×)

③ "말다"否定主要用于动词命令句和共动句,有时也可以用于陈述句。

ㄱ. 우리는 시내에 가지 맙시다.
　　我们别去市内了吧。
ㄴ. 너는 가지 마라.
　　你别去了。
ㄷ. 나는 그 사람이 오지 말기를 바란다.
　　我希望那人不要来。

④ 表示有关意识的"염려하다，고민하다，걱정하다，후회하다"等动词与否定词结合时，不能用"못"。
나는 후회하지 않는다./ 후회하지 못한다（×）．
我不后悔。
⑤ 个别表示的过程动词，如"끓다，마르다"等不能与否定词"못，지 못하다"连用。
ㄱ. 햇빛이 안 나고 바람도 없어서 옷이 빨리 안 마른다.
ㄴ. 햇빛이 안 나고 바람도 없어서 옷이 빨리 마르지 않는다.
没有阳光，也没有风，衣服干得不快。
ㄷ. 햇빛이 안 나고 바람도 없어서 옷이 빨리 못 마른다．（×）
ㄹ. 햇빛이 안 나고 바람도 없어서 옷이 빨리 마르지 않는다．（×）

(3) 表示意图的词尾"려고，고자，고 싶다"与否定词使用的限制
表示意图的词尾"려고，고자，고 싶다"不能与"못"构成否定句。
나는 가지 않으려고 한다./가지 못하려고 한다．（×）
我不想去。

(4) 谓词合成词或派生词与否定词使用的限制
当谓词是合成词或派生词时，一般不能使用短形否定词"안"和"못"，而应使用长形否定。
ㄱ. 너는 왜 그 분을 본받지 않느냐?
你为什么不向他学习呢?
ㄴ. 너는 왜 그 분을 안 본받느냐?（×）
ㄷ. 그런 신사답지 않은/못한 행동을 하고도 부끄럽지 않니?
有那种不文明的行为也不害羞吗?
ㄹ. 그런 안/못 신사다운（×） 행동을 하고도 부끄럽지 않니?
ㅁ. 그 아이는 안 사랑스럽다（×）/사랑스럽지 않다.
那个孩子不可爱。
ㅂ. 아이는 못 사랑스럽다（×）/사랑스럽지 못하다.
那个孩子不太可爱。
当将两个动词构成合成词，后面的动词起类似补助动词的作用时，如"돌아가다，내려가다，잡아먹다，갈아타다，스며들다等"，或由一个汉字与"하다"构成部分派生词，如"전하다，상하

다, 독하다, 연하다 등", 以及部分由派生词尾构成的使动、被动词, 如 "들리다, 웃기다, 맞추다, 높이다 등" 长短形否定均可使用。

ㅅ. 왜 안 들어가지?/들어가지 않지?
　　为什么不进去呢?
ㅇ. 그 편지 안 전했구나./전하지 않았구나.
　　那封信没给他呀。
ㅈ. 소리가 작아서 잘 안 들리는데요./들리지 않는데요.
　　声太小, 听不清。

由 "하다" 与双音节汉字构成的大部分动词 "공부하다, 연구하다, 운동하다, 장사하다" 等不能用短形否定。此时可将 "하다" 与其分离, 插入 "안/못"。

ㅊ. 왕화는 지금 안 공부하다 (×) /공부를 안/못 한다.
　　王华现在不学习/不能学习。
ㅋ. 내 동생은 아직 안 결혼한다. (×) / 결혼을 안/못 한다.
　　我弟弟还没结婚/不能结婚。

练习十

一、다음 문장에서 틀린 부분을 고치시오
　1. 그 사람은 덕성이 못 나쁘다.
　2. 그 여자는 안 사랑스럽다.
　3. 나는 그가 출국 하기를 못 바란다.
　4. 나는 다리를 다쳐서 안 걷는다.
　5. 이 방은 안 깨끗하다.

二、다음 대화에서 빠진 부분을 완성하시오
　1. 가: 요즘 여행 다녀 오셨다면서요?
　　 나: 여행이랄 것도 (　　　) 고향에 가서 며칠 쉬다가 왔어요.
　2. 가: 늘 봉사 활동을 하신다면서요?
　　 나: 아니오. 봉사랄 것도 못 돼요. 그냥 늘 양로원에 가서 노인

들과 이야기해 주는 것 (   )
3. 가: 출장할 준비 다 했어요?
   나: (   ) 돈이랑 세수도구만 챙기면 되는데요.
4. 가: 철수 씨는 몇 시 기차로 오죠?
   나: 글쎄요. 오늘 오는 것은 알고 있지만 (   )
5. 가: 그것이 인정되었다면서요.
   나: 아니오, 시간 관계로 아직 (   ).

十一、时制的使用及特例

韩国语的时制是区别某一事件、行为、状态的时间位置的语法范畴，可分为现在、过去、过去完成、过去回想、未来。其表达方法有两种，一是语法的方法，即通过终结词尾、先语末词尾、定语形词尾来表达。二是通过词汇的方法。

1. 终结词尾表示时制

(1) 现在时制"ㄴ다，는다，다……ㅂ니다，습니다"

现在时制一般是表示说话时该动作、状态正在进行或存在着，以及反复发生的事情或自然规律等。

　　ㄱ. 그는 밥을 먹는다 (먹어,먹네,먹소,먹어요,먹습니다).
　　　 (现在动作)
　　　 他在吃饭。
　　ㄴ. 교실에 학생이 있다. (现在状态)
　　　 教室里有学生。
　　ㄷ. 우리는 주말마다 수영을 간다. (反复的事情)
　　　 我们每周末都去游泳。
　　ㄹ. 그는 간다간다 하면서 아직 가지 않고 있다.
　　　 他总是说走，到现在还没走。(反复的动作)
　　ㅁ. 지구는 태양을 돈다. (自然规律)
　　　 地球围着太阳转。

(2) 现在时制的特例

对于将来肯定要实现的事情，如在句子中加上表示与未来或肯定有关的状语，这时可以用现在时制表示，且与表示未来的"ㄹ 것이다"的区别不大。

　　ㄱ. 나는 내일 한국에 간다./갈 것이다.
　　　 我明天去韩国。

ㄴ. 그는 내년에 졸업한다./졸업할 것이다.
   他明年毕业。
ㄷ. 그 일은 3년후에나 끝납니다./끝날 것이다.
   那件事3年后完成。
ㄹ. 차가 곧 출발해요/출발할 거예요.
   车就要开了。

2. 先语末词尾表示时制

(1) 过去时制"았(었, 였)"

过去时制一般表示说话之前发生或存在的事情，在说话时已成为过去。有时虽然说话时动作已经过去，但其状态仍然保存着。

ㄱ. 어제 눈이 많이 내렸어요. (动作已经过去)
   昨天下了很多雪。
ㄴ. 어제는 날씨가 흐렸어요. (状态已经过去)
   昨天是阴天。
ㄷ. 여기가 작년에는 잔디밭이었다. (状态已经过去，现在不是了)
   这里去年曾是草坪。
ㄹ. 지금 논문을 다 끝냈다. (动作已完成，状态仍保存)
   刚把论文写完。
ㅁ. 사모님은 안경을 쓰셨어요. (动作已完成，状态仍持续)
   师母戴了副眼镜。

过去时制用在某些动词、形容词后，可以对未来发生的事情表示断定或预测。而过去时制与副词"다"等搭配时，根据语言环境，可以是即将实现的事情，也可以是实现不了的事情。

ㅂ. 아이구, 이제는 큰일 났다. (断定未来将会发生的事情的)
   哎呀，这下可要出大事了。
ㅅ. 공부를 안 했으니 시험 잘 보기는 틀렸어요. (预测未来必然出现的结果)
   因为不学习，不会考好的。
ㅇ. 우리는 호텔에 다 왔다. (断定未来将实现的事情)
   我们快到宾馆了。
ㅈ. 비 오는 걸 보니 체육 대회는 다 했구나. (断定未来的事情实现不了)

下着雨呢，运动会是要泡汤了。

(2) 过去完成时制"았（었，였）었"

过去完成时制一般表示说话以前发生的动作、状态已经完成，而现在与过去的情况相比已不一样了。

ㄱ. 전에는 그 사람의 이름을 알았었어요.（现在已忘了）
　　以前曾知道他的名字。
ㄴ. 어제 언니가 왔었어요.（随后走了）
　　昨天姐姐来过了。

有时过去完成时制还包括其他含义。如：

ㄷ. 작년에 여기에는 온통 국화가 피었었다.（今年没开或开的是别的花）
　　去年这儿开满了菊花。

(3) 过去回想时制"더"

过去回想时制表示在时间和空间已经发生变化时，说话者回忆并告诉对方过去所经历的事情，一般主语为第三人称。

어제 철수가 영희와 함께 도서관에 가더라.
昨天哲洙和英姬一起去图书馆了。

当讲自己对事物的感觉，梦中之事或看自己的老照片而感慨时可用第一人称，不能用三人称。此外，与表示推测的时制词尾"겠"连用时也可用于第一人称。

ㄱ. 어젯밤 나는 몹시 춥더라.（对事物的感觉）
　　昨晚，我感觉非常冷。
ㄴ.（꿈속에서）나는 부자가 되었더라.（做梦时）
　　我梦见自己发财了。
ㄷ. 나도 예뻤더라.（看老照片时）
　　我那时也挺漂亮呀。
ㄹ. 나는 저 학교에서는 아무것도 못 배우겠더라.
　　我在那个学校什么也不会学到的。

(4) 未来时制"겠，리"及迂回方法"ㄹ 것이다"

未来时制一般表示动作、状态在说话者说话时尚未发生，即在说

话以后发生的，除表示将要发生的事情外，还可表示意图，因为意图也是未来发生的事。其中"리"主要用于书面语。

ㄱ. 방학이 되면 집에 가겠군요. （未来动作）
　　放假了就回家呀。

ㄴ. 내일은 날씨가 좋겠다. （未来状态）
　　明天天气会好的。

ㄷ. 이제부터는 열심히 일하겠다. （第一人称表示意图）
　　从现在开始我要努力工作。

ㄹ. 내일 여행을 가겠어요? （第二人称表示意图）
　　你打算明天去旅行吗？

"겠，리"与"ㄹ 것이다"一样，有时表示推测。

ㅁ. 지금 한국은 매우 덥겠다./더우리라. （推测）
　　现在韩国可能很热。

ㅂ. 할아버지께서는 젊으셨을 때 매우 멋있으셨겠습니다. （推测）
　　爷爷年轻的时候可能长得很帅。

ㅅ. 우리가 타려고 했던 기차는 지금쯤 천진을 지나고 있을 것이다.
　　（推测）
　　我们本应乘坐的那趟车现在可能正经过天津。

虽然"겠，ㄹ 것이다"都可表示推测，但是有区别的。"겠"一般是说话者根据自己面对的情况或新情况进行推测，其语感较强。而"ㄹ 것이다"一般是根据他人的情况或过去的经验、知识等进行推测。

ㅇ. 하늘을 보니 비가 오겠다./비가 올 것이다.
　　看天要下雨似的。

ㅈ. 철수가 아직 도착하지 않은 것을 보니 그는 지각할 것이다/
　　지각하겠다. （×）
　　看哲洙到现在还没来，可能要迟到了。

ㅊ. 너는 아무리 생각해도 답안을 모를 것이다./모르겠다 （×）
　　你怎么想也不会知道答案的。

ㅋ. 일기 예보에 의하면 비가 올 것이다./비가 오겠다. （×）
　　根据天气预报，天要下雨了。

以上"ㅇ"句如果看到天空乌云密布，可以说"비가 오겠다（要下雨了）"，因为天空乌云密布是说话者自己看到的情况，也可以说

"비가 올 것이다", 因为说话者根据已有的经验、知识, 看到乌云密布就可以推测要下雨了。而前一天如果听了天气预报, 即是天空晴朗也可以说 "비가 올 것이다", 这时不能用 "비가 오겠다"。此外, "겠" 还可以表示委婉、应当、列举、惊讶的语气。

  ㅌ. 예, 알겠어요.（委婉）
   知道了。
  ㅍ. 좀 도와 주셨으면 고맙겠습니다.（委婉）
   如能给予帮助我将不胜感谢。
  ㅎ. 시간이 되어 가야겠어요.（应当）
   时间到了，该走了。
  ㄲ. 좋은 남편이 있겠다, 아이들이 공부를 잘 하겠다, 정말 행복하지요?（列举）
   你有好丈夫，孩子学习也好，应该挺幸福吧?
  ㄸ. 별일 다 보겠다.（惊讶）
   什么事都有啊。

3. 定语形词尾表示时制

(1) 现在时制 "는"

  "는" 用于动词后，表示现在进行的动作与状态。
  ㄱ. 아이가 지금 먹는 과일을 나도 좋아한다.（现在进行的动作）
   我也喜欢小孩正在吃的水果。
  ㄴ. 아이가 지금 입고 있는 옷이 참 멋있다.（现在状态）
   小孩穿的衣服真好看。

(2) 动词过去时制和形容词现在时制 "ㄴ (은)"

  "ㄴ (은)" 用于动词后面，表示已经发生并完成的动作或动作完成了而状态仍在保存着。"ㄴ (은)" 用于形容词后则表示状态。
  ㄱ. 어제 본 책을 또 봤다.（动作已完成）
   我又看了一遍昨天看过的书。
  ㄴ. 안경을 쓴 학생이 철수이다.（动作已完成，状态仍保存）
   戴眼镜的学生是哲洙。
  ㄷ. 철수는 훌륭한 학생이다.（状态）
   哲洙是好学生。

ㄹ. 이것이 좋은 책이다. (狀態)
   这是本好书。

(3) 未来时制"ㄹ（을）"

"ㄹ（을）"表示将要发生的动作或状态，有时还兼有推测、应当、意图等意思。

   ㄱ. 여행을 갈 사람들은 모이세요. (将要发生的动作)
   要去旅行的人请集合。
   ㄴ. 나를 기다릴 어머니를 생각하니 걱정이 되었다. (兼有推测)
   想起等待我的妈妈，我非常牵挂。
   ㄷ. 어제 왔을 전화가 왜 안 왔지? (兼有应当)
   为什么昨天就该来的电话还没打来呢?
   ㄹ. 갈 사람들이 다 왔다. (兼有意图)
   要去的人都来了。

(4) 过去持续时制"던"

"던"表示过去持续的动作的中断与回想，有时还可以与过去时制词尾"았（었，였）"搭配，表示回想或持续的动作已完成。

   ㄱ. 여기에 살던 사람이 어제 이사했어요. (持续中断)
   住在这儿的人昨天搬家了。
   ㄴ. 이 책은 내가 대학 때 자주 보던 책이다. (回想)
   这书是我上大学时经常读的书。
   ㄷ. 황산에서 찍던 필름이 몇 장 남았어요. (中断未完成)
   在黄山照的胶卷还剩了几张。
   ㄹ. 며칠 전에 갔던 집인데 도무지 찾을 수가 없어요. (回想已经完成的动作)
   几天前去过的一户人家，却怎么找也找不到了。

4. 词汇表示时制

词汇也可以表示时制。如：
   ㄱ. 그는 어제 갔다. (过去)
   他昨天去了。

ㄴ. 그는 지금 간다. (现在)
他现在去。
ㄷ. 그는 내일 갈 것이다. (未来)
他明天去。

练习十一

一、다음에서 맞는 것을 고르시오.
1. 지금 아버님이 마당에서 의자를 (   ).
   A. 만드십니다   B. 만드셨어요
   C. 만들셨어요   D. 만드셨겠어요
2. 어머님은 아파서 지난주 외가를 못 (   ).
   A. 가셨습니다   B. 가십니다
   C. 가실 거예요   D. 가시겠어요
3. 너무 피곤해서 오늘 저녁에는 일찍 (   ).
   A. 자요   B. 잤어요
   C. 잤었어요   D. 자겠어요
4. 시간이 되었으니 차가 곧 (   ).
   A. 출발했어요   B. 출발했었어요
   C. 출발해요   D. 출발했겠어요
5. 몇년 전부터 저 학교가 여기에 이미(   ).
   A. 있어요   B. 있겠어요
   C. 있었어요   D. 있을 거예요

二、다음 문장에서 틀린 부분을 고치시오.
1. 어제 보는 영화를 또 봤다.
2. 우리는 학교에 다 온다.
3. 어제 내가 철수와 영화관에 가더라.
4. 왕화가 아직 오지 않는 것을 보니 그는 지각하겠다.
5. 내일 소풍 간 사람은 모이세요.

十二、谓词转成词尾

谓词包括动词和形容词，一般用做句子的谓语。但加上词尾后，可改变词性，这种词尾叫转成词尾。

1．谓词名词形词尾及其作用

(1) 谓词名词形词尾的类型和作用

谓词名词形词尾是在谓词词干后面加上接尾词而构成的。主要有"(으)ㅁ, 기, 이, 개"。

① (으)ㅁ

"(으)ㅁ"接在谓词词干、以谓词为中心的词组及复句中子句的后面，将其所表示的动作、状态事物化、概念化。不仅可成为各种句子成分，还可构成多种惯用形。如：

ㄱ. 그는 웃음을 참았다.
　　他忍着没笑。
ㄴ. 관계자 이외에는 출입을 금지함.
　　无关人员禁止出入。
ㄷ. 열심히 함으로써 성공할 수 있다.
　　努力去做就能成功。
ㄹ. 그는 이번 출장이 중요함을 거듭 강조했어요.
　　他反复强调这次出差的重要性。
ㅁ. 나는 이제서야 그가 뛰어난 학자임을 알았다.
　　我现在才知道他是一个出色的学者。
ㅂ. 비가 옴에도 불구하고 철수가 나갔다.
　　尽管下着雨，哲洙还是出去了。
ㅅ. 과학이 발전함에 따라 사람들의 생활도 많이 편리해졌다.
　　随着科学的发展，人们的生活也越来越方便。
ㅇ. 경제가 발전함에 있어서 사람의 역할이 중요하다.
　　在经济发展中，人的作用很重要。

② 기

"기"接在谓词词干、以谓词为中心的词组及复句中的子句后面，表示动作、状态具有实现过程的意义，有时还表示状态的程度。可作句子的各种成分，也可以构成多种惯用形。

ㄱ. 그는 쓰기 실력은 훌륭한데 듣기 실력이 부족하다.
　　他写作水平很高，但听力不怎么好。

ㄴ. 나는 이런 말을 듣기 싫어요.
　　我很烦听到这种话。

ㄷ. 요즘 집사기는 하늘의 별따기입니다.
　　最近买房子如同上天摘星星一样难。

ㄹ. 건강하기를 빕니다.
　　祝您健康。

ㅁ. 그녀는 예쁘기가 이를 데 없다.
　　那个女孩漂亮得无法形容。

ㅂ. 밥을 먹기 전에 손을 씻어야 한다.
　　饭前要洗手。

ㅅ. 일이 있기 때문에 오늘 못 갑니다.
　　因为有事，今天不能去了。

ㅇ. 가기는 갔는데 그 분을 만나지 못했어요.
　　去是去了，但没见到那个人。

ㅈ. 그는 지각하기 일쑤이다.
　　他经常迟到。

ㅊ. 노력하면 성공하기 마련이다.
　　努力必然会成功。

ㅋ. 그와 함께 여행을 떠나기로 했어요.
　　决定和他一起去旅行。

ㅌ. 일류 대학에 들어가기란 하늘의 별 따기처럼 어려워요.
　　进一流大学如同上天摘星一样难。

ㅍ. 말하기야 쉽지만 실천에 옮기기가 어려워요.
　　说起来容易，做起来很难。

③ 이

"이"接在谓词词干后面，表示有关对象与单位。

ㄱ. 그는 먹이를 준비하고 있다.

他在准备饲料。
ㄴ. 목걸이와 귀걸이도 그녀들의 아름다움을 돋보이게 한다.
　　项链和耳环能使她们更美丽。
ㄷ. 길이는 50미터이다.
　　长度是50米。
ㄹ. 집가까이에 이런 산이 있어서 퍽 다행이다.
　　家的周围有这样的山很幸运。

④ 개

"개"接在谓词词干后面，表示工具与手段。
ㄱ. 철수는 덮개를 덮었다.
　　哲洙把盖子盖上了。
ㄴ. 황새는 날개를 펼쳤다.
　　鹳展开了翅膀。

除以上接尾词可将谓词变成名词外，还有一些接尾词也可以接在谓词词干后将其变成名词。

성: 먹다（吃）➡ 먹성（胃口）
광: 어리다（小）➡ 어리광（撒娇）
둥이: 검다（黑）➡검둥이（黑小子）
시: 낚다（钓）➡ 낚시（垂钓）
엄: 묻다（埋）➡ 무덤（坟墓）
어지: 남다（剩）➡ 나머지（剩余）
에기: 쓸다（扫）➡ 쓰레기（垃圾）

(2) 谓词名词形词尾使用的限制

　　谓词的名词形词尾接在谓词词干后不是随意的，而是根据其意义连接的。下面以"(으)ㅁ, 기, 이, 개"为例加以说明。

	ㅁ	기	이	개
얼다	얼음	×	×	물음,슬픔
보다	×	보기	×	읽기,돋보기
먹다	×	×	먹이	×	돈벌이,넓이
날다	×	×	×	날개	마개,지우개

从上表可以看出当谓词变成体词时，接尾词是受到限制的。因为接尾词"ㅁ"反映概念化了的动作、状态与结果，"기"表示动作的过程与程度。"이"表示对象与单位，"개"为工具与手段，所以它们只能与一定的谓词结合。

2. 谓词副词形词尾及其作用

谓词的副词形词尾是在谓词（主要是形容词）词干后面，加上接尾词而构成副词，其中主要有"이, 히"。

(1) 이

"이"是接在谓词（主要是形容词）词根或词干后面，将谓词转换成副词的词尾。其中形容词词根的收音为"ㅅ"的多接"이"，而形容词词干的收音为"ㅂ"的也多接"이"。如：

词根收音为"ㅅ"：산뜻이（轻轻地），의젓이（正经地），반듯이（光滑地）

词干收音为"ㅂ"：가까이（亲近地），괴로이（不舒服），자유로이（自由地）

ㄱ. 학생은 교실을 깨끗이 청소했다.
　　学生把教室打扫得很干净。
ㄴ. 철수는 땅바닥을 반듯이/반듯하게 만들었다.
　　哲洙把地面搞得很光滑。
ㄷ. 영희는 문을 가벼이 두드린다.
　　永姬轻轻地敲门。
ㄹ. 그는 일을 조심스레（스러이） 한다.
　　他小心行事。

(2) 히

"히"是接在谓词（主要是形容词）词干后面将谓词转换成副词的词尾，有时"게"也起类似的作用。其中词干末音节是"하"的以这种方式转化的较多。如：

정확히（正确地），엄격히（严格地），분명히（很显然）
급히（急地），극히（极其），능히（能够），특히（特别地）

ㄱ. 솔직히 말하면 이것은 잘못된 것이다.
　　坦率地说，这是错误的。
ㄴ. 그는 그 일을 신속히/신속하게 처리했다.
　　他迅速地处理了那件事。
ㄷ. 사장님은 이 문제에 대해 특히 강조한다.
　　总经理特别强调这个问题。
ㄹ. 철수는 급히 나갔다.
　　哲洙急忙出去了。

除以上接尾词可将谓词变成副词外，还有一些接尾词也可以接在谓词词干后面将其变成副词。这些接尾词有的是以叠词形式出现的。

끔: 맑다 → 말끔 (明快地), 희다 → 희끔희끔 (斑白)

~뚱~뚱: 기울다 → 기우뚱기우뚱 (晃动貌)

ㅅ~ㅅ: 푸르다 → 푸릇푸릇 (草地等青青貌)

어: 미치다 → 미처 (未及, 来不及)

~엄~엄: 뜨다 → 띄엄띄엄 (结结巴巴)

~오록~오록: 돋다 → 도도록도도록 (鼓起貌)

~웃~웃: 검다 → 거뭇거뭇 (斑黑貌)

~웃~웃: 붉다 → 불긋불긋 (红红地)

이: 같다 → 같이 (一起), 굳다 → 굳이 (坚决地)

많다 → 많이 (多地)

슬프다 → 슬피 (伤心地)

다르다 → 달리 (不同)

~작~작: 갉다 → 갉작갉작 (咔嚓咔嚓)

추: 곧다 → 곧추 (笔直地)

퍽: 질다 → 질퍽질퍽 (泥泞貌)

히: 밝다 → 밝히 (明亮), 익히 (熟)

练习十二

주어진 말로 대화를 완성하시오.

1. 가: 제가 인터넷을 사용하려고 해요. 비용은 일년에 얼마나 듭니까? (기 나름이다)

나: (   ) 보통 800원이 듭니다.
2. 가: 친구들하고 술을 마시고 싸웠대요. (기/게 마련이다.)
   나: 술을 많이 마시면 (   ).
3. 가: 왕화는 공부하기가 제일 싫대요. (기 일쑤이다)
   나: (   ).
4. 가: 10분밖에 없는데 식사를 빨리 해야 하니까 서두르세요.
   (기 십상이다)
   나: 그렇게 빨리 먹다가는 (   ).
5. 가: 이번 월드컵 예선전에서 또 떨어졌다면서요? (기 짝이 없다)
   나: (   ).
6. 가: 줄상때에 시갑을 잃어 버렸다면서요? (기에 망정이지)
   나: (   ). 그렇지 않으면 돌아오지
   못했을 거예요.
7. 가: 아드님이 공부 잘 하지요? (기만 하다)
   나: (   ) 공부는 안 해요.
8. 가: 배가 아프지요? (기는 하다)
   나: (   ) 참을 수 있어요.
9. 가: 그 분이 10년 동안 봉사 활동을 하셨대요? (기란)
   나: 그래요. 10년 동안 (   ).
10. 가: 너 아들이 있지? (기야 하다)
    나: (   ).

十三、引　用

　　引用是将他人或自己的话语及文字，在一定场合下转达给他人的方法。引用分为直接引用和间接引用。

1. 直接引用的构成形式和使用要求

　　直接引用是将引用的句子照样转达，即引用原话，因此句子中的一切成分不变。

(1) 直接引用的句子组成形式

主语+被转达的对象+被引用句+하고/라고+谓语

ㄱ. 어머니는 아들에게/한테 "오후에 시내에 가겠다."라고 말씀어요.
　　妈妈对儿子说："我下午去市内。"

ㄴ. 형님이 나에게/한테 "언제 한국으로 가니?" 하고 물었어요.
　　哥哥问我："什么时候去韩国？"

ㄷ. 지하철에서 "여기는 서울역입니다." 라는 소리가 들려왔어요.
　　地铁里传来了"首尔站到了"的播报声。

ㄹ. 어머니는 할아버지께 "진지를 잡수십시오."라고 말씀하셨다.
　　妈妈对爷爷说："吃饭吧。"

ㅁ. 어머니는 나에게 "빨리 잠을 자거라." 하고 말씀하셨다.
　　妈妈对我说："快睡吧。"

ㅂ. 개는 '멍멍' 하고 /라고 (×) 짖었다.
　　狗汪汪地叫。

ㅅ. 선생님께서 나에게 "같이 식사하러 갑시다."라고 하셨다/하고 하셨다. (×)
　　老师对他说："一起去吃饭吧。"

(2) 构成直接引用句时的要求

① 被转达的对象后面的助词可以用 "에게" 或 "한테"，但多用 "에게"。需要尊敬时可以用 "께"。

② 被引用句一定要加引号，引号里用原话的标点符号。

③ 被引用句引用的是原话，所以终结词尾不受限制。

④ 用词尾用 "하고" 或 "라고" 均可，使用 "하고" 时包含强调的口气，甚至连说话的语气也予以转达，"라고" 只是一般的转达。需要注意的是 "라고" 前面引用的内容不能是单个的拟声、拟态词。如例句 "ㅂ"，而 "하고" 后不能接 "하다"，如例句 "ㅅ"。

2. 间接引用及由直接引用变成间接引用时产生的变化

间接引用是说话者作为转达者将所要引用的句子进行变动的引用表达方法。

(1) 间接引用的句子组成形式

主语+被转达对象+被引用句+고+谓语

ㄱ. 아버지는 나에게 7시에 밥을 먹겠다고 말했습니다.
　　爸爸对我说7点吃饭。

ㄴ. 동생은 나에게 배가 고팠다고 말했어요.
　　弟弟对我说肚子饿了。

ㄷ. 철수는 어제 왜 결석했느냐고 물었어요.
　　哲洙问我昨天为什么缺席了。

ㄹ. 어머니는 저에게 그 사람이 누구냐고 했어요.
　　妈妈问我那人是谁。

ㅁ. 제가 동생에게 밥을 빨리 먹으라고 말했다.
　　我让弟弟快点儿吃饭。

ㅂ. 나는 학생들에게 빨리 일어나라고 했다.
　　我让学生们快起床。

ㅅ. 철수는 좀 쉰 다음 청소하자고 한다.
　　哲洙让我们休息一会儿再扫。

ㅇ. 좋은 직장이라고 해서 결함이 없는 것은 아니다.
　　不能说好岗位就没有缺点。

ㅈ. 뭐? 불이 났다고?
　　什么？起火了？

(2) 间接引用句的使用要求
① 被转达者后面的助词可用"에게，한테"多用"에게"，需要尊敬时也可用"께"。被转达对象有时也可以省略。
② 引用句的终结词尾一定要用基本阶，且后面不能有标点符号。
③ 引用词尾只能用"고"。
④ 谓语可以用"하다"。

(3) 直接引用变成间接引用时的变化
直接引用变成间接引用时可产生多种变化。如：
① 人称变化
ㄱ. 형은 나에게 "이것은 나에게 줄 잡지니?" 하고 물었어요.
　　哥哥问我："这是给我的杂志吗？"
ㄴ. 형은 나에게 이건 자기에게 줄 잡지냐고 물었어요.
　　哥哥问我这是不是要给他的杂志。
② 时间变化
ㄱ. 동창생은 어제 "내일 북경에 간다."라고 말했어요.
　　同学昨天说："我明天去北京。"
ㄴ. 동창생은 어제 오늘 북경에 간다고 했어요.
　　同学昨天说他今天去北京。
③ 场所变化
ㄱ. 어머니는 손님에게 "여기에 앉으십시오."라고 말했다.
　　妈妈对客人说"请在这儿坐吧。"
ㄴ. 어머니는 손님에게 저기에 앉으시라고 말했다.
　　妈妈说让客人在那儿坐。
④ 敬语变化
ㄱ. 선생님은 "글씨가 잘 안 보인다."라고 말씀하셨다.
　　老师说："字看不清楚。"
ㄴ. 선생님은 글씨가 잘 안 보이신다고 말씀하셨다.
　　老师说字看不清楚。

⑤ 终结词尾形态变化

ㄱ. 선생님은 나에게 "이것은 좋은 책이다." 라고 말하셨다.
　　老师对我说："这是本好书。"
ㄴ. 선생님은 나에게 그것은 좋은 책이라고 말하셨다.
　　老师对我说那是本好书。
ㄷ. 어머니는 아이에게 "밥을 잘 먹어라." 라고 말했다.
　　妈妈对孩子说："好好吃饭吧。"
ㄹ. 어머니는 아이에게 밥을 잘 먹으라고 말했다.
　　妈妈说让孩子好好吃饭。
ㅁ. 어머니는 나에게 "창문을 열어라."하고 말하셨다.
　　妈妈对我说："把窗户打开吧。"
ㅂ. 어머니는 나에게 창문을 열라고 말하셨다.
　　妈妈说让我打开窗户。
ㅅ. 어머니는 나에게 "가지 마라/가지 말아라." 하고 말하셨다.
　　妈妈对我说："不要去。"
ㅇ. 어머니는 나에게 가지 말라고 말하셨다.
　　妈妈说不让我去。

⑥ 引用句中子句的动词及补助动词形态变与不变的情况

1）形态不必变化（给客体）

ㄱ. 철수는 "저 학생에게 이 우산을 주십시오." 라고 말했다.
　　哲洙说："把这把雨伞给那个学生吧。"
ㄴ. 철수는 저 학생에게 그 우산을 주라고 말했다.
　　哲洙让把雨伞给那个学生。
ㄷ. 철수는 "저 학생에게 이 책을 가져다 주십시오."라고 말했다.
　　哲洙说："把这本书拿给那个学生吧。"
ㄹ. 철수는 "저 학생에게 그 책을 가져다 주라고 말했다.
　　哲洙让把那本书拿给那个学生。

2）形态必须变化（给主体）

ㄱ. 선생님은 "커피를 주십시오."하고 말하셨다.
　　老师说："给我杯咖啡吧。"
ㄴ. 선생님은 커피를 달라고 말하셨다.
　　老师说给自己杯咖啡。
ㄷ. 손님은 판매원에게 "이 옷을 큰 것으로 바꿔 주세요."하고 말했다.

顾客对售货员说:"给我换件大点儿的衣服吧。"
ㄹ. 손님은 판매원에게 그 옷을 큰 것으로 바꿔 달라고 말했다.
   顾客让售货员给他换件大点儿的衣服。

(4) 间接引用省略"고 하"的情况
为了使表达简洁,间接引用中常常省略"고 하"
① 终结词尾
ㄱ. 내일부터는 온도가 영하로 내려간답니다. (내려간다고 합니다)
   据说明天温度会降到零下。
ㄴ. 여기가 자기가 새로 산 집이랍니다. (집이라고 합니다)
   (他)说这是他新买的房子。
ㄷ. 내일 추우냡니다. (추우냐고 합니다)
   他问明天冷不冷。
ㄹ. 이 약은 식후 30분 먹으랍니다. (먹으라고 합니다)
   (他)让我饭后30分吃这药。
ㅁ. 그 일은 없던 것으로 하재요. (하자고 해요)
   他说就当没发生那件事情吧。

② 连接词尾
ㄱ. 돈이 없다면서 돈을 막 씁니다. (다고 하면서)
   他口口声声说没有钱却花钱大手大脚。
ㄴ. 오늘 전화하겠다더니 왜 전화 안 했어요? (다고 하더니)
   你说好今天要来电话,怎么还没来呢?
ㄷ. 좋은 사람이라기에 한 번 만나 보았을 뿐입니다. (라고 하기에)
   听说他是个好人,不过只见了一面而已。

③ 定语形词尾
ㄱ. 심천이라는 곳에 가 본 적이 있습니까? (라고 하는)
   你去过深圳吗?
ㄴ. 새마을 운동은 시골 마을 근대화시키자는 운동입니다. (자고 하는)
   新村运动是旨在实现农村现代化的运动。

练习十三

一、다음 직접 화법을 간접 화법으로 고쳐 쓰시오
   1. 할아버지께서는 "산에 있는 사람이 잘 안 보인다." 라고 말씀하셨다.
   2. 어머니는 저에게 "아파도 참아라." 라고 말하셨다.
   3. 친구는 저에게 "오후 2시에 깨워 주세요." 라고 했어요.
   4. 선생님은 어제 "내일 계속 수업을 한다" 라고 말했어요.
   5. 아버지는 손님에게 "거기에 앉으십시오"라고 말했다.

二、다음 문장에서 틀린 부분을 찾아 고치시오
   1. 개는 "멍멍" 라고 도망갔어요.
   2. 그가 가방에 든 것이 책이다고 말했다.
   3. 음식이 짜느냐고 했어요.
   4. 산 꼭대기까지 올라간다면 15분 걸릴 겁니다.
   5. 자기 대신 기차역으로 배웅 나가 주라고 했어요.

十四、敬　语

韩国语是一种严格遵守长幼辈分、职位高低的语言，拥有十分发达的敬语体系。可以说敬语是韩国语的一大特点。因此，了解韩国语的敬语十分必要。

1. 敬语的分类

韩国的敬语按尊敬的对象分为主体敬语法、客体敬语法、听者敬语法；按尊敬的方式分为直接敬语法、间接敬语法。

（1）按尊敬的对象分

① 主体敬语法
主体敬语法是对主体表示尊敬的方法。
ㄱ. 선생님께서는 강의를 하시고 계신다.（主体为尊敬的对象）
老师正在讲课。
ㄴ. 동생이 초등학교에 다닌다.（主体为非尊敬的对象）
弟弟上小学。

② 客体敬语法
客体敬语法是对客体表示尊敬的方法。
ㄱ. 철수야, 이 편지 할아버지께 갖다 드려라.（客体为尊敬的对象）
哲洙，把这封信给爷爷送去。
ㄴ. 철수야, 이 편지 동생한테 갖다 주어라.（客体为非尊敬的对象）
哲洙，把这封信给弟弟送去。
ㄷ. 나는 어머니를 모시고 시내에 갔다.（客体为尊敬的对象）
我陪妈妈去了市内。
ㄹ. 나는 아들을 데리고 공원에 갔다.（客体为非尊敬的对象）
我带儿子去了公园。

③ 听者敬语法
听者敬语法是对听者表示尊敬的方法。

ㄱ. 눈이 온다. (听者为非尊敬的对象)
　　下雪了。
ㄴ. 눈이 와요. (听者为尊敬的对象)
ㄹ. 눈이 옵니다. (听者为特别尊敬的对象)

(2) 按尊敬的方式分
① 直接敬语法
ㄱ. 할아버지께서는 진지를 잡수시고 계십니다. (直接尊敬主体)
　　爷爷正在用餐。
ㄴ. 회장님께서 회사에 계십니다. (直接尊敬主体)
　　董事长在公司。
② 间接敬语法
ㄱ. 형은 키가 크시다. (通过尊敬主体的某一部分"个子"表示对主体的尊敬)
　　哥哥的个子高。
ㄴ. 과장님은 넥타이가 참 멋있으시다. (尊敬主体所持的物品"领带"，表示对主体的尊敬)
　　科长的领带真漂亮啊！

2．敬语的各种要素

韩国语有多种要素表达敬语。其中尊敬词尾"시"、接头词"귀"、接尾词"님"、助词"께서，께，여 (이여)"、词汇、称呼语、委婉表达句式、终结词尾等都可以称得上是敬语的表达要素。

(1) 尊敬词尾 (으) 시
ㄱ. 선생님께서 오셨다.
　　老师来了。
ㄴ. 할머니가 젊으셨을 때 예쁘셨겠네요.
　　奶奶年轻时一定很漂亮吧。
ㄷ. 아버지, 이 분이 저희 학교의 교장님이십니다.
　　爸爸，这位是我们学校的校长。
ㄹ. 하느님이 다 아실 거야.
　　上帝都会知道的呀。

ㅁ. 아버지가 들어오시면 아저씨한테 전화하시라고 해라.
　　爸爸回来后让他给叔叔打电话。
ㅂ. 여러분, 내일 한 사람도 결석하지 마십시오.
　　各位，明天谁都不要缺席。
ㅅ. 선생님은 양복이 참 멋지시다.
　　老师的西装好漂亮啊。

　　尊敬词尾"（으）시"可以接在谓词词干、体词谓词形后面，表示对主体的尊敬。而且主要用在活动体的后面。如"ㄱ、ㄴ、ㄷ"句。但是也有例外，当将一些事物拟人化后，可以加"（으）시"。如"ㄹ"句。对有的对象虽然本来可以不加"（으）시"，但根据说话者的判断，如果需要也可以加"（으）시"。如"ㅁ"句中为了在孩子面前尊敬其爸爸，"ㅂ"句为对集体成员表示尊敬，所以用了尊敬词尾"（으）시"。而"ㅅ"是通过尊敬老师的西装来尊敬老师。

(2) 接头词"귀"
　　韩国语中的固有词接头词一般无尊敬之意，而汉字词接头词"귀"可起到尊敬的作用。如："귀국（贵国）、귀사（贵公司）"，而指称自己时用"본국（本国）"、본사/당사"（本公司）"。
ㄱ. 귀사의 무궁한 발전을 기원합니다.
　　祝贵公司大展鸿图。
ㄴ. 이 제품은 당사에서 새로 내놓은 것입니다.
　　这款产品是本公司新推出的。

(3) 接尾词"님"
　　韩国语中在需要尊敬的对象后添加接尾词，是敬语中最常用的表达方法之一。"님"既可加在部分职务名称后面，如"장관님（长官），부장님（部长），기사님（工程师、司机），也可接在称呼名词后面，如："아버님（父亲），오라버님（哥），아드님（儿子、令郎）。"
　　在接尾词使用上有一定限制。如在职务名词"대통령（总统）"后面就不能接"님"，而应接"각하（阁下）"，有的职务后可接"귀하（足下）、귀중（贵中）"等。

对于称呼词后面添加的"님"也有一定的限制。如"형님、누님",一般是对年龄在三四十岁以上的人使用,"아버님(爸爸)"一般是儿媳对公公或儿子给父亲写信时用,而"아드님、따님"是在称呼他人的儿女时使用。

(4) 助词

表示尊敬的助词有"께서"、"께"、"여(이여)"。在使用助词表示尊敬时,特别要重视助词与其他敬语要素的搭配。

ㄱ. 사장님이 무슨 말씀을 하셨니?
　　总经理说了什么?
ㄴ. 사장님께서 무슨 말씀을 하셨니?
　　总经理说了什么?
ㄷ. 저 책을 학생한테 보내 주세요.
　　把那本书送给学生吧。
ㄹ. 저 책을 선생님께 보내 드리세요.
　　把那本书送给老师吧。
ㅁ. 철수야, 빨리 가거라.
　　哲洙,快走吧。
ㅂ. 영식아, 이리 오너라.
　　永植,过来吧。
ㅅ. 조국이여, 영원히 번창하라!
　　祖国啊!愿你永远繁荣昌盛!

用"시"表示尊敬时,前面主语不一定用"께서",如"ㄱ"句。而前面用助词"께서"时,后面一定要用"시"。"ㄷ"句中"한테"与其搭配的是"주다",而"ㄹ"句中"께"与其搭配的是"드리다"。"ㅁ,ㅂ"句中对无需尊敬的对象用"아,야",对需尊敬的对象一般不加助词"아,야"。而在诗歌中,常用"여(이여)"表示庄重之意。

(5) 词汇

韩国语中为表示尊敬,还使用尊敬词汇。尊敬词汇中名词、动词用的较多,形容词、代词、量词、副词、感叹词也占有一定数量。如:

① 各种敬语对应的一般词汇

名词：진지—밥（饭）
　　　댁—집（家）
　　　춘추/연세—나이（年龄）
　　　함자/존함/성함/성명—이름（名字）
　　　춘부장—아버지
　　　자당—어머니

动词：드리다—주다（给）
　　　뵙다/뵈다—보다（见面）
　　　여쭙다/여쭈다—묻다（问）
　　　돌아가시다/서거하다—죽다（死）
　　　잡수시다—먹다（吃）
　　　주무시다—자다（睡）

形容词：편찮다—아프다（疼）
　　　　시장하다—배고프다（饥饿）

代词：나—저　　우리—저희
　　　어르신/댁/당신/자네/너
　　　이분/그분/저분—이이/그이/저이

量词：분—명

副词：친히/손수—직접

感叹词：예/네—응

② 敬语与一般词汇对应时的误用

ㄱ. 어머니, 밥을 먹었어요?（×）/진지를 드셨어요.
　　妈妈，吃饭了吗？

ㄴ. 선생님, 집（×）/댁 전화 번호가 몇 번입니까?
　　老师，您家的电话号码是多少？

ㄷ. 김 박사님께서는 나이가（×）/연세가 많으십니다.
　　金博士的年纪挺大的。

ㄹ. 선생님,어제 잘 잤어요?（×）/주무셨어요?
　　老师，昨天睡得好吗？

ㅁ. 할머니, 내가（×）/제가 이 책을 읽어 주겠어요（×）/읽어 드리겠어요.
　　奶奶，我给您读这本书。

ㅂ. 할머니께서는 몸이 아프다 (×) /편찮으시다.
　　奶奶身体不舒服。
ㅅ. 손님이 몇 명 (×) /분 오셨어요?
　　来了几位客人?
ㅇ. 총장님이 직접 (×) /친히 이번 대회에 참석하셨다.
　　校长亲自参加了这次大会。
ㅈ. 할아버지, 식사를 하실까요?
　　爷爷, 吃饭吧?
　　예 (×) /응.
　　好。

(6) 称呼语
　　韩国语中使用称呼表达敬语也是一个很重要的方面。如对一个姓金的科长的称呼就可有13种表达方式。
　　① 과장님　② 김 과장님　③ 김민호 씨　④ 민호 씨　⑤ 민호 형
　　⑥ 김 과장　⑦ 김 형　　⑧ 김 군　　⑨ 김민호 군
　　⑩ 민호 군　⑪ 김민호　　⑫ 민호　　⑬ 민호야
　　上述13种称呼的尊敬程度从①到⑬依次降低。使用时应予以注意。

(7) 委婉语句式表示尊敬
　　韩国语中通常少用命令语气, 而用让步、假定、疑问等委婉的语气达到尊敬的效果。
　　ㄱ. 서울 시청이 어디에 있는지 알려 주세요. (命令)
　　　　请告诉我首尔市政府在哪儿。
　　ㄴ. 서울 시청이 어디에 있는지 가르쳐 주세요. (命令)
　　　　请告诉我首尔市政府在哪儿。
　　ㄷ. 이 책을 좀 빌려 주셔도 돼요? (让步)
　　　　这本书能借给我吗?
　　ㄹ. 이 책을 좀 빌려 주셨으면 좋겠습니다. (假定)
　　　　希望能把这本书借给我。
　　ㅁ. 서울 시청이 어디에 있는지 가르쳐 주실 수 있습니까? (疑问)
　　　　您能告诉我首尔市政府在哪儿吗?

ㅂ. 서울 시청이 어디에 있는지 가르쳐 주실래요?（疑问）
　　你可以告诉我首尔市政府在哪儿吗？
ㅅ. 창문을 닫지 마라.（命令）
　　别关窗。
ㅇ. 창문을 닫지 않아도 돼.（让步）
　　不关窗也成。

以上例句中用命令语气较为生硬，而用委婉语气可以表达尊敬对方的效果。

(8) 终结词尾

终结词尾是实现尊敬听者的重要要素。因为对此已有详细说明，不再赘述。

3．各种敬语法的融合

韩国语中各种敬语法之间并不存在一条泾渭分明的界线，有时存在融合现象。

如：

ㄱ. 아버님, 어머님이 할아버지께 진지를 보내 드리셨습니까?
　　爸爸，妈妈给爷爷送饭了吗？
ㄴ. 선생님께서 댁이 가까우셔서 걸어다니십니다.
　　老师的家近，所以走着来。

以上"ㄱ"句包括了主体敬语法、客体敬语、听者敬语法三种，是一种典型的融合现象。如："어머님"中的"님"，"보내 드리셨습니까"中的"시"是对主体的尊敬，"할아버지께"中的"께"、"진지"及"드리다"是对客体的尊敬。"아버님"中的"님"及"습니까"是对听者的尊敬。"ㄴ"句是直接敬语法与间接敬语法的融合现象。如："선생님께서"中的"님, 께서"、"걸어다니십니다"中的"시"是直接尊敬，而"댁"、"가까우셔"中的"시"是间接尊敬。

练习十四

다음 문장에서 틀린 부분을 찾아 고치시오
1. 저는 지금 할아버지께서 무술을 배우고 있습니다.
2. 저는 내일 사장님에게 사업 기획을 드리겠습니다.
3. 따님께서 이미 출국했다면서요?
4. 여러분, 다시 생각해 봐라.
5. 선생님, 밥을 먹읍시다.
6. 그에게 네가 소중합니다.
7. 선생님, 집 전화 번호가 몇 번입니까?
8. 할아버지, 내가 신문을 읽어 주겠어요.
9. 선생님, 내일 또 봐요.
10. 저기 오시는 사람이 우리 선생님이십니다.

词义辨析篇

一、同义词产生的原因和构成方式

1. 韩国语同义词多的原因

韩国语的词汇分固有词、汉字词、外来语和混和词,这些词本身就有同义词,而它们之间也存在大量同义词。因此,韩国语中的同义词特别多。

以"父亲"为例,有通称的父亲"아버지",小孩叫的父亲"아빠",表示对自己的父亲尊敬时的"가친(家親),가부(家父)",对已故的父亲表示尊敬的有"선고(先考),선부(先父)",对他人的父亲表示尊敬的有"춘부장(春府丈),춘당(春堂)",对他人已故的父亲表示尊敬的有"선대인(先大人),선고부(先考父)"。这样父亲的称谓就有数十个。

又以"死"为例:固有词的"死"有通称的"죽다",表示尊敬的"돌아가다",委婉表达的"숨지다,눈감다"。汉字词的"死"有"사망,자연사하다,노사하다,자살하다"等,还有汉字词与固有词一起构成的词组也表示"死"。如:"생명이 끊어지다,생명을 잃다,심장이 멎다,"。因此,"死"的说法就多达数百个。

(1) 同义词的类型

同义词从词源上讲主要有以下几种类型。

① 固有词之间的同义词
   껍질—껍데기   즐겁다—기쁘다   뛰다—달리다
② 汉字词之间的同义词
   애인—연인   혼란하다—혼잡하다   회고하다—회상하다
③ 固有词和汉字词之间的同义词
   길—도로   쉽다—용이하다   만들다—제작하다
④ 固有词和外来语之间的同义词
   김—스팀   아내—와이프   가락—리듬
⑤ 汉字词和外来语之间的同义词
   건물—빌딩   공책—노트   잔—컵

⑥ 固有词、汉字词和外来语之间的同义词
    말미—휴가—바캉스   잔치—연회—파티

(2) 同义词的分类形式
    除以上按词源构成的同义词外，同义词还有如下构成形式。如：
    ① 敬语   非敬语
       댁   집
       진지   밥
       주무시다   자다
    ② 一般词   非敬语
       할머니   노파
       처   마누라
    ③ 一般词   俗语
       화나다   골오르다
    ④ 一般词   委婉语
       변소   화장실

2．同义词之间的差别

　　同义词之间意义基本相同，但意义完全重合的还是很少见。即使意义完全相同，其使用场合也往往不同。因此，我们对同义词需要很好地辨析，了解其用法的差异。

　　如："잔치—연회—파티—피로연" 都与宴席有关，但 "잔치" 一般指的是传统酒席，"연회" 在郑重场合下使用，"파티" 更时尚一些，"피로연" 则是结婚宴席。"손가방—핸드백" 都指的是包，"손가방" 为手提包，而 "핸드백" 为女用手包。"호텔—여관" 都是客人住宿的地方，但 "호텔" 指设施好的酒店，而 "여관" 则指一般旅馆。"페이지—쪽" 其意义虽然完全一样，都指页次，但在为少年儿童编写的图书里固有词 "쪽" 应用较多，而外来语 "페이지" 则较少使用。

二、各类词性同义词辨析

1. 名词和代词的同义词辨析

1.1 가량, 쯤, 정도

(1) 基本含义的比较

◆가량：接在数词或量词后，表示与其相仿的数量。
◆쯤：接在部分名词或名词词组后，表示"左右"的接尾词。
◆정도：表示与前面数字相当的数量。

ㄱ. 조금 전에 스무 살 가량 되는 청년이 너를 찾아왔었다.
　　刚才一个二十岁左右的年轻人来找过你。

ㄴ. 내일 오후쯤에는 진찰 결과를 알 수 있을 것이다.
　　差不多明天下午就能知道检查结果了。

ㄷ. 결혼식을 올리려니까 돈이 천만 원 정도 필요하다.
　　想举办婚礼，大约需要一千万韩元。

"가량"只用于表示数、量的词语之后，但不能与"여러"或"많은"等搭配成"여러+가량"、"많은+가량"的形式。但如例句"ㄱ"所示，估测数量的时候"가량"可以用"쯤"或"정도"替换，如下例句"ㄹ"所示。

ㄹ. 조금 전에 스무 살 가량(쯤, 정도) 되는 청년이 너를 찾아왔다.
　　刚刚一个二十岁左右的青年来找过你。

"가량"是依存名词，"정도"是名词，因此书写时与前面的单词之间要有空格；"쯤"作为接尾词要紧贴前词书写。

(2) 其他含义的比较

① "가량"前面即使有名词，在该名词之前还必须有起修饰作用的数量冠词。而"-쯤"和"정도"前没有数量词也可以。

ㄱ. 여기에서 우리 고향까지 기차로 한 시간 가량(쯤, 정도) 걸린다.
　　从这儿到我的故乡乘火车大约要一小时。

ㄴ. 그런 일쯤(정도, *가량)은 나 혼자서도 거뜬히 해낼 수 있다.
　　这点小事，我一个人不费吹灰之力就能解决。

② "-쯤"接在场所名词后，表示附近，而"가량"和"정도"没有此用法。"-쯤"和"정도"可以放在指示代词后,表示大概那样的程度,而"가량"没有此用法。
ㄱ. 그 사람은 지금 어디쯤(*가량, *정도) 가고 있을까.
那个人现在大概走到哪儿了呢？
ㄴ. 오늘 일은 이쯤(이 정도, *이 가량) 해둡시다.
今天先干到这儿吧。

(3) 练习
다음 단어 중 알맞은 것을 고르시오.
① 이 책을 어디(가량/쯤/정도) 놓는 것이 좋겠어요?
这本书放在哪儿比较好？
② 이 이야기는 그(가량/쯤/정도) 해 두자.
这个话题就先谈到这儿吧。
③ 이 일은 어느 (가량/쯤/정도) 예상한 일이다.
这件事我有一定的思想准备。
④ 그는 일년에 두 번 (가량/쯤/정도) 고향에 간다.
他一年大概回两趟老家。

(4) 答案

| ① 쯤 | ② 쯤, 정도 | ③ 정도 | ④ 가량, 쯤, 정도 |

1.2 가족, 식구
(1) **基本含义的比较**
◆가족：指父母和子女及兄弟姐妹等有血缘关系或婚姻关系的人。
◆식구：指在一个家里共同生活的每个人。
ㄱ. 우리 가족을 소개하겠습니다. 下面介绍一下我的家人。
ㄴ. 저희집에는 세 식구가 살고 있습니다. 我家有三口人。
"가족"和"식구"的最大的区别在于："가족"有血缘关系，"식구"不一定有血缘关系。

(2) **其他含义的比较**
① "가족"指集体，"식구"指个人。

ㄱ. 이제부터 김 선생님도 우리 학교의 가족이 되었습니다.
　　从现在开始，金老师也是我们学校的老师。
ㄴ. 이제부터 김 선생님도 우리 학교의 식구가 되었습니다.
　　从现在开始，金老师也成了我们学校的一分子。
"가족"强调集体的凝聚力，"식구"着眼于个人。
② "가족"不一定在一个家庭里生活，但"식구"则不同。
ㄱ. 우리 가족은 아버지, 어머니, 남동생 그리고 나 이렇게 네 사람인데 남동생은 지금 따로 살고 있다.
　　我家有爸爸、妈妈、弟弟和我四个人，弟弟现在单独住。
ㄴ. 요즘 우리집에 식구가 한 사람 줄었다. 같이 살던 사촌동생이 고향에 돌아갔기 때문이다.
　　最近我家少了一个人。因为一起生活的表弟回故乡了。
③ "가족"的组织概念很强，"식구"的组织概念较弱。
ㄱ. 우리집은 일주일에 한번씩 가족회의(*식구회의)를 한다.
　　我家每周举行一次家庭会议。
ㄴ. 딸의 권한을 강화시키는 쪽으로 가족법(*식구법)을 고치고 있다.
　　为了加强女儿的权利，正在修改家庭协议。

◆深层区别

① "가족"给人正式生硬的感觉，而"식구"比"가족"更富有感情色彩。
ㄱ. 얼마 전에 사 온 강아지가 우리 가족이 되었다.
　　不久前买来的小狗成为我们家的一员。
ㄴ. 얼마 전에 사 온 강아지가 우리 식구가 되었다.(한 상에서 같이 식사를 할 수도 있음을 뜻한다. 가족보다 친밀한 관계를 느낄 수 있다)
　　不久前买来的小狗成为了我们的家庭成员。（意思是小狗也可以和我们在一个饭桌吃饭。感觉上比 "가족" 的关系更亲密）

② 有个和"가족"，"식구"关联紧密的词是"가정"。"가정"就像在"家庭教育"、"家庭主妇"中的含义一样，是指一个家庭生活下去的基本单位。
ㄱ. 가정환경은 아이의 정서에 큰 영향을 미친다.
　　家庭环境对孩子的情商有很大影响。

ㄴ. 일반적으로 사람들은 가정교육이 얼마나 중요한지 잘 모르고 있다.
一般来说，人们不太了解家庭教育的重要性。

(3) 练习

다음 단어 중 알맞은 것을 고르시오.
① 우리 회사는 모든 사원을 한 (가족/식구)처럼 여긴다.
我们公司把所有员工当成一家人。
② 이 좁은 방에서 일곱 (가족이/식구가) 산다니 믿어지지 않는다.
在这个狭小的房间里生活了七口人，真难以置信。
③ (가족이/식구가) 불어났어도 별탈없이 살아갈수 있었던 것은 다 아버지 덕분이다.
我们家即使人口增多了，也没受冻挨饿。这都多亏了爸爸。
④ (가족과/식구와) 떨어져 있어도 전화나 이메일로 자주 연락한다.
即使和家人不在一起，也经常通过电话或用电子邮件联系。
⑤ 우리(가족은/식구는) 외국에 나가 있는 누나까지 모두 다섯이다.
我们家包括在国外的姐姐一共五口人。
⑥ 내 친구 (가족은/식구는) 고향에서 온 친척 형까지 모두 여섯이다.
我朋友的家，包括从家乡来的表哥一共六口人。
⑦ (가족/식구) 사진을 찍겠습니다. 다섯 (가족/식구) 모두 이쪽을 보세요.
（照全家福时）开始照了！请五位都看这里。
⑧ 옆집 아주머니는 남자아이를 양자로 받아들여 진짜 (가족이/식구)가 생겼다고 기뻐하신다.
邻居阿姨领养了一个男孩，多了一个家庭成员很高兴。
⑨ "선생님은 고향이 어디예요? (가족/식구)이 없으세요?"
"老师，您老家是哪里的？没有家人吗？"

(4) 答案

① 가족 ② 식구 ③ 식구 ④ 식구 ⑤ 가족은
⑥ 식구는 ⑦ 가족, 식구 ⑧ 가족이 ⑨ 가족

155

1.3 고개, 머리

(1) 基本含义的比较

◆고개：指脖子的后面部分，脖子和头的全部。

◆머리：指脖子以上的部分，包括大脑、不包括脖子。

ㄱ. 잠을 잘 못 잤는지 고개(*머리)가 뻣뻣해졌다.
　　也许是因为没睡好，后脖颈有些硬。

ㄴ. 머리(*고개)에 모자를 썼다. 头上戴着帽子。

"고개"只用于人，"머리"可用于人和动物。"머리"上长有眼、耳、鼻、口、发丝，这一点人和动物是相同的，因此"머리"可通用于人和动物。而"고개"用于表示人的行为和态度，所以只能用于人。

(2) 其他含义的比较

① 具有某种意图或目的时用"고개"，本能或单纯的动作时用"머리"。

ㄱ. 나는 창밖의 일이 궁금하여 고개를 내밀어 내다보았다. (의도적으로 하는 행동이다.)
　　我想知道窗外发生了什么，探出头张望。（有意识的动作）

ㄴ. 그는 한 대 맞고 머리를 흔들었다. (비의도적인, 단순한 동작이다)
　　他挨了一下，头摇晃着。（无意识的、单纯的动作）

② "고개"与动词"숙이다"搭配使用，表示与自尊心有关，而"머리"和自尊心无关。

그는 큰 잘못을 저질렀기 때문에 고개(*머리)를 푹 숙이고 있다.
他犯了大错，低低地垂下了头。

③ "머리"指人的头脑作用和思考能力，"고개"没有这种含义。

ㄱ. 그는 머리(*고개)가 좋다. 他很聪明。

ㄴ. 강의 내용이 머리(*고개)에 들어오지 않는다.
　　讲课内容听不进去。

(3) 练习

다음 단어 중 알맞은 것을 고르시오.

① 천장이 낮으니 (고개/머리)를 숙이고 들어오세요.
　 天花板很低，请低头进来。
② 그 젖먹이 아이는 아직도 (고개/머리)를 가누지 못한다.
　 那个吃奶的孩子还不会抬头。
③ 누나의 말에 나는 그저 (고개만/머리만) 끄덕였다.
　 听了姐姐的话，我只是点头。
④ 그렇게 쓴 감기약은 먹기 싫다며 (고개/머리)를 흔들었다.
　 他摇头说讨厌吃苦药。
⑤ 그는 책상에 기댄 채 (고개/머리)를 끄덕이며 졸고 있다.
　 他倚着书桌打盹儿，不时点头。
⑥ 그는 알아들었다는 듯 (고개/머리)를 끄덕였다.
　 他像听懂了似的，点着头。
⑦ 벼는 익을수록 (고개/머리)를 숙인다.
　 成熟的稻穗，低头向下（大智若愚）。
⑧ 그는 요즘 아버지에게 (고개/머리)를 쳐들고 대들기도 한다.
　 他最近还和父亲顶嘴反抗。
⑨ 너, 잘못한 게 없으면 (고개/머리)를 들어보아라.
　 你，没犯错误的话就抬起头来。

(4) 答案

① 머리	② 고개	③ 고개만	④ 고개	⑤ 머리	⑥ 고개	⑦ 고개	⑧ 고개	⑨ 고개

1.4　곳，데，군데

(1) **基本含义的比较**

◆ 곳：指特定的位置或地区，或是描述特定位置或地区的量词。

◆ 데：用于表示地方或场所。

◆ 군데：计数一个个地方的单位。

ㄱ. 음식을 맛있게 하는 곳이 있으면 추천해 주세요.
　 请介绍一个饭菜好吃的饭店。
ㄴ. 우리 조용한 데 가서 이야기합시다.

我们去个安静的地方谈谈吧。
ㄷ. 바빠서 세 군데밖에 못 가보았어요.
太忙了，只去看了三个地方。

"곳"可用于定语、代词和数词后。"데"是依存名词，用于动词、形容词的定语形后，不像"곳"在更正式场合下使用。"군데"是量词，一定要与数词结合使用。

(2) 其他含义的比较

① "곳"和"데"都表示场所，因此可以互换，但"군데"则不可。例句"ㄷ"中的"데"只能与形容词和动词的定语形搭配使用，但不能与冠词"여러"搭配。

ㄱ. 여기는 마음에 안 드니까 다른 곳(데, *군데)에 가봅시다.
我不喜欢这里，去别的地方看看吧。

ㄴ. 그가 사는 데 (곳은, *군데)는 여기서 멀다.
他住的地方离这儿远。

ㄷ. 요즘 허리, 팔, 어깨 여러 군데(곳이, *데)가 아픕니다.
最近腰、胳膊、肩几处都疼。

② "데"作为依存名词可以表示事情或东西。

ㄱ. 그 책을 다 읽는 데(*곳, *군데) 삼 일이 걸렸다.
读那本书花了三天时间。

ㄴ. 이사하는 데(*곳, *군데) 돈이 얼마나 들었어요?
搬家花了多少钱?

③ "데"还可以表示情况。

ㄱ. 이것은 머리 아픈 데(*곳, *군데) 먹는 약이다.
这是头疼时吃的药。

ㄴ. 이 찻잔은 귀한 거라 손님을 대접하는 데(*곳, *군데)만 쓴다.
这个茶杯很贵重，只在招待客人时用。

(3) 练习

다음 단어 중 알맞은 것을 고르시오.

① 사람이 많이 모이는 (곳은/데는/군데는) 싫다.
讨厌人多的地方。

② 저 (곳은/데는/군데는) 어디입니까?

那是什么地方？
③ 근처에 자전거를 빌려 주는 (곳이/데가/군데가) 있어요?
　附近有租赁自行车的地方吗？
④ 바빠서 몇 (곳/데/군데) 못 둘러보았어요.
　太忙了，没看几个地方。
⑤ 사람을 돕는 (곳에/데에/군데에) 아이, 어른을 따질 필요없다.
　在帮助别人方面，不分大人小孩。
⑥ 그는 전공지식을 얻는 것보다 졸업장을 따는 (곳에/데에/군데에) 목적이 있다.
　他的目的不是为了获取专业知识，而是拿毕业证。

(4) 答案

① 곳은, 데는　② 곳을　③ 곳이, 데이　④ 곳, 데　⑤ 데에　⑥ 데에

1.5　공짜, 무료

(1) 基本含义的比较

◆공짜：不费力气和金钱，白白得到的东西或事情。

◆무료：不需要付款或报酬。

ㄱ. 경품에 당첨되어 공짜로 컴퓨터가 한 대 생겼다.
　中奖得了一台电脑。

ㄴ. 어린이 날을 맞이하여 오늘 어린이에겐 공원을 무료로 개방한다.
　为了迎接儿童节，今天公园对儿童免费开放。

"공짜"和"무료"都表示免费。"공짜"侧重指不花钱的事或物，而"무료"侧重指不收钱。

(2) 其他含义的比较（기타 의미의 비교）

① "공짜"是站在事物或事情接受者的角度，而"무료"没有具体指明事物或事情的赠予者或接受者。

ㄱ. 나는 오늘 공짜로 영화를 보았다.
　我今天看了场免费的电影。

ㄴ. 음악회에 오는 사람들이 무료 입장할 수 있도록 주최측에서

초대권을 발부했다.
为了让人们免费来听音乐会，主办方发放了邀请券。

例句"ㄱ"中虽然可以用"무료"，但为了表示受益方的立场，用"공짜"更合适；例句"ㄴ"中更侧重强调赠予方的立场，因此用"공짜"并不合适。

② "무료"可以指没有报酬，但"공짜"不用于此意。

ㄱ. 그 의사는 무료(*공짜)봉사의 일환으로 매년 시골에 가서 환자들을 치료해 준다.
每年去乡下给患者免费看病，是那个医生志愿活动的一部分。

ㄴ. 그는 무료(*공짜) 요가 강습소를 운영하며 요가를 가르치고 있다.
他经营了一个免费的瑜伽培训中心，教授瑜伽课程。

(3) 练习

다음 단어 중 알맞은 것을 고르시오.

① 그는 요즘 심리상담실을 열어 (공짜/무료)상담원을 하고 있다.
他最近开了个心理咨询诊所，做志愿咨询员。

② 그 박물관은 개관 기념으로 하루를 (공짜/무료)로 개방하기로 했다.
那个博物馆为了庆祝开馆，免费开放一天。

③ 각 지역 도서관에서는 주민들에게 책을 (공짜/무료)로 빌려주고 있다.
各地区的图书馆向居民免费提供图书借阅服务。

④ 보너스를 받으니까 (공짜/무료) 돈이 생긴 것 같아 나는 그저 기분이 좋다.
我拿到奖金，好像天上掉馅饼，心情很好。

⑤ 그 집에 며칠 묵으면서 (공짜/무료)밥을 먹을 수가 없어 집안일을 도와주고 있다.
在他家住了几天，不能白吃饭，就帮忙做家务活。

⑥ 세상에 (공짜/무료)는 절대 없다. 반드시 대가를 지불해야 한다.
世上没有免费的午餐，一定要付出代价。

⑦ (공짜/무료)라면 양잿물이라도 먹는다.
白给的话都来者不拒。

(4) 答案

① 나중　② 나중　③ 나중　④ 나중　⑤ 다음　⑥ 다음　⑦ 다음　⑧ 다음

1.6　나중，다음

(1) 基本含义的比较

◆나중：过多久以后。
◆다음：某次以后。
ㄱ. 거기에 두면 나중에 먹을게. 放在那儿以后吃。
ㄴ. 우리는 저 사람들 다음에 들어갈 수 있겠지?
我们能跟在他们后面进去吧?

"나중"较模糊地指示之后的某个时间点，"다음"以顺序为前提，表示时间或空间上已定的顺序。"다음"还可表示某些时日或时间之后，这种情况下"나중"和"다음"可互换。

ㄷ. 우리 다음(나중)에 언제 또 만날까? 我们下次什么时候见?
ㄹ. 다음(나중)에 술이나 한잔 합시다.
下次我们一起去喝一杯吧。

(2) 其他含义的比较

① "다음"可以表示本次的下一次，而 "나중"没有这种概念。
ㄱ. 다음(*나중) 역에서 내리시면 됩니다. 请在下一站下车。
ㄴ. 다음(*나중) 순서는 노래자랑이다. 接下来是歌咏比赛。
"다음"具有下一个的意思，而"나중"不具有这种概念。
ㄷ. 이 식당은 불고기집이고 그 다음 식당은 냉면집이다.
这家是烤肉店，下一家是冷面店。
ㄹ. 우리 집 다음(*나중) 집은 커다란 이층집이다.
我家的下一家是个很大的二层楼。

② "다음"可用于动词的定语词尾"-ㄴ"后，表示某事件或过程结束以后，而"나중"没有这种用法。

ㄱ. 먼저 식사부터 한 다음(*나중) 쇼핑합시다
我们先吃饭再去买东西吧。
ㄴ. 동생은 한동안 울고 난 다음(*나중)에 곤히 잠이 들었다.
弟弟哭了好一会儿，然后睡得很沉。

"나중"可单独使用，表示先做完某事之后。此时可与"다음"互换。

ㄷ. 다른 일 다 하고 이 일은 나중(다음)에 하겠습니다.
我先做完别的事再做这个。

ㄹ. 처음 두 시간은 포장도로였지만 나중(다음) 두 시간은 형편없는 시골 길이었다.
前两个小时走的是石板路，接下来的两个小时是很难走的乡下土路。

③ "다음"有地位仅次于的意思，而"나중"没有这种概念。

ㄱ. 우리 집안에서는 할머니 다음은 아버지가 아니고 어머니이다.
我们家地位仅次于奶奶的是妈妈，而不是爸爸。

ㄴ. 우리 회사에서 부장님 다음은 과장님이다.
我们公司部长的下一级是课长。

④ "나중"在顺序或时间上有最后的意思，而"다음"没有这种意思。

ㄱ. 남에게 해를 끼치는 사람은 나중(*다음)에 가서는 자기도 해를 입게 되어 있다.
伤害别人的人将来必遭伤害。

ㄴ. 이렇게 대강 일을 처리했다가 나중(*다음)에 그 책임은 누가 질 겁니까?
事情就这么胡乱处理，将来谁负责啊？

(3) 练习

다음 단어 중 알맞은 것을 고르시오.

① 이번에는 언니가 했으니 (나중/다음)은 내 차례다.
这次姐姐做，下次我做。

② 이런 쓴 경험이 (나중/다음)에는 다 약이 된다네.
这些痛苦的经历终将成为"良药"。

③ 이번 달에 성적이 그대로인데 (나중/다음) 달에도 성적이 오르지 않으면 아버지께 혼이 날 것이다.
这个月的成绩是老样子，下个月成绩还上不来的话就得挨爸爸骂了。

④ 그 사건은 두었다가 (나중/다음)에 처리합시다.

那事先放放以后再处理吧。
⑤ (나중/다음)을 읽고 묻는 말에 답하시오.
  阅读下文并回答问题。
⑥ (나중/다음)에 자세하게 이야기하겠습니다.
  下次我会仔细说的。
⑦ 추석 (나중/다음) 날도 공휴일이어서 여유 있게 성묘를 다녀왔다.
  中秋节的第二天也是休息日，所以去扫墓的时间比较充裕。
⑧ 가만 내버려 두니까 (나중/다음)에는 못 하는 말이 없구나!
  先置之不管，之后没什么不能说的。

(4) 答案

① 다음 ② 나중 ③ 다음 ④ 나중, 다음 ⑤ 다음 ⑥ 나중, 다음 ⑦ 다음 ⑧ 나중

1.7 때, 적

(1) **基本含义的比较**

◆때：发生某事的客观时间或时期。
◆적：进行某动作或出现某状态的时间，或已经过去的某一时间。

ㄱ. 횡단보도를 건널 때(적)는 차를 조심해야 한다.
  过马路时要小心车辆。
ㄴ. 이곳은 내가 어릴 적(때) 자주 놀던 곳이다.
  这地方我小时候经常来玩儿。

如上面的例句"ㄱ"和"ㄴ"中所示，在表示某事发生的时间时一般"때"和"적"都可以使用，下面的例句"ㄷ"和"ㄹ"也同样如此。

ㄷ. 밥 먹을 적(때)에 친구가 찾아왔다.
  吃饭的时候朋友来了。
ㄹ. 더운 지방으로 여행 갈 적(때)에는 음식을 조심해야 한다.
  去较热的地方旅游的话，要注意饮食。

"적"倾向于表示很久以前的过去，因此不适用于较近的过去。而"때"没有时间的限制。

ㅁ. 나는 어제 한국 영화를 본 (*적)이 있다.
  我昨天看了场韩国电影。

ㅂ. 나는 어릴 때 외가에 가본 적이 있다.
　　我小时候去过外婆家。

(2) **其他含义的比较**
　① "적"单独使用，或与"-아/어 보다"搭配使用，表示经历或未经历过某事时，不能用"때"替换。
　ㄱ. 불고기를 먹어본 적(*때) 있어요?　你吃过烤肉吗?
　ㄴ. 저 사람을 만난 적(*때)이 있다.　我见过那个人。
　② "때"是名词，可单独使用；而"적"是依存名词，必须与名词或定语子句连用。"때"前面可以用冠词，而"적"前面不能用冠词。
　ㄱ. 지금은 잘 모르지만 때(*적)가 되면 알게 된다.
　　现在还不清楚，到时候就知道了。
　ㄴ. 그 때(*적) 나는 아직 어렸기 때문에 아직 철이 없었다.
　　那时候我还小，不懂事。
　③ "때"有"餐、饭"、"用餐时间"的意思。
　ㄱ. 아이들이 운동을 하다 때(*적)를 걸렀다.
　　孩子们运动来着，没吃饭。
　ㄴ. 놀다가도 때(*적)가 되면 들어와 식사를 해야지.
　　不能光顾着玩儿，到点儿得回来吃饭。
　④ 表示"特定的期间"时用"때"。
　지난 겨울 방학 때(*적) 아르바이트를 했다.　去年寒假打工了。

(3) **练习**
　다음 단어 중 알맞은 것을 고르시오.
　① 세 살 (때/적) 버릇 여든까지 간다.　三岁看到老。
　② 어렸을 (때는/적에는) 그가 어리광을 많이 피웠다.
　　他小时候总撒娇。
　③ 요즘 (때가/적이) 되어도 배가 안 고프다.
　　最近到了吃饭的时间也不饿。
　④ 그 사람 올 (때가/적이) 되었지요?　他该来了吧?
　⑤ 이 (때/적) 갑자기 많은 사람들이 몰려왔다.
　　这时突然人们蜂拥而至。

⑥ 이 음악을 들은 (때가/적이) 있어요? 听过这曲子吗?

(4) 答案

| ① 들, 적 ② 들를지, 들을 ③ 가끔 ④ 가끔 ⑤ 들 ⑥ 적이

1.8 밑, 아래
(1) 基本意义的比较
   ◆밑: 物体下部或在其下部与其几乎贴在一起的部分。
   ◆아래: 不属于物体的一部分, 位于其下方且与该物体之间有段距离。
   ㄱ. 숨바꼭질할 때 아이들이 자주 책상 밑에 숨는다.
      孩子们捉迷藏的时候经常躲在桌子底下。
   ㄴ. 산정상에 오르니 발 아래 펼쳐진 경치가 한눈에 들어왔다.
      登上山顶, 脚下的风景尽收眼底。
   例句"ㄱ"中孩子和桌子非常近,所以用"밑"。例句"ㄴ"中脚和风景之间有很远的距离, 所以用"아래"。

(2) 其他意义的比较
   ① 因为与某事物贴近而直接受其影响时用"밑"。并不直接受前面事物的影响时用"아래"。
   ㄱ. 봄이 오면 제비가 우리집 처마 밑에 집을 짓는다.(처마가 가까이에서 햇볕과 비를 막아준다)
      每到春天, 燕子都在我家屋檐下筑巢。(屋檐可以遮阳挡雨)
   ㄴ. 저 멀리 산 아래 동네에서 밥 짓는 연기가 피어 오른다.
      远处山脚下的村庄里炊烟袅袅。
   ② 当受到前面名词的支配、保护、影响,且距离越近紧张感和危机感越强时用"밑", 反之用"아래"。
   ㄱ. 호랑이같이 무서운 선생님 밑에서 배운 학생은 모두 성적이 좋다.
      严师出高徒。(因为师从严厉的人, 所以给人一种紧张的感觉。)
   ㄴ. 교장 선생님의 격려와 지도 아래 학교 대항 축구 대회에서 우승했다.
      在校长的鼓励和指导下取得了学校足球对抗赛的胜利。

例句"ㄱ"中因为是"老虎"老师,所以给人以紧张感,用"밑"较合适;例句"ㄴ"中校长的激励表现出一种亲密的关系,因此并不给人以紧张的感觉,用"아래"更合适。

(3) 练习

다음 단어 중 알맞은 것을 고르시오.

① 사춘기가 지나니 턱 (밑/아래)에 수염이 많이 났다.
　　过了青春期,下巴底下长出了不少胡子。
② 여러 해 동안 지독한 상사 (밑/아래)에서 고생을 많이 했다.
　　多年来跟着严厉的上司吃了不少苦。
③ 방바닥이 차서 엉덩이 (밑/아래)에 방석을 깔고 앉았다.
　　因为地板凉,就在屁股底下垫了个垫子。
④ 다리 (밑/아래)에는 언제나 거지가 자고 있었다.
　　桥下总有乞丐在睡觉。
⑤ 밤나무 (밑/아래)에 알밤이 많네. 산 (밑/아래)로 마을가서 구워 먹자.
　　栗子树下有不少栗子啊,我们去山下的村子里烤着吃吧。
⑥ 그에게 자꾸 돈을 주어봐야 (밑/아래) 빠진 독에 물 붓기이다.
　　你给他多少钱也是无底洞。
⑦ 동생은 나보다 세 살 (밑/아래)이다.
　　弟弟比我小三岁。
⑧ 그는 아직도 부모의 보호 (밑/아래)에 있다.
　　他还没脱离父母独立呢。
⑨ 그 범죄는 치밀한 계획 (밑/아래)에 저질러졌다.
　　那次犯罪是在周密的策划下进行的。
⑩ 합격자 명단은 (밑/아래)와 같다.
　　合格者名单如下。

(4) 答案

① 밑 ② 밑 ③ 밑 ④ 밑, 아래 ⑤ 밑, 아래 ⑥ 밑 ⑦ 아래 ⑧ 아래 ⑨ 아래 ⑩ 아래

1.9 버릇, 습관

(1) 基本意义的比较

◆버릇：身体情不自禁产生的行为。

◆습관：特意努力学习而养成的重复性行为。

ㄱ. 그는 눈을 깜빡거리는 버릇이 있다.　他有眨眼的习惯。

ㄴ. 여동생은 어릴 때부터 절약하는 습관이 몸에 배었다.
　　妹妹从小就养成了节约的习惯。

"버릇"主要和身体相关。例句"ㄱ"中"眨眼"是自己身上情不自禁发生的行为，"습관"主要和人格或生活相关。例句"ㄴ"中"节约"是通过努力而养成的行为.

(2) 其他意义的比较

① "버릇"大多是指不被看好的行为，而"습관"多指积极的行为。

ㄱ. 그 친구는 술만 먹으면 우는 버릇이 있다.
　　那个朋友有一喝酒就哭的毛病。

ㄴ. 일찍 자고 일찍 일어나는 습관은 건강에 좋다.
　　早睡早起的习惯有益于健康。

② "버릇"指细小的行为，"습관"大多指人格或生活中的重要要素。

ㄱ. 내 친구는 말할 때마다 코를 찡긋거리는 버릇이 있다.
　　我的朋友有一说话就皱眉的毛病。

ㄴ. 성공과 실패의 95%는 습관이 좌우한다는 말이 있다.
　　俗话说，成功与否95%都是由习惯决定的。

③ "버릇"指对上级或长辈应该遵守的礼节。

ㄱ. 너 같이 말 안 듣는 녀석은 버릇(*습관)부터 고쳐놓아야겠어.
　　像你这样不听话的家伙应该先改改毛病。

ㄴ. 버릇(*습관)이 없는 아이에게는 가정교육이 중요하다.
　　对于没有教养的孩子，家庭教育很重要。

(3) 练习

다음 단어 중 알맞은 것을 고르시오.

① 저 아이는 코를 자주 만지는 (버릇/습관)까지 자기 아버지를 빼닮았다.

那个孩子连总摸鼻子的习惯都像他爸爸。
② 좋은 (버릇/습관) 하나가 한 사람의 미래를 바꿀 수 있다.
一个好的习惯能改变一个人的未来。
③ 평소에 일기 쓰는 (버릇/습관)을 들이면 작문실력이 늘게 되어 있다.
如果平时养成写日记的习惯,那么作文水平就会提高。
④ 운전 (버릇/습관)을 바꾸면 한 달에 기름값을 많이 아낄 수 있다.
如果改变驾驶习惯,那么一个月能节省很多油钱。
⑤ 내 질문에 그는 (버릇/습관)처럼 자기 뺨을 어루만졌다.
听了我提出的问题后,他习惯性地抚摸着自己的脸。
⑥ 잘 잊어버리는 사람은 메모하는 (버릇/습관)을 들이는 게 좋다.
记性不好的人应该养成做记录的习惯。
⑦ 그는 요즘 할 일을 미루는 (버릇/습관)이 생겼다.
他最近养成了拖拖拉拉的毛病。
⑧ (버릇/습관)은 제2의 천성이라는 말이 있다.
俗话说,习惯是第二天性。

(4) 答案

| ① 버릇 | ② 습관 | ③ 습관 | ④ 습관 | ⑤ 버릇 | ⑥ 습관 | ⑦ 버릇 | ⑧ 습관 |

1.10 성형(외과)수술, 정형(외과)수술

(1) **基本意义的比较**

◆성형수술: 将影响身体美观的部位进行外科矫正、恢复的手术。

◆정형수술: 对先天性畸形或变形进行矫正,或使肌肉、骨骼等运动器官的机能障碍恢复到正常状态的手术。

ㄱ. 불에 덴 상처에 엉덩이의 살을 이식하는 성형 수술을 하였다.
做了整形手术,将臀部皮肤移植到了被烧伤的部位。

ㄴ. 그는 정형외과에 가서 선천적으로 굽은 척추를 바로 잡았다.
他去了整形外科,矫正了先天性弯曲的脊柱。

(2) **其他意义的比较**

"정형수술"和"성형수술"都是以身体某一部位受伤或非正常

状态为前提进行的手术。"정형수술"一般指对骨骼和肌肉进行矫正的手术，而"성형수술"主要以美容为目的。
　　ㄱ. 그 배우는 자기의 코가 작다고 생각되어 성형수술로 코를 높였다.
　　　　那个明星觉得自己的鼻子小，做了整形手术，垫高了鼻梁。
　　ㄴ. 내 친구는 어깨를 다쳐 뼈를 맞추는 정형수술을 받았다.
　　　　我的朋友肩受伤了，接受了整形手术，矫正骨骼。

(3) 练习
　　다음 두 단어 중 알맞은 것을 고르시오.
　　① 그녀는 쌍꺼풀 수술을 하기 위해 (성형/정형)외과를 찾아갔다.
　　　她为了做双眼皮手术，去了整形外科。
　　② 무릎을 다쳐 (성형/정형)외과에 가서 인공관절을 해 넣었다.
　　　膝盖受伤了，去整形外科装了人工关节。
　　③ 어머니는 요즘 허리가 안 좋아 (성형/정형)외과에 가서 물리치료를 받고 있다.
　　　妈妈最近腰不太好，去整形外科做理疗。
　　④ 나는 눈가의 주름이 보기 싫어 (성형/정형)외과에 가서 주름 제거 수술을 받았다.
　　　我讨厌看到眼角的皱纹，就去整形外科做了除皱手术。

(4) 答案
　　정형 ④　정형 ③　정형 ②　성형 ①

1.11　소음，잡음
(1) 基本意义的比较
　　◆소음：噪音。指吵闹或听起来令人厌烦的声音，给感官带来不愉快或伤害，且是非周期性的声音。
　　◆잡음：杂音。指听到了不需要，且妨碍听者想要听到的声音。
　　ㄱ. 학교 근처 공사장 소음 때문에 수업에 지장을 받고 있다.
　　　　学校附近施工的噪音影响上课。
　　ㄴ. 잡음이 심해서 녹음기에서 나오는 소리를 알아듣기가 어렵다.
　　　　由于杂音太大，很难听清录音机中播放的声音。

"소음"和"잡음"都给人以不快之感,但是"소음"比"잡음"声音大得多。而"잡음"声音不一定大。

ㄷ. 공항이 가까워서 그런지 비행기 엔진 소음이 엄청 심하다.
可能是离机场太近,飞机引擎的噪音非常大。

ㄹ. 인터넷 전화를 쓸 때 잡음 때문에 통화가 잘 안 될 때가 있다.
使用网络电话时,有时会杂音太大而影响通话效果。

飞机引擎的"소음"与网络电话的"잡음"相比,二者的最大区别是声音的大小。

(2) **其他意义的比较**

① 同样的声音根据时间、场合不同,听者的心态不同,可能构成噪音,也可能不构成噪音。即是否为噪音,其判断标准带有主观性的。

ㄱ. 우리 딸아이 피아노 연주 소리가 정말 듣기 좋다.
我女儿的钢琴演奏真动听。

ㄴ. 옆집 아이의 피아노 연주 소리는 그야말로 소음이다. 시끄러워서 공부가 안 된다.
邻居孩子弹钢琴的声音真是噪音。太吵了,没法学习。

例句"ㄱ"和"ㄴ"中,孩子妈妈认为自己女儿弹的是美妙动听的钢琴演奏声,而对于邻居来说则是无法忍受的噪音,因此对于"소음"的判断可能有主观因素。但是"잡음"只有客观标准。

② "잡음"的基本含义是不必要的声音,一般来说,听者有另外想听的声音。"소음"不包含另外有想听声音之意。

ㄱ. 전화기가 오래되어서 혼선과 잡음(*소음)이 심하다.
这个电话用的时间太长了,所以经常串线,杂音特别大。

ㄴ. 열차가 통과할 때 철로변 아파트에서는 소음(*잡음) 때문에 고통을 많이 받는다.
列车通过时,铁路边的住户饱受噪音困扰。

例句"ㄱ"中的"잡음"指妨碍了听者想听的通话声音,例句"ㄴ"中的"소음"只指列车通过时的一种声音。

③ "소음"的噪声很大,可能给听者带来身体、精神上的损害,这点和"잡음"有区别。

ㄱ. 아파트가 도로변에 있어서 자동차 소음 때문에 많은 주민들이 불면증에 걸렸다.

公寓临街，很多居民们因为汽车噪音而失眠。
ㄴ. 소음에 오래 노출되면 청각에 장애가 올 수 있다.
长期接触噪音，会产生听觉障碍。
④ "잡음" 可以指对某事令人不快的抱怨或传言。
ㄱ. 그는 뛰어난 지도력으로 지금까지 아무 잡음(*소음) 없이 회사를 경영해 왔다.
因他出色的领导，公司发展至今没有招来任何非议。
ㄴ. 그 여배우가 이 영화에 주연을 맡은 것에 대해 약간의 잡음(*소음)이 일고 있어 주위의 의혹을 사고 있다.
对于那个女演员担任这部电影的主角，引发了一些传言和周围人的猜忌。

(3) 练习

다음 단어 중 알맞은 것을 고르시오.
① 인근 공장 지대에서 많은 (소음/잡음)과 매연이 발생한다.
附近的工厂有很多噪音和煤烟污染。
② 그 회사에서 생산된 자동차는 엔진 (소음/잡음)이 기준치를 초과했다.
那个公司生产的汽车发动机噪音超标。
③ 중국에서 한국 라디오 방송을 들으려니까 (소음/잡음) 심해서 잘 들리지 않는다.
在中国听韩国广播，杂音太大，听不清。
④ 방음벽 덕분에 아파트 외부의 (소음/잡음)이 완전히 차단되었다.
隔音墙完全阻隔了公寓外面的噪音。
⑤ 자금이 큰 만큼 이를 둘러싼 (소음/잡음)이 많은 것도 사실이다.
资金越多，非议就越多，这是事实。
⑥ 도서관 내에서 울리는 전화벨 소리도 (소음/잡음)이다.
在图书馆，电话铃声也是噪音。

(4) 答案

① 소음 ② 소음 ③ 잡음 ④ 소음 ⑤ 잡음 ⑥ 소음

1.12 속, 안

(1) 基本意义的比较

◆속：三维立体空间的内部。

◆안：由线或面组成的一维或二维空间的内部。

ㄱ. 배추 속이 비어 있으면 제값에 팔지 못한다.
　　白菜心儿空了就卖不上价钱了。

ㄴ. 다음 괄호 안에 알맞은 말을 써 넣으세요.
　　请在下面的括号内填上适当的词。

当"内部"是空的，属异常现象时用"속"。即使"里面"是空的，也不会对事物有所影响时用"안"。例句"ㄱ"的"白菜"空了属于异常现象，所以用"속"，例句"ㄴ"中"括号"空着也不会造成影响，所以用"안"。

(2) 其他意义的比较

① 表达抱有的想法和心思（将充满欢乐、悲伤或希望的内心看作立体空间）以及表示某现象、状况、事物的内部（三维空间）时用"속"。

ㄱ. 전혀 말을 안 하니 그 속을 누가 알겠니?
　　什么也不说，谁知道他在想什么？

ㄴ. 그 사건은 온 국민을 충격 속으로 몰아넣었다.
　　那件事使全民都受了打击。

② 表示不超过规定的时间、不超过规定的距离时用"안"。

ㄱ. 한 시간 안에 문제를 다 풀어야 한다.
　　要在一小时之内把问题全部解决。

ㄴ. 이 동물은 반경 5킬로미터 안에 살고 있다.
　　这个动物生活在方圆5公里的范围内。

③ 表示不脱离某种组织所覆盖的领域时用"안"。

ㄱ. 외국에서도 방송을 통해 우리나라 안의 일을 알 수 있다.
　　即使在国外，通过媒体也可以了解我们国家的事情。

ㄴ. 중국사람은 집안에서 일어난, 안 좋은 일을 밖에서 잘 이야기하지 않는다.
　　中国人一般都是家丑不外扬。

(3) 练习

다음 두 단어 중 알맞은 것을 고르시오.

① 산 (속/안)에 들어서니 시원하다.　来到山里感到很清爽。
② 바깥이 추우니 방 (속/안)으로 들어가시죠.
　　外面冷，进屋吧。
③ 30분 (속/안)에 집에 들어갈 테니까 조금만 기다리세요.
　　我30分钟内就到家，请稍等。
④ 뭘 잘못 먹었는지 (속/안)이 거북하다.
　　不知吃错什么东西了，肚子不舒服。
⑤ 그는 (속/안)이 넓은 사람이다.
　　他心胸宽广（强调内心）
⑥ 그 사람은 (속/안)이 검으니까 믿지 마세요.
　　他很阴险，你不要相信他。
⑦ 그것은 드라마 (속/안)에서나 가능한 이야기다.
　　那是在电视剧里才能发生的事情。
⑧ 성적이 10등 (속/안)에 든다.
　　成绩进入前十名。
⑨ 회사에서 일어난 일은 회사 (속/안)에서 처리하세요.
　　在公司发生的事情请在公司内部解决。

(4) 答案

| ⑥ 속 | ⑧ 속 | ⑦ 속 | ⑨ 속 | ⑤ 속 | ④ 속 | ③ 안 | ② 속 | ① 안 |

1.13 시각, 시간

(1) 基本意义的比较

◆ 시각：时间长河中的某一时间点。
◆ 시간：一个时间点和另一个时间点中间的时段。

ㄱ. 내일의 해 뜨는 시각은 5시 10분이 되겠습니다.
　　明天太阳升起的时间是5点10分。
ㄴ. 짧은 휴식 시간을 마치고 다시 산을 오르기 시작했다.
　　短暂的休息结束了，接着登山。

(2) 其他意义的比较

① "시간"可以表示"时间的流逝"这一抽象意义,而"시각"则不能。

ㄱ. 이 문제는 시간(*시각)이 해결해 줄 것이다.
　　这个问题将由时间来解决。

ㄴ. 시간(*시각)이 좀 지나면 통증이 가라앉을 것이다.
　　稍过一会儿,痛症就会消除的。

② 一般人在日常对话中经常用"시간"代替"시각"。

ㄱ. 비행기 출발 시간(시각)이 지연되겠습니다.
　　飞机将晚点起飞。

ㄴ. 약속 시간(시각)에 맞춰서 나오시기 바랍니다.
　　希望能准时来。

ㄷ. 이 시계는 시간(시각)이 맞지 않는다.
　　这个表时间不准。

ㄹ. 지금 몇 시인지, 시간(시각) 좀 알려줘.
　　告诉我现在是几点。

上面例句中的"시간"都表示"某一瞬间",严格说都应该用"시각"才准确。播放新闻时或部队、机关部门都准确使用"시각"一词,例文如下。

ㄱ. 이 시각 서울에서는 양국 정상이 참석한 만찬이 진행 중이다.
　　此时此刻两国首脑正在首尔参加晚宴。

ㄴ. 작전 개시 시각은 4시 30분이다.
　　开战时间是4点30分。

ㄷ. 열차표를 사실 고객께서는 열차 시각표를 참고하십시오.
　　要买火车票的乘客请参照火车时刻表。

(3) 练习

다음 단어 중 알맞은 것을 고르시오.

① 오늘 영화를 보면서 (시각/시간)을 보냈다.
　　今天看电影度过了一天。

② (시각/시간)은 돈이다.　时间就是金钱。

③ 성과를 보려면 (시각/시간)이 걸린다.
　　要看到成效,还需要时间。

④ 북경에는 이 (시각/시간) 현재까지 폭설이 내리고 있다.
  北京现在正在下暴雪。
⑤ 자정이 넘은 (시각/시간)인데도 아이들의 방이 불이 환하게 켜져 있다.
  深夜里，孩子房间还亮着灯。

(4) 答案

① 시각 ② 시간 ③ 시간 ④ 시간 ⑤ 시각

1.14 야채, 채소
(1) 基本意义的比较
  ◆야채：田里种植的或地里野生的作物。
  ◆채소：田里种植的作物。
  ㄱ. 식빵에 햄과 야채를 넣어 샌드위치를 만들었다.
    在面包里夹上火腿和蔬菜，做成三明治。
  ㄴ. 올해의 채소 생산은 작년보다 못하다.
    今年的蔬菜产量不如去年。
"채소"必须是田里种的作物，而"야채"没有这样的限制，即野生的作物放在饭桌上也可以称为"야채"。
  ㄷ. 들에서 캐온 나물과 밭에서 뜯어온 나물로 야채 비빔밥을 만들었다.
    用地里挖来的野菜和田里摘的菜做拌饭。
  ㄹ. 올해는 채소 농사가 참 잘 되었다.
    今年的蔬菜收成很好。
从例句"ㄷ"中可以看出，放在饭桌上都可以成为"야채"。但有"채소밭"、"채소 농사"、"채소 생산"等词语，却不用"야채밭"、"야채 농사"、"야채 생산"等词语。由此可见"채소"必须是田里种植的作物。

(2) 其他意义的比较
  ① 食品名字，全部使用"야채"。
  ㄱ. 야채 주스(*채소 주스), 야채 소스(*채소 소스), 야채 샌드위치(*채소 샌드위치)

蔬菜汁、蔬菜酱、蔬菜三明治
ㄴ. 녹황색 채소(*녹황색 야채), 뿌리채소(*뿌리야채)
黄绿色蔬菜、块根类蔬菜

如例句"ㄱ"中食品的名称所显示，这一类词语全部使用"야채"相反，"ㄴ"例句中所示没有经过加工的生菜蔬都用"채소"来表示。

② "야채"比"채소"更符合现代用语习惯。
ㄱ. 나는 요즘 파프리카, 브로컬리, 케일 같은 야채(*채소)를 즐겨 먹고 있다.
我最近爱吃红灯笼辣椒、西兰花、羽衣甘蓝一类的菜。
ㄴ. 올해는 밭에 상추, 파, 고추, 열무, 들깨 등의 채소를 심었다.
今年田里种了生菜、葱、辣椒、小萝卜、紫苏等蔬菜。

现代韩国语中引入了很多外来语，像红灯笼辣椒、西兰花、羽衣甘蓝等这些外来蔬菜如果用"채소"来表示就会很别扭，同样，生菜、葱、辣椒、小萝卜、紫苏等传统作物用"야채"来表达也很别扭。

(3) 练习
다음 단어 중 알맞은 것을 고르시오.
① 밥에다 (야채/채소)를 이것저것 넣어 기름에 볶았다.
往饭里加了这样那样的菜炒了炒。
② (야채/채소)와 쇠고기를 함께 넣어 볶았다.
将菜和牛肉一起炒了。
③ 밭에서 갓 수확한 무공해 (야채/채소)를 먹고 싶다.
我想吃刚从田里摘的绿色蔬菜。
④ 텃밭에 (야채/채소)를 심느라고 봄 한철을 다 보냈다.
整个春天都在房前屋后侍弄蔬菜来着。
⑤ 식품위생법에 수입 (야채/채소)에 대한 기생충 검사 기준을 추가해야 한다.
食品卫生法中应该添上进口蔬菜寄生虫检查标准。
⑥ 퇴직하면 시골로 내려가 (야채/채소)나 가꾸며 한가하게 살고 싶다.
我想退休以后去农村种种菜，过点清闲的日子。

(4) 答案

① 여하 ② 하여 ③ 하여, 사하 ④ 사하 ⑤ 아하 ⑥ 하여

1.15 원인, 이유
(1) **基本意义的比较**
◆ 원인：从根本上引发某结果的事情或事件。
◆ 이유：引发某结果的原因或根据。
ㄱ. 경찰이 출동하여 사고의 원인을 조사하고 있다.
   警察出动调查事故的原因。
ㄴ. 자꾸 회사에 지각하는 이유를 말해 봐요.
   你说说上班总迟到的理由吧。

(2) **其他意义的比较**
① "원인"是指事情或事件。从这点看，它指客观的事实。"이유"多少指主观的事实。
ㄱ. 정부에서 전염병의 원인을 조사하고 있다.
   政府在调查传染病的原因。
ㄴ. 도대체 그를 미워하는 이유가 뭐예요?
   到底为什么讨厌他?
② "이유"指借口或辩解。
ㄱ. 잘못했으면 사과를 해야지, 무슨 이유(*원인)가 그렇게 많아?
   做错了，就应该道歉啊，哪来那么多的借口?
ㄴ. 어떻게 사사건건 이유(*원인)를 다니?
   为什么凡事都要找借口呢?

(3) **练习**
다음 단어 중 알맞은 것을 고르시오.
① 그는 아무 (원인/이유)없이 학교에 오지 않았다.
   他无故旷课。
② 아버지가 화를 낸 (원인은/이유는) 아주 간단하다.
   爸爸发火的原因很简单。
③ 너 요새 살이 찌는 (원인이/이유가) 뭐야?
   你最近长胖的原因是什么?

④ 이렇게 중요한 일을 중도에서 그만 두는 (원인이/이유가) 뭐 예요?
这么重要的事情中途放弃的原因是什么?

⑤ 이번 화재의 (원인을/이유를) 아직 밝혀내지 못하고 있다.
这次火灾的原因还没调查清楚。

⑥ 요즘 가정불화가 청소년 탈선의 주요 (원인이/이유가) 되고 있다.
最近家庭不和睦是青少年走上歧途的主要原因。

⑦ 그는 공사에 실패한 (원인을/이유를) 늦게서야 깨달았다.
他后来才知道事业失败的原因。

(4) 答案

① 이유 ② 이유 ③ 이유 ④ 이유 ⑤ 원인 ⑥ 원인 ⑦ 원인

1.16 윗옷, 웃옷

(1) 基本意义的比较

◆ 윗옷: 和裤子、裙子配套的上衣。

◆ 웃옷: 平时上身外面穿的大衣、休闲服等衣服。

ㄱ. 이번에 산 윗옷과 바지가 참 잘 어울린다.
　　这次买的上衣跟裤子正合适。

ㄴ. 날씨가 추운데도 그는 웃옷으로 코트 하나만 걸치고 나갔다.
　　尽管天很冷, 他也只是在上衣外面套了件大衣就出去了。

例句"ㄱ"中的"윗옷"表示有与其对应的"아래옷(바지)"; "웃옷"则与"아래옷"没有关联。正如以下例句"ㄷ"所示, 当与"下"相对时用"윗(위)-", 否则用"웃-"。

ㄷ. 윗니와 아랫니, 윗입술과 아랫입술, 위층과 아래층.
　　上牙下牙、上嘴唇下嘴唇、上层下层。

ㄹ. 웃어른(*아랫어른), 웃돈(*아랫돈), 웃통(*아랫통).
　　长辈、补给钱、上半身。

(2) 其他意义的比较

① 在对长者、上级表示尊敬的时候, 通常将"윗사람"尊称为"윗분"。有"윗분"自然有"아랫분"。但对下属和晚辈用尊称有

所不妥，所以这种称谓很久都没有被认可。但因对话中常用，所以在一些词典中已被收录。

　　ㄱ. 윗분이 아시면 큰일 나니까 일단 알리지 맙시다.
　　　被上头知道可不得了，我们先别说出去。
　　ㄴ. 윗분의 뜻이 우리와 달라도 받아들입시다.
　　　就算上头的意见跟我们不一样，我们也得受着。
　② "윗"是由"위"和"사이시옷"结合而来，在紧音和送气音之前用作"위"。
　　ㄱ. 有"사이시옷"的情况：윗니、윗도리、윗목 윗입술、윗자리　上牙齿、上身、炕梢、上嘴唇、上座
　　ㄴ. 在紧音和送气音之前：위쪽、위층、위턱　上面、上层、上颚。

(3) 练习
　　다음 단어 중 알맞은 것을 고르시오.
　① 아이들은 바지는 입은 채 (윗옷/웃옷)을 벗어 던지고 물속에 뛰어들었다.
　　孩子们穿着裤子，扔了上衣，跳进水里。
　② 너무 더워서 (윗옷/웃옷)을 얼른 벗고 목욕을 했다.
　　太热了，赶紧脱掉上衣洗了个澡。
　③ 날씨가 추워서 (윗옷/웃옷)을 하나 더 걸쳐 입었다.
　　因为天冷，我又加了件上衣。
　④ 그 씨름선수는 (윗옷/웃옷)을 훌훌 벗어젖히고, 모래판으로 올라섰다.
　　那个摔跤手很麻利地脱掉上衣就上了沙地赛场。
　⑤ 그는 출장 가기 위해 (윗옷/웃옷) 한벌과 아랫옷 한벌을 더 준비했다.
　　他为了出差又准备了一套衣服。
　⑥ 지금 점퍼를 입고 있는데 또 바바리 코트를 입으면 (윗옷/웃옷)을 두 벌 입는 셈이에요.
　　现在穿着休闲服，再穿个风衣就是两件了。

(4) 答案

| ① 웃옷 | ② 윗옷 | ③ 윗옷 | ④ 웃옷 | ⑤ 윗옷 | ⑥ 웃옷 |

1.17 틈, 사이

(1) 基本意义的比较

◆틈：指物体的一部分或者物体与物体间的细小空间。

◆사이：指空间上某两点之间的距离。

ㄱ. 창문 틈으로 햇빛이 들어오고 있다.

　　阳光从窗缝里射进来。

ㄴ. 시장과 집 사이의 거리가 멀지 않다.

　　市场离家不太远。

(2) 其他意义的比较

①"틈"指时间，而且这个时间能成为做某事的机会。"사이"也指时间，但此时间并不一定能成为做某事的机会。

ㄱ. 틈을(*사이를) 내서 친구 병문안을 갔다.

　　抽空去探望生病的朋友。

ㄴ. 소란한 틈을(*사이를) 타서 회의장을 빠져나왔다.

　　趁乱溜出了会场。

例句"ㄱ"中的"틈"成为去朋友那儿探病的机会，例句"ㄴ"中的"틈"成为溜出会场的机会。

②"틈"指人际交往中产生的距离，即疏远的关系。"사이"表示人与人之间结成的关系。

ㄱ. 언제부턴가 친구들 사이에 틈(*사이)이 생기기 시작했다.

　　不知道从什么时候开始朋友之间疏远了。

ㄴ. 요즘 두 사람 사이(*틈)가 아주 좋다.

　　最近俩人关系非常好。

例句"ㄱ"中因为是疏远的关系，所以用"틈"，例句"ㄴ"中因为关系好，所以不能用"틈"。

③"틈"，"사이"都表示"时间上的余暇"或"闲暇"。

ㄱ. 너무 바빠서 잠시 쉴 틈도 없다.

　　太忙了，歇一会儿的空儿都没有。

ㄴ. 너무 바빠서 공장이 쉴 새(사이) 없이 돌아가고 있다.

　　因为太忙了，工厂连轴转，连休息的时间都没有。

④"틈"还表示聚集人群的中间。

ㄱ. 담임 선생님은 학생들 틈(*사이)에 끼여서 영화를 관람하고 있다.

　　　　班主任夹在学生中间看电影。
　　ㄴ. 사람들 틈(*사이)에서 서커스를 구경하고 있다.
　　　　在人群中看杂技。

(3) 练习

　　다음 단어 중 알맞은 것을 고르시오.
　　① 하도 바빠 눈코 뜰 (사이가/틈이) 없다.　　忙得不可开交。
　　② 눈 깜짝할 (사이/틈)에 4년이 지나갔다.　　眨眼间4年过去了。
　　③ 오전 11시에서 오전 12시 (사이/틈)에 무엇을 했어요?
　　　　上午11点到12点之间，你干什么了？
　　④ 두 사람은 이미 결혼을 약속한 (사이/틈)이다.
　　　　俩人已经决定结婚了。
　　⑤ 갈라진 (사이로/틈으로) 물이 새고 있다.　　裂缝处漏着水。
　　⑥ 잠시 (사이를/틈을) 얻어 병원에 다녀왔다.
　　　　临时有空，去了趟医院。
　　⑦ 부모 재산 분배 문제로 자식들간에 (사이가/틈이) 벌어졌다.
　　　　子女们因为父母财产分配的问题而疏远了。

(4) 答案

① 사이가 ② 사이 ③ 사이 ④ 사이 ⑤ 틈으로
⑥ 틈을 ⑦ 틈이

1.18 살, 고기

(1) 基本意义的比较

　　◆살：人或动物身上包裹在骨头外面，是构成身体的主要部分的柔软组织。
　　◆고기：可食用的动物的肉。
　　ㄱ. 다이어트해서 살을 빼야겠다.　　得减肥了。
　　ㄴ. 퇴근하여 집에 오는 길에 고기 두 근을 샀다.
　　　　下班的路上买了两斤肉。

例句"ㄴ"中"고기"以食用为前提，不可用于人或有生命的动物。因此"ㄱ"句中的"살"不能用"고기"代替。对于可食用的部分，可以用"부드러운 살"、"부드러운 고기"替换。

(2) 其他意义的比较

① 贝类或螃蟹的肉用 "살" 表示。

ㄱ. 조갯살(*고기)로 만든 반찬을 먹었다.
　　吃了用蚌肉做的小菜。
ㄴ. 게 속살(*고기)이 통통하게 쪘다.　螃蟹挺肥。

② 鱼类的肉用 "살" 表示。

ㄱ. 구운 생선에서 살(*고기)을 발라내어 어머니께 드렸다.
　　把烤鱼肉剔下来给妈妈了。
ㄴ. 횟집에서 매운탕을 만드는 생선은 살(*고기)은 하나도 없고 뼈뿐이다.
　　生鱼片店里用来做辣海鲜汤的鱼全是骨头没有肉。

"비계"是肥肉，"살코기"是瘦肉。
"비계" 의 상대적인 개념으로는 "살코기" 를 쓴다.

ㄷ. 아이들이 비계를 싫어하여 살코기로만 세 근을 샀다.
　　孩子们不爱吃肥肉，我买了三斤瘦的。

③ 表示皮肤的时候用 "살"。

ㄱ. 그녀는 이번 여름휴가 때 해수욕장에서 살(*고기)을 태웠다.
　　她夏天休假的时候去海水浴场晒黑了。
ㄴ. 내 여자 친구는 살(*고기)이 유난히 희다.
　　我女朋友皮肤特别白。

④ "고기" 可以表示观赏鱼或食用鱼。

ㄱ. 오늘 고기 (*살) 를 많이 낚았다.
　　今天钓了很多鱼。
ㄴ. 이 고기 (*살) 는 요리하려면 비늘부터 벗겨야 한다.
　　要做这条鱼得先去鳞。

(3) 练习

다음 단어 중 알맞은 것을 고르시오.
① 며칠째 (살/고기) 한 점 못 먹었다.　几天没吃肉了。
② 그물로 (살/고기)를 많이 잡았다.　网了很多鱼。
③ 제대로 못 먹었는지 (살이/고기가) 많이 빠졌다.
　　也许是因为没能好好吃饭，瘦了不少。

(4) 答案

① 표기 ② 표기 ③ 정표 ④ 표이

1.19 조건, 여건
(1) 基本意义的比较
◆조건: 为使达成或不能达成某事而应具备的状态和要素。
◆여건: 已经具备的状态和要素。

ㄱ. 어학실력, 운전면허증 등은 취직하는 데 요구되는 필수 조건이다.
外语水平和驾照等是就业的必备条件。

ㄴ. 근무 여건이 개선되어서 일하기가 편해졌다.
工作条件得到改善, 工作起来很方便。

"조건"和"여건"的最大区别是是否已具备某种状态。即, 例句"ㄱ"中的"어학 실력"和"운전면허증"是还不具备的状态, 是所需要的要素。而例句"ㄴ"中的"근무여건"是已经具备的工作所必需的各种条件。

ㄷ. 그들은 근무 조건에 불만을 가진다.
他们对工作条件不满意。

ㄹ. 그들은 근무 여건에 불만을 가진다.
他们对目前的工作待遇不满意。

例句"ㄷ"中的"조건"是公司提出的, 员工们感觉很难接受的、尚未施行的因素。而例句"ㄹ"中的"여건"是正在实施的福利、工资等公司规定的相关因素。

(2) 其他意义的比较
① "조건"可以指决定某事的前提要求或想法。

ㄱ. 나는 이익의 반을 가진다는 조건(*여건) 아래 친구 사업에 투자하기로 결정하였다.
我以分得一半收益为前提, 决定给朋友的生意投资。

ㄴ. 두 사람이 사랑하면 됐지 결혼하는 데 무슨 조건(*여건)을 달지 마세요.
两个人相爱就行了, 别给结婚添加什么条件。

"ㄱ"和"ㄴ"的"조건"都表示前提要求和条件，因为是尚未实现的状态，因此不能用"여건"。

② "조건"可以与"-적"或"-부"这样的接尾词结合，作为名词或冠词使用。而"여건"没有此用法。

ㄱ. 그는 졸업한 뒤에야 유학할 수 있다는 조건적 허용에 불만을 품고 있었다.
他对只有毕了业才能留学的附加条件表示不满。

ㄴ. 두 사람은 결혼하면 부모와 같이 살지 않고 따로 나와 살기로 했다. 여자 친구는 이런 조건부 결혼에 선선히 동의했다.
两个人决定婚后不和父母一起生活，而是单独过。在这个条件下，女朋友很痛快地答应结婚了。

(3) 练习

다음 단어 중 알맞은 것을 고르시오.

① 농산물은 기후적 (조건/여건)에 따라 생산량이 큰 영향을 받는다.
农产品的产量受气候条件影响很大。

② 그는 어려운 (조건/여건) 속에서도 좌절하지 않고 열심히 살았다.
他在困境中也不屈不挠，坚强地生活。

③ 경제적 (조건/여건)만 허락되면 저는 계속 공부를 할 생각입니다.
如果经济条件允许，我打算继续学习。

④ 이번에 아무 (조건/여건)없이 그를 도와 주기로 했다.
我决定这次无条件帮助他。

⑤ 경제의 고도성장과 더불어 생활 (조건/여건)이 향상되었다.
随着经济的高速发展，生活水平也日益提高。

⑥ 토요일에 출근하면 보너스를 지급할 것을 근무 (조건/여건)으로 제시했다.
提出了周日加班要支付加班费的工作要求。

⑦ 자유롭게 발언할 수 있는 사회적 (조건/여건)이 조성되었다.
形成了言论自由的社会环境。

⑧ 그 사람은 그 부탁을 들어주는 (조건/여건)으로 많은 돈을 요구했다.
他答应了那个请求，但前提是要给很多钱才行。

⑨ 이 돈은 단지 자금에 보태 쓰시라고 드리는 거예요. 결코 무슨 (조건부/여건부)로 드리는 게 아니에요.
这笔钱就是给您贴补资金用的。没有任何附加条件。

(4) 答案

① 조건 ② 여건 ③ 여건 ④ 여건 ⑤ 여건 ⑥ 여건
⑦ 조건 ⑧ 조건 ⑨ 조건부

1.20 햇볕, 햇빛
(1) 基本意义的比较
◆햇볕：指阳光照射时的景象。
◆햇빛：指太阳光线。
ㄱ. 밖에서 일할 때 햇볕에 너무 그을리지 않도록 해라.
在户外工作时，别被阳光晒黑了。
ㄴ. 햇빛에 눈이 부셔서 선글라스를 썼다.
阳光刺眼，戴上了太阳镜。
"햇볕"着眼于热度和温度，"햇빛"着眼于亮度。在例句"ㄱ"中，容易晒黑皮肤不是因为阳光的亮度，而是因为阳光有热量。

(2) 其他意义的比较
① "햇볕"还指意外的幸运。
쥐구멍에도 볕 들 날 있다.　风雨后总会见彩虹。
"쥐구멍"指艰苦的生活，"볕"有温暖的感觉，所以表示幸运。
② "햇빛"指闻名于世，获得广泛称赞。
그의 작품은 살아생전에 햇빛을 보지 못했다.
他的作品在生前没能获得认可。

◆深层区别
"햇살"和"햇빛, 햇볕"意思相似。"햇살"是指太阳发出的光芒。从视觉角度强调了阳光四射的状态。
ㄱ. 창문을 따사로운 봄 햇살이 들어왔다.
春天和煦的阳光透过窗户照进来。

韩国语 语法解惑与词义辨析

ㄴ. 4월이 되니 봄햇살에 몸도 마음도 다 따뜻해진다.
　　一到四月，温暖的阳光温暖了身心。

(3) 练习
다음 단어 중 알맞은 것을 고르시오.
① (햇볕/햇빛)을 가리지 마세요. 어두워요.
　　别挡住阳光。太暗了。
② 여름날, 마당에 눈부신 (햇볕/햇빛)이 쏟아지고 있다.
　　夏日里，院子里洒满灿烂的阳光。
③ 날이 갰으니 (햇볕/햇빛)에 이불을 말려야겠다.
　　天晴了，该晒被子了。
④ 버스는 따사로운 (햇볕/햇빛)을 받으며 시골길을 달리고 있다.
　　公交车沐浴着和煦的阳光，行驶在乡间小路上。
⑤ (햇볕/햇빛)이 너무 강렬하여 눈이 부시다.
　　光照太强，晃眼。
⑥ (햇볕/햇빛)에 나가 놀지 말아라.
　　别顶着烈日出去玩。

(4) 答案

① 햇빛　② 햇빛　③ 햇볕　④ 햇볕　⑤ 햇빛　⑥ 햇볕

1.21　자기, 자신
(1) 基本意义的比较
　　◆자기: 那个人自己。
　　◆자신: 那个人的身体，或就是那个人。
　ㄱ. 그는 항상 자신(자기)의 처지만을 생각하는 이기적인 사람이다.
　　　他是一个凡事只想着自己的利己主义者。
　ㄴ. 그는 다른 사람을 시키지 않고 자신이(자기가) 직접 신청을 했다.
　　　他没让别人去做，而是自己提出了申请。
"자기"和"자신"的意思相同。因此"ㄱ"和"ㄴ"句中的"자기"和"자신"可以互换。

(2) 其他意义的比较

① "자기"可以指前面已出现，或反指前面出现的人，做第三人称代词。

ㄱ. 친구는 자기가(자신이) 가겠다고 했다.
　　朋友说他会去。

ㄴ. 누나는 자기가(자신이) 맡은 일에 항상 최선을 다한다.
　　姐姐对自己担负的工作总是全力以赴。

例句"ㄱ"中的"자기"指"친구"，例句"ㄴ"中的"자기"指"누나"，都是代词。正如上面两个例句所述，"자기"不用于冠词，单独使用时可以和"자신"互换。

ㄷ. 그는 뭐든지 자기(*자신) 고집대로 한다.
　　他凡事都固执己见。

ㄹ. 아들은 집에 들어오자마자 자기(*자신) 방으로 들어갔다.
　　儿子一回家就进自己房间了。

例句"ㄷ"和"ㄹ"中的"자기"起定语作用，不能和"자신"替换。"자신"不能单独用作定语，和"-의"结合才能起到定语的作用。

ㅁ. 그는 자신의 가난(*자신 가난)을 숙명으로 여겼다.
　　他觉得自己的贫穷是命运的安排。

ㅂ. 우리는 자신의 직업(*자신 직업)에 대해 긍지를 가져야 한다.
　　我们应该为自己的职业骄傲。

② "자신"用于人称代词之后，强调就是前面所指的那个人，这时不能换成"자기"。

ㄱ. 나 자신(*자기)도 그 사실을 믿을 수 없었다.
　　我自己都无法相信那个事实。

ㄴ. 너는 무엇보다도 먼저 너 자신(*자기)이 어떤 사람인지를 알아야 한다.
　　你首先要了解你自己是个怎样的人。

ㄷ. 남을 비난하면 비난이 자기 자신에게 돌아온다.
　　害人如害己。

例句"ㄱ"和"ㄴ"中的"자신"都以和前面人称代词结合的形式（"나+자신"，"너+자신"，"자기+자신"）出现。这时强调"자신"所指的不是别人，而正是前面的那个人。

即省略"자신"也不影响句意的表达。"자기"却没有此用法。

③ 虽然没有写入字典，但"자기"还可以用于夫妻间的称呼，和"당신"，"여보"意思相似。

ㄱ. 난 밥 할 테니까 자기는 청소 좀 해줘.
　　我做饭，你打扫卫生吧。
ㄴ. 자기야, 잠깐 와 봐요.
　　亲爱的，你过来一下。

"ㄱ"的"자기"指你，"ㄴ"的"자기"指"여보"。

(3) 练习

다음 단어 중 알맞은 것을 고르시오.

① 그렇게 하는 것은 (자기/자신) 얼굴에 침뱉기이다.
　那种做法是搬起石头砸自己的脚。（往自己脸上抹黑）
② 이건 (자기 자신/자신 자기)만의 일은 아니다.
　这不是自己一个人的事情。
③ 그는 (자기/자신) 위주로 살려고 하는 점을 고쳐야 한다.
　他应该改正以自我为中心的生活态度。
④ (자기/자신) 배 부르면 남의 배 고픈 줄 모른다.
　饱汉不知饿汉饥。
⑤ 그녀가 친구를 용서하지 않으면 피해를 보는 사람은 바로 그녀 (자기/자신)이다.
　她不原谅朋友，最后受伤害的是她自己。
⑥ 그들은 이 제도가 시행되면 (자기/자신) 들도 피해를 볼 것이라는 사실을 잘 알고 있었다.
　他们知道，这项制度一旦实施，他们自己也会蒙受损失。

(4) 答案

① 자기　② 자기 자신　③ 자기　④ 자기　⑤ 자신　⑥ 자기, 자신

练习十五

다음 밑줄 친 부분과 바꿔 쓸 수 있는 말을 고르십시오.
1. 요즘 식욕이 없어서 아무것도 먹고 싶지 않아요.
   ① 솜씨 ② 입맛 ③ 양념 ④ 재료
2. 일반적으로 신체의 병은 참을성을 가지고 꾸준히 치료해야 나을 수 있다.
   ① 융통성 ② 사교성 ③ 적극성 ④ 인내심
3. 솔직한 것이 어떤 때는 장점이 되기도 하고 어떤 때는 단점이 되기도 한다.
   ① 결론 ② 초점 ③ 결점 ④ 결심
4. 문제를 바라보는 관점에 따라 여러 가지 의견이 있을 수 있다.
   ① 시각 ② 계급 ③ 영향 ④ 결과
5. 가난한 사람들을 위해 봉사와 헌신의 삶을 살았던 데레사 수녀는 삭막하고 이기적인 오늘을 사는 우리들이 거울로 삼을 만한 분이다.
   ① 반성 ② 사례 ③ 표준 ④ 본보기
6. 예정보다 회의 시간이 많이 길어졌습니다.
   ① 한정 ② 계획 ③ 예약 ④ 소식
7. 오늘은 자기의 이상에 대해 말해 봅시다.
   ① 상상 ② 환상 ③ 보람 ④ 꿈
8. 주식 투자를 하려면 무엇보다도 경제의 흐름을 잘 파악해야 하므로 오늘부터 경제신문을 구독하기로 했다.
   ① 동향 ② 유형 ③ 계획 ④ 목표
9. 절도 사건이 잇따라 발생해 경찰이 수사에 나섰지만 아직 사건의 실마리를 찾지 못하고 있다.
   ① 순서 ② 원리 ③ 단서 ④ 이유
10. 이 부근에는 집을 지을 자리가 없다.
    ① 틈 ② 토대 ③ 터 ④ 경지

11. 이러한 전통문화 유산에는 조상의 <u>슬기</u>가 들어 있다.
    ① 패기   ② 명예   ③ 자랑   ④ 지혜
12. 집을 나온 남편은 갈 <u>곳</u>이 없어 여기저기를 기웃거리고 있다.
    ① 것   ② 리   ③ 대   ④ 데
13. 그는 <u>도박</u>을 하다가 재산을 다 날렸다.
    ① 게임   ② 경마   ③ 노름   ④ 모험
14. 어른이 말씀하실 때 <u>억지</u> 쓰지 말고 잘 들어요.
    ① 억척   ② 떼   ③ 힘   ④ 머리
15. 노사협상에 <u>방해</u>가 되었던 임금 인상 문제가 원만하게 해결되었다.
    ① 걸림돌   ② 본보기   ③ 실마리   ④ 밑바탕
16. 우리 <u>선조</u>들은 대를 잇는 일을 아주 중요하게 여겼다.
    ① 자손   ② 후손   ③ 조상   ④ 후사
17. 이번에 회사가 도산하면서 사장은 많은 <u>부채</u>를 떠안았다.
    ① 빚   ② 재산   ③ 설비   ④ 권리
18. 요즘 너무 바빠서 놀 <u>겨를</u>이 없어요.
    ① 힘   ② 용기   ③ 틈   ④ 기운
19. 그는 농사를 많이 지어서 마을 사람의 <u>손</u>을 빌리지 않고는 가을걷이를 할 수가 없다.
    ① 힘   ② 돈   ③ 재산   ④ 농기구
20. 특별히 비밀을 지켜달라는 <u>당부</u>는 없었다.
    ① 지시   ② 부탁   ③ 계시   ④ 격려

2. 动词的同义词辨析

2.1 갈다, 바꾸다

(1) 基本意义的比较

◆갈다：扔掉或换掉原来某处的某物，或把同一地方的某物换成新的。

◆바꾸다：使某事、某人或某物与从前不同。

ㄱ. 옷이 젖어서 갈아(*바꾸어) 입었어요.
   衣服湿了，换了件穿。

ㄴ. 기분 전환차 머리 모양을 좀 바꾸었다(*갈았다).
　　为了换心情而换了新发型。
　　"ㄱ"句中的"갈다"表示在同一地点新更换了具有相同性质或功能的衣服。"ㄴ"句中的"바꾸다"表示只是和以前的模样不同。

(2) 其他意义的比较
　　① "바꾸다"也可以和"갈다"一样，表示加入了与以前不同的东西。但是在同一地点加入了具有同样性质或功能的东西，这时要用"갈다"。
　　ㄱ. 자동차 타이어를 새 걸로 갈았어요(*바꾸었어요).
　　　　换了新的汽车轮胎。
　　ㄴ. 어린 동생이 벌써 이를 갈았다(*바꾸었다).
　　　　年幼的弟弟已经换牙了。
　　② 如果只是从前的模样、性质发生变化，要用"바꾸다"。
　　ㄱ. 본래 취직할 생각이었으나 계획을 바꾸었다.
　　　　本来是想就业的，改变计划了。
　　ㄴ. 습관을 바꾸기란 여간 어렵지 않다.　习惯很难改变。
　　"ㄱ"句和"ㄴ"句中的"바꾸다"不是加入了新的东西，而只是与以前的形状、性质发生变化，不能用表示加入新东西的"갈다"。
　　③ "갈다"和"바꾸다"都可以表示有与以前不同的东西加入，但意思稍微不同。
　　ㄱ. 새 정부가 들어서면서 대통령은 장관을 모두 갈았다(바꾸었다).
　　　　随着新政府的成立，总统把所有的部长都更换了。
　　ㄴ. 새 학기가 들어서면서 담임 선생님이 갈렸어요.(바뀌었어요)
　　　　新学期换了新的班主任。
　　例句"ㄱ"和"ㄴ"中的"갈다"都表示具有同样功能、性质的人到了同一位置。而"바꾸다"是指随着新人的出现，期待各个方面都带来变化。
　　③ 将自己的东西给别人，同时他也从别人那里得到他所需的东西，这时要用"바꾸다"。
　　ㄱ. 장터에 나온 사람들은 각자 필요에 따라 가져온 물건들을 바꾸었다(*갈았다).
　　　　来集市的人根据各自需要，进行物物交换。

ㄴ. 중고품 판매장에서 헌 냉장고를 새 선풍기와 바꾸어(*갈아) 준다.
在二手产品销售处可以用旧冰箱换新电风扇。

"갈다"可以用于表示同一位置引入了具有同样性质、功能的新东西。但例句"ㄱ"中人们带来的东西各不相同，例句"ㄴ"中从前的东西(冰箱)和新的东西(洗衣机)种类也完全不同，因此不能用"갈다"。

(3) 练习

다음 단어 중 알맞은 것을 고르시오.

① 자동차 타이어를 (갈아/바꾸어) 끼웠어요.
换了汽车轮胎安上了。
② 옷이 비에 젖어서 (갈아/바꿔) 입었다.
衣服被雨淋湿了，换了件衣服穿。
③ 엄마 옷이 더 좋아 보여 나는 엄마한테 옷을 (갈아/바꾸어) 입자고 했다.
妈妈的衣服看着更好，我和妈妈说我们换衣服穿吧。
④ 너희 두 사람, 서로 자리를 (갈아/바꾸어) 앉아라.
你们俩换位子坐吧。
⑤ 며느리가 들어오자 집안 분위기가 (갈렸다/바뀌었다).
媳妇一进来，家里的气氛就变了。
⑥ 그는 최근에 아들의 이름을 (갈았다/바꾸었다).
他最近给儿子改了名字。
⑦ 치수가 맞지 않는 옷은 언제든지 (갈아/바꾸어) 드립니다.
衣服尺寸不合适的话，随时为您更换。

(4) 答案

| ① 갈아 ② 같아 ③ 바꾸어 ④ 바꾸어 ⑤ 바뀌었다 |
| ⑥ 바꾸었다 ⑦ 바꾸어 |

2.2 감추다, 숨기다

(1) 基本意义的比较

◆ 감추다：使别人无法找到某物。

◆숨기다：将某人或物藏起来。
ㄱ. 나는 친구의 신발을 가방 속에다 감추었다.
　　我把朋友的鞋藏到了包里。
ㄴ. 그 범인은 도망을 가다가 빈 집에 몸을 숨겼다.
　　那个犯人逃亡时藏到一个空房子里了。
"감추다"主要用于物品，用于人的时候有掩饰的意味。

(2) 其他意义的比较
① "감추다" 表示某事物不见或消失了。
ㄱ. 그 사나이는 어디론가 종적을 감추었다(*숨기었다).
　　那汉子销声匿迹了。
ㄴ. 가을이 되니 과일 가게에 수박이 모습을 감추고(*숨기고) 사과, 배가 나타났다.
　　到了秋天，水果店里西瓜没了，苹果、梨上市了。
例句"ㄱ"和"ㄴ"中不能使用"숨기다"，因为"감추다"比"숨기다"更隐蔽、更彻底。
ㄷ. 그는 자기의 일기장을 서랍 속에 감추었다.
　　他把自己的日记藏到了抽屉里。
ㄹ. 그는 자기의 일기장을 서랍 속에 숨겼다.
　　他把自己的日记藏到了抽屉里。
例句"ㄷ"中用"감추다"则不想把日记给别人看的色彩更浓。
② 两者都有偷着做某事的意思。
ㄱ. 이미 다 알고 있는 일을 굳이 그에게 숨기고(감추고) 싶지 않다.
　　大家都知道的事，没必要对他隐瞒。
ㄴ. 나에게는 아무 것도 감추지(숨기지) 말고 솔직히 털어놓아라.
　　对我别隐瞒，开诚布公的说吧。
③ 表示隐瞒感情的时候一般用 "감추다"。
ㄱ. 나는 친구가 볼까봐 얼른 눈물을 감추었다(*숨겼다).
　　我怕朋友看见，赶紧擦干了眼泪。
ㄴ. 축구를 이기자 팬들은 기쁨을 감추지(*숨기지) 못하고 환호성을 질렀다.
　　赢了球赛，球迷们抑制不住喜悦立刻欢呼起来。

(3) 练习

다음 단어 중 알맞은 것을 고르시오.
① 괜찮다고 말했지만 불안한 기색을 (감추지/숨기지) 못했다.
　　虽然嘴上说没关系，却掩饰不住不安的神情。
② 남편은 아내 모르게 돈을 서랍 안에다 (감추어/숨기어) 놓았다.
　　丈夫背着妻子把钱藏到了抽屉里。
③ 그녀는 슬픔을 (감추지/숨기지) 못하고 엉엉 소리내어 울었다.
　　她忍不住悲伤，呜呜地哭。
④ 소가 돌진해 오자 그녀는 얼른 아이를 자기 몸 뒤로 (감추었다/숨겼다).
　　牛突然闯进来，她立刻把孩子藏到了身后。
⑤ 나는 학생 신분을 (감추려/숨기려) 하였으나 들키고 말았다.
　　我想掩饰学生身份，结果还是露馅儿了。

(4) 答案

① 감추지　② 감추어, 숨기어　③ 감추지　④ 감췄다
⑤ 감추려, 숨기려

2.3 견디다，참다

(1) 基本意义的比较

　　◆견디다：主语以自己的力量抗衡并克服外力，其动力是主语物理性质的力量。
　　◆참다：克服因受到外界的消极影响而产生的痛苦，起作用的是主语精神上的力量。
　　ㄱ. 밧줄이 무게를 견디지(*참지) 못하고 끊어졌다.
　　　　绳子承受不了重量而断了。
　　ㄴ. 그는 수업 시간에 오줌이 마려운 것을 겨우 참았다(*견뎠다).
　　　　他在课堂上好不容易憋住了尿。
　　例句"ㄱ"中"견디다"表示绳子物理性质上的力量，"ㄴ"句中"참다"是指精神上的力量。

(2) 其他意义的比较

　　① "견디다"的主语主要是无生命的，而"참다"的主语只能是

有生命的。
　　ㄱ. 바람을 계속 넣으니 풍선이 견디지(*참지) 못하고 터져 버렸다.
　　　　一直打气，气球受力过大而爆了。
　　ㄴ. 나는 방송 중에 기침을 참느라고(*견디느라) 혼났다.
　　　　拍电视节目的时候我一直忍着咳嗽，都受不了了。
　② 主语即使是有生命的，若其与物理性的克服相关，也可以用"견디다"。
　　ㄱ. 펭귄은 영하 40도 정도는 견딜(*참을) 수 있다.
　　　　企鹅能承受零下40度的温度。
　　ㄴ. 그녀는 아르바이트를 하여 어려운 살림을 겨우 견디어(*참아) 나갈 수 있었다.
　　　　她通过打工终于克服了艰苦的生活。
"ㄱ"句中企鹅需要克服的问题是"零下40度"的物理环境；而"ㄴ"句中"她"要克服的是物质生活上的问题，"艰苦的生活"是指食宿费用、零用钱等依靠精神不能解决的问题。所以不能用"참다"。
　③ 生理现象和心理现象需要用精神意志来克服，所以用"참다"更合适。
　　ㄱ. 우리는 그곳을 지날 때 냄새가 지독하여 잠시 숨을 참았다 (*견뎠다).
　　　　我们经过那儿的时候臭味熏天，只好憋着气。
　　ㄴ. 그녀는 어머니를 잃은 슬픔을 참고(*견디고) 꿋꿋이 살아가고 있다.
　　　　她忍着丧母的悲痛坚强地活着。
　④ 以下例句两者皆可使用的情况。
　　ㄱ. 그는 배고픔을 견디면서 일을 했다.　他忍着饿干活儿。
　　ㄴ. 그는 배고픔을 참으면서 일을 했다.　他忍着饿干活儿。
以上使用"견디다"的"ㄱ"句中饥饿是指单纯的饥饿感；而"ㄴ"句中的饥饿是指由饥饿感而产生的精神上或生理上的痛苦。

(3) 练习
　　다음 단어 중 알맞은 것을 고르시오.
　　① 우리는 물속에서 숨을 꾹 (견디고/참고) 오래 (견디기/참기)

시합을 했다.
我们在水里比赛憋气。
② 그는 근검절약으로 온갖 역경을 (견디어/참아)내고 사업에 성공했다.
他靠着勤俭节约，克服了各种逆境，终于事业有成。
③ 내 짝은 수업 중에 졸음을 (견디려고/참으려고) 애쓰고 있었다.
我同桌在课堂上一直忍着瞌睡。
④ 너는 그 정도 아픈 것도 못 (견디니/참니)?
你连那么点疼痛都受不了吗?
⑤ 그는 힘이 빠져 짐의 무게를 (견디지/참지) 못하고 비틀거렸다.
他力气用尽了，提不动行李，脚步踉跄地走着。
⑥ 나는 그 광경을 보고 벅찬 감동을 (견딜/참) 수 없었다.
看见那个场面，我感动至极。

(4) 答案

① 참고, 견디고 ② 견디어 ③ 참으려고 ④ 견디니, 참니 ⑤ 견디지 ⑥ 견딜

2.4 고르다, 뽑다, 가리다

(1) 基本意义的比较

◆ 고르다：在众多事物中区分出某个特定的事物。
◆ 뽑다：在一个整体中分离出某事物。
◆ 가리다：将许多事物分成两类。

ㄱ. 이 중에서 마음에 드는 것을 하나 고르세요.
请挑一个你喜欢的。
ㄴ. 그는 오늘 치과에 가서 사랑니를 뽑았다.
他今天去牙科拔掉了智齿。
ㄷ. 누가 옳고 그른지 시시비비를 가리기가 쉽지 않다.
很难分清谁对谁错。

如例句 "ㄴ" 中所示，"뽑다" 是指拔出镶嵌或插进的东西。因此 "고르다" 和 "뽑다" 的差别在于是选出，还是分离出。

ㄹ. 농부가 밭에서 잡초를 뽑고(*고르고) 있다.
农夫在田里拔草。

如例句"ㄹ"中所示，表示把长在"整个田里"的"杂草"分离出来，所以用"뽑다"而不用"고르다"。

(2) 其他意义的比较

① 以人为对象时选择的一方和被选的一方如果处境并无不同，用"고르다"；如果被选择的一方地位有所上升或获得某种资格，则用"뽑다"。

　　ㄱ. 배우자가 될 사람은 신중하게 골라야 한다.
　　　　要慎重地挑选配偶。
　　ㄴ. 우리는 만장일치로 그를 의장에 뽑았다.
　　　　我们一致推选他为主席。

例句"ㄱ"中将成为配偶的双方处境相同，而"ㄴ"句中"그"获得了"의장"的身份，因此用"뽑다"。

② "고르다"表示选择、选出有价值的、有用的；"뽑다"表示去除起副作用的或不必要的。

　　ㄱ. 친구는 골라서 사귀어야 한다.　要择友而交。
　　ㄴ. 흰 머리카락이 보기 싫으니까 좀 뽑아 주세요.
　　　　我不想看白头发，请给我拔掉吧。

③ "가리다"有分清对错的意思，而"고르다"和"뽑다"没有这层意思。

　　ㄱ. 그 아이는 아직 대소변을 못 가린다.
　　　　那孩子现在还憋不住大小便。
　　ㄴ. 그는 돈을 버는 일이라면 수단과 방법을 가리지 않았다.
　　　　他为赚钱不择手段。

两句都暗示"憋大小便"和"选择手段"才是正确的做法。

④ 表示新做出某事，或某事发生，用"뽑다"。

　　ㄱ. 이번에 중고차를 팔아버리고 새차를 한 대 뽑았다.
　　　　这回卖了旧车买了辆新的。
　　ㄴ. 이 식당에서는 국수를 직접 뽑아서 사용한다.
　　　　这个饭店用自己做的面条。

例句"ㄴ"中面条与其原料面粉的形态和性质完全不同，因此用"뽑다"做。

(3) 练习

다음 단어 중 알맞은 것을 고르시오.

① 아래 보기에서 적당한 단어를 (골라/뽑아/가려) 괄호에 써넣으시오.
请选择恰当的单词填空。

② 그 퀴즈 대회에서는 한 가지 상품만 (고를/뽑을/가릴) 수 있다.
猜谜大会上只能选择一种商品。

③ 수험생들이 지망 대학과 학과를 (고르는/뽑는/가리는) 일로 많은 고민을 하고 있다.
考生们对报考学校和专业发愁。

④ 대학에서는 실력 있는 학생들을 (고르는/뽑는/가리는) 일로 바쁘다.
学校忙于评选优秀生。

⑤ 반 아이들은 친구 관계가 좋은 아이를 반장으로 (고르고/뽑고/가리고) 싶어했다.
想在班级里选出人际关系好的学生当班长。

⑥ 음식을 (고르지/뽑지/가리지) 말고 골고루 먹어라.
不能挑食。

⑦ 경찰은 사건의 진상을 (고르기/뽑기/가리기) 위하여 용의자들을 심문하였다.
警察为了查明事情的真相，审问了嫌疑人。

(4) 答案

① 골라 ② 뽑을 ③ 고르는 ④ 뽑는 ⑤ 뽑고 ⑥ 가리지 ⑦ 가리기

2.5 기르다, 키우다

(1) 基本意义的比较

◆기르다：指与自然生长相关的养育或栽培过程。

◆키우다：指与自然生长相关的行为，和有意使其更好地成长的目的性行为。

ㄱ. 그는 취미로 화초를 기르고(키우고) 있다.
他爱养花。

ㄴ. 그녀는 아이도 잘 키우고(기르고) 살림도 잘했다.
　　她会带小孩，也会过日子。
　　因为"기르다"与"키우다"两者均有帮助孩子或动植物自然生长的意思，所以如例句所示，在表示该意义的时候两者可互换。

(2) 其他意义的比较
① "키우다"与"기르다"相比，其养育或培养的目的性更强。
ㄱ. 감독님, 저 훌륭한 영화 배우가 되고 싶습니다. 좀 키워(*길러) 주십시오.
　　导演，我想成为优秀的演员，还望您栽培。
ㄴ. 그 선생님은 많은 제자를 길러(*키워) 냈다.
　　那位老师培养了很多弟子。
　　例句"ㄱ"中想当电影演员的目的很明确，因此用"기르다"会显得非常不自然。"ㄴ"句没有强烈的目的性，因此不能用"키우다"。

② "키우다"还适用于与自然生长无关的行为，目的性很强的话则不能用"기르다"。
ㄱ. 아버지는 이 몇 년 동안 작은 집을 키워서(*길러서) 큰 집을 장만하였다.
　　父亲这几年把小房子换成了大房子。
ㄴ. 재벌기업들은 재력을 키우는(*기르는) 경쟁을 하고 있다.
　　财阀企业争先积累资本。

③ 头发、胡子等的生长属自然现象，因此用"기르다"更合适。
ㄱ. 그녀는 머리를 엉덩이까지 길러서(*키워서) 곱게 땋았다.
　　她美丽的麻花辫垂过腰间。
ㄴ. 그는 남자답게 보이고 싶어서 수염을 기르고(*키우고) 있다.
　　他留起了胡子，想显示男人的魅力。

④ "기르다"有培养习惯和修炼身心使其更强的意思。
ㄱ. 아침에 일찍 일어나는 버릇을 길러라(*키워라).
　　要培养早起的习惯。
ㄴ. 그는 체력을 기르기 위해 매일 운동을 한다.
　　他为了增强体力，每天坚持运动。

(3) 练习

다음 단어 중 알맞은 것을 고르시오.

① 집안 형편이 어려운데도 어머니는 우리를 잘 (길러/키워)주셨다.
尽管家境贫寒，妈妈也把我们培养成材了。

② 아버지는 딸 셋을 (길러서/키워서) 모두 출가시켰다.
爸爸把三个女儿培养长大，并送她们出嫁了。

③ 학교에서는 학생들이 머리를 길게 (기르지/키우지)못하게 한다.
学校不让学生留长发。

④ 용돈을 쓸 때에는 계획을 세워 바르게 쓰는 습관을 (기르도록/키우도록) 하자.
让我们养成有计划地花钱的习惯。

⑤ 아이를 (기르기/키우기) 위해 그녀는 직장을 그만두어야 했다.
为了照顾孩子，她不得不辞职。

⑥ 공부를 잘 하려면 집중력을 (길러야/키워야) 한다.
要想学习好，就得养成注意力集中的好习惯。

⑦ 낙오자가 되지 않으려면 경쟁력을 (길러야/키워야) 한다.
不想掉队就得培养竞争力。

(4) 答案

① 키워, 키워 ② 키워서, 키워서 ③ 기르지 ④ 기르도록 ⑤ 기르기, 키우기 ⑥ 길러야 ⑦ 길러야

2.6 끓이다, 삶다

(1) 基本意义的比较

◆끓이다：液态物质受热变烫而沸腾的状态。
◆삶다：将生的食物或衣服类的物品放入水中煮沸的状态。

ㄱ. 오늘 점심에 라면을 끓여 먹었다.
今天中午煮泡面吃了。

ㄴ. 어제 오후에 간식으로 국수를 삶아 먹었다.
昨天下午煮了面条当间食吃。

"ㄱ"句的"라면"和"ㄴ"句的"국수"虽然都是面食，但"끓이다"和"삶다"的烹饪方式不同。最大的差异是"끓인"的食物一般连汤一起吃掉，而"삶은"的食物煮熟后把汤倒掉。即"ㄱ"

句的"라면"连汤一起吃，而"ㄴ"句的"국수"煮熟后把汤倒掉。
　　ㄷ. 저녁 반찬으로 된장찌개를 끓였다.
　　　　炖了大酱汤当晚饭。
　　ㄹ. 아이가 달걀을 좋아하기 때문에 거의 매일 삶아주는 편이다.
　　　　孩子喜欢吃鸡蛋，几乎每天都给他煮着吃。
　　"ㄷ"句的"된장찌개"是连菜带汤都一起吃的食物，因此用"끓이다"。而"ㄹ"句的"달걀"是煮熟后倒掉水，因此用"삶다"。

(2) **其他意义的比较**
　① "삶다"可以指说服别人或用计使别人听自己的话。
　　ㄱ. 그 회사의 사장만 잘 삶으면 그 일은 쉽게 처리할 수 있을 듯하다.
　　　　只要说服了那个公司的总经理，那件事就很容易处理了。
　　ㄴ. 결혼을 빨리 하려면 우선 여동생을 잘 삶아서 내 편을 만들어야겠다.
　　　　要想快点结婚，首先要说服妹妹站在我这一方。
　　"ㄱ"和"ㄴ"句的"삶다"可以和"굽다"相结合，以"구워삶다"的形式出现，表示与上文相同的意思。
　　ㄷ. 그는 반대하는 사람을 돈으로 구워삶았다.
　　　　他用钱买通了反对他的人。
　　ㄹ. 고집불통인 우리 오빠를 어떻게 구워삶았기에 그 일을 해 주겠다는 거지?
　　　　你究竟是如何说服我那个倔强的哥哥，能让他答应帮忙做那件事的呢？
　② "삶다"可以表示天气太热，像蒸笼一样，比喻滚滚热浪。
　　ㄱ. 올해 여름은 살인적인 무더위가 북경 거리를 푹푹 삶고 있었다.
　　　　今天夏天酷暑蒸烤着北京的街道。
　　ㄴ. 열대야란 밤이 되어도 푹푹 삶는 더위가 계속 되는 것을 말한다.
　　　　所谓热带夜是指即使到了晚上，也持续高温蒸腾之意。

(3) **练习**
　　다음 단어 중 알맞은 것을 고르시오.
　① 요즘 고구마를 (끓여서/삶아서) 먹으면 참 맛있다.

最近的煮地瓜很好吃。
② 한국 사람은 보통 설날 아침에 떡국을 (끓여서/삶아서) 먹는다.
韩国人一般在春节早上煮年糕汤吃。
③ 사원들이 과장을 (끓여서/삶아서) 한턱 내게 했다.
员工们让课长请客。
④ 한국 사람은 생일에 미역국을 (끓여서/삶아서) 먹는다.
韩国人过生日时煮裙带菜汤喝。

(4) 答案

① 삶아서 ② 끓여서 ③ 삶아서 ④ 끓여서

2.7 놓다, 두다

(1) 基本意义的比较

◆놓다：把手里的物品放到某处。

◆두다：将物品置于特定场所。

ㄱ. 장롱은 여기에 놓고, 책장은 저쪽에 놓으세요.
把衣箱放这儿，桌子放那边吧。

ㄴ. 우선 거기에 두세요. 정리는 나중에 합시다.
先搁那儿，以后再整理吧。

ㄷ. 장롱은 여기에 두고 책장은 저쪽에 두세요.
衣箱放这儿，桌子放那边。

ㄹ. 우선 거기에 놓으세요. 先搁那儿吧。

"놓다"和"두다"都是指把东西放到指定处的意思。所以"ㄱ"句中的"放置"和"ㄴ"句中的"搁"也可像"ㄷ"和"ㄹ"一样互换。但"놓다"表示将握着或提着的物品放手的意思较强，而"두다"表示将某物置于某处的意思较强，因此表示将某物从手中放下时不用"두다"。

ㅁ. 어머니가 커피를 타기 위해 잔을 테이블 위에 놓았다(*두었다).
妈妈把杯子放到桌子上，准备冲咖啡。

(2) 其他意义的比较

① "두다"有为未来的事情作准备之意，而"놓다"没有这层意思。

ㄱ. 중요한 서류는 모두 책상 서랍에 두었다(*놓았다).
　　重要的材料都放在桌子的抽屉里了。
ㄴ. 평소에 자주 쓰는 물건은 눈에 잘 띄는 곳에 두어야(*놓아야) 한다.
　　平时常用的东西该放在显眼的地方。
　例句"ㄱ"和"ㄴ"中"두다"有为未来作准备的意思，也有将"材料"和"东西"长期置放于某处的意思。
　② 动词"-아/어/여 놓다"和"-아/어/여 두다"的状态的差异。
ㄱ. 내일까지 이 시계를 고쳐 놓아(*둬).
　　请明天之前把表修好。
ㄴ. 날씨가 추울 것 같으니 옷을 많이 입어 두어라(*놓아라).
　　天好像挺冷，多穿些衣服吧。
　"-아/어/여 놓다"和"-아/어/여 두다"都表示行为的完了。其中"-아/어/여 놓다"没有过多的考虑事情结果的意思，而"-아/어/여 두다"有动作的结果，是为未来做准备之意。
　例句"ㄱ"中"놓다"含有修好钟表后无需再负责任的意思，而"ㄴ"中"두다"含有准备防寒的意思。下面两个例子都显现出"두다"为未来作准备的意思。
ㄷ. 내일 경기를 위해 잘 먹고 잘 쉬어 둬라(*놓아라).
　　为了明天的比赛，好好吃饭，好好休息。
ㄹ. 앞으로 힘 쓸 일이 많을 테니까 많이 먹어 둬(*놓아).
　　还会有很多费力的事，现在多吃点。
　"두다"除了有为将来做准备的意思以外，还表示长期保持某状态。因此大部分情况与"-아/어/여 놓다"意思相同。
ㅁ. 불을 켜 두고(놓고) 잠이 들었다.
　　开着灯睡着了。
ㅂ. 기계는 오랫동안 세워 두면(놓으면) 녹이 슬어요.
　　机器总不用会生锈的。
　依据话者的心理状态，"-아/어/여 놓다"与"-아/어/여 두다"有时可以通用。
ㄱ. 왜 한국어을 공부합니까?
　　为什么学韩语？
ㄴ. 배워 놓으면(두면) 좋을 것 같아서요.
　　觉得会有用的。

例句"ㄴ"中用"-놓다"则为将来做准备的意味稍弱,用"-두다"则包含以留学为目的,或为在韩国企业就业做准备的意思。

(3) 练习

다음 단어 중 알맞은 것을 고르시오.

① 연필을 책상 위에 (놓았으니까/두었으니까) 잘 찾아봐.
铅笔就放在桌子上,你找找吧。

② 추운데 누가 창문을 열어 (놓았어요/두었어요)?
这么冷谁开窗了?

③ 책상 위에 있던 책들을 책꽂이에 꽂아 (놓았다/두었다).
把桌子上的书放到书架上。

④ 제가 하는 이야기를 잘 들어 (놓으세요/두세요). 아주 중요한 이야기입니다.
我说的话很重要,你用心听。

⑤ 응급처치법은 상식으로 알아 (놓아야/두어야) 합니다.
应该了解一些急救常识。

⑥ 편지를 써 (놓은/둔) 지가 오래되었는데 아직 부치지 않았다.
信写好很久了,一直没寄出去。

⑦ (놓고/두고) 보자는 사람치고 무서운 사람 없다.
说走着瞧的人都没什么可怕的。

(4) 答案

① 놓았으니까 ② 놓았어요 ③ 놓았다 ④ 놓으세요 ⑤ 놓아야 ⑥ 둔 ⑦ 두고

2.8 늘리다, 늘이다

(1) 基本意义的比较

◆늘리다:给某事物添加、补充新内容,使其长度、宽度、体积等增大。

◆늘이다:在原物体的基础上拉伸加长。

ㄱ. 일손이 모자라서 인원을 늘렸다.
人手不够,所以又加了人。

ㄴ. 키가 커서 바지 길이를 좀 늘여야겠다.
个子太高,所以得把裤子加长。

例句"ㄱ"中的"늘리다"表示添加人员，而例句"ㄴ"中的"늘이다"表示使裤子的长度增加，并没有添加其他事物。

(2) 其他意义的比较

① "늘리다"在表示"长度、宽窄、大小、体积"等均可使用，而"늘이다"几乎只用于"长度"。

ㄱ. 장사가 잘 되어서 가게를 더 늘렸다.
　　生意好所以又开了别的店。
ㄴ. 훌륭한 선수가 되려면 연습량을 더 늘려야 한다.
　　要想成为优秀的选手，就得多加练习。
ㄷ. 고무줄이 짧아서 좀 늘여서 써야겠다.
　　松紧带太短了，得加长。

例句"ㄱ"和"ㄴ"中的"늘리다"都包含在已有的事物上添加别的事物，使其比以前更多的意思。

② "늘이다"可表示为了某种目的进行扩展、延伸。

ㄱ. 경찰은 우범지대의 감시망을 더 늘이기로 (*늘리기로) 했다.
　　警察决定在犯罪多发地扩大监视网。
ㄴ. 경찰은 범죄예방을 위해 경비초소를 더 늘렸다(*늘였다).
　　警察为了预防犯罪增设了哨所。

例句"ㄱ"中"늘이다"表示使原来的监视网更长或更宽，例句"ㄴ"中的"늘리다"表示增加数量。

③ "늘이다"可表示使布料或绳子垂下来。

밑에 있는 사람이 잡고 올라올 수 있도록 로프를 길게 늘어뜨렸다.
我们往下放长了绳子，好让下面的人抓着爬上来。

(3) 练习

다음 단어 중 알맞은 것을 고르시오.

① 그 집은 알뜰한 며느리가 들어오더니 금세 재산을 (늘려/늘여) 부자가 되었다.
　　那家娶了个会过日子的儿媳妇，转眼间就过上了富日子。
② 쉬는 시간이 너무 짧아요. 좀 (늘려/늘여) 주세요.
　　休息的时间太短了，再多给点吧。
③ 실력을 (늘려서/늘어서) 다음에 도전해 보아라.

增强实力迎接下次挑战!

④ 수출이 어려우면 내수를 (늘려/늘여)야 한다.
出口困难就得扩大内需。

⑤ 돈을 (늘리는/늘이는) 지름길은 꾸준히 저축하는 것이다.
赚钱的捷径是坚持储蓄。

⑥ 당에 나무 한 그루가 그림자를 길게 (늘리고/늘이고) 서 있다.
院中树,影子长。

⑦ 사고 후 그는 왼쪽 손목의 힘을 (늘리기/늘이기) 위해 왼손을 많이 사용하고 있다.
出事儿以后,他为了增加左手的力气,经常使用左手。

⑧ 사장님이 비슷한 이야기를 엿가락처럼 길게 (늘려서/늘여서) 되풀이 하는 바람에 회의가 늦게 끝났다.
因为总经理总说车轱辘话,会议很晚才结束。

(4) 答案

① 늘려 ② 늘려 ③ 늘려서 ④ 늘려 ⑤ 늘리는 ⑥ 늘이고 ⑦ 늘이기 ⑧ 늘여서

2.9 달다, 재다

(1) 基本意义的比较

◆달다:用秤称重量。

◆재다:用尺子、秤等工具测量长度、重量、体积等。

ㄱ. 살이 쪘을까봐 몸무게를 한 번 달아 보기가 겁나요.
我害怕胖了,一次都不敢称体重。

ㄴ. 오랜만에 아이의 키를 재 보았더니 많이 컸더라고요.
好久没给孩子量身高了, 长了很多。

(2) 其他意义的比较

① "달다"只用于重量, "재다"可用于重量、长度、体积等。

ㄱ. 소포를 저울에 올려 주세요. 무게를 달아(재) 보고 운송비를 말씀드리죠.
请把包裹放到秤上,称好重量再告诉您邮费。

ㄴ. 열이 나는 것 같은데 체온을 한 번 재(*달아) 봅시다.

好像发烧了，量一下体温吧。
ㄷ. 안경을 맞추기 전에 시력을 재(*달아) 보겠습니다.
配眼镜前，想测一下视力。

② "재다" 有考虑多个方面，计较的意思。
ㄱ. 일을 너무 재다가는(*달다가는) 아무 것도 못한다.
太计较的话，将一事无成。
ㄴ. 나는 너무 재는(*다는) 사람은 딱 질색이야.
我最讨厌斤斤计较的人。

(3) 练习
다음 단어 중 알맞은 것을 고르시오.
① 돼지고기 세 근만 (달아/재) 주세요.
请给我称三斤猪肉。
② 커튼을 맞추려고 벽의 길이를 (달아/재) 보았다.
想订做窗帘，量了一下墙的长度。
③ 물이 얼마나 깊은지 우선 깊이를 (달아/재) 보고 건너자.
先试试水深再过河吧。
④ 이 자를 드릴 테니까 너비를 (달아서/재서) 좀 알려 주세요.
给你这把尺子，请量好宽度告诉我。
⑤ 이 기둥 높이가 얼마나 되는지 (달아/재) 본 적 있어요?
你量过这个柱子有多高吗?
⑥ 그는 일을 어떻게 할 것인지 너무 (단다/잰다).
他做事太计较了。

(4) 答案

① 달아, 재 ② 재 ③ 재 ④ 재서 ⑤ 재 ⑥ 잰다

2.10 달리다, 뛰다
(1) 基本意义的比较
◆ 달리다: 快速向前的前进式移动。
◆ 뛰다: 向上的上升式移动。
ㄱ. 급행열차가 종착역을 향해 달리고(*뛰고) 있다.
快车正驶向终点站。

ㄴ. 그는 한 발을 들고 뛰어가고 있다.

　　他抬起一只脚向上跳。

例句"ㄱ"中快车的移动不是上升式的, 而是前进式的, 所以应该用"달리다"。 例句"ㄴ"中只凭一只脚无法快速向前移动, 只能向上跳, 所以应该用"뛰다"。

(2) 其他意义的比较

① 一次移动时用"뛰다", 几次移动时"달리다"、"뛰다"都可以用。

ㄱ. 그 선수는 넓이뛰기 시합에서 2미터를 뛰었다(*달렸다).

　　那个选手在跳远比赛中跳了2米。

ㄴ. 그녀는 무서워서 앞만 보며 달렸다 (뛰었다).

　　她太害怕了, 只盯着前面跑。

"ㄱ"句中的"넓이뛰기"只是一次移动, 因此也用"뛰다", "ㄴ"句中的 "달리다"是多次移动, 所以"달리다"和"뛰다"都可以用。

② 与拟态词连用或表示上升式的运动时用"뛰다"。

ㄱ. 토끼가 깡충깡충 뛴다(*달린다).

　　兔子一蹦一跳的。

ㄴ. 개구리가 연못가를 팔짝팔짝 뛰어다닌다(*달려다닌다).

　　青蛙在池塘边跳来跳去。

拟态词"깡충깡충"和"팔짝팔짝"都表示上升式运动, 不能与表示前进式运动的"달리다"相结合, 只可以与表示上升式运动的"뛰다"相结合。

③ 与对比词的意义比较

ㄱ. 걷기도 전에 뛰려고(*달리려고) 한다.

　　还不会走就想跑。

ㄴ. 뛰는(*달리는) 놈 위에 나는 놈 있다.

　　天外有天, 人上有人。

例句"ㄱ"中的"걷다"是在地面的移动, 是与"뛰다"上升式的移动相反的动作。例句"ㄴ"中的"날다"和"뛰다"相比, 是更完整的上升式移动。即"뛰다"表示身体向上跳的上升式移动的意义, 通过对比词更明显地展现出来。

④ 比喻意义
ㄱ. 그는 그 일에 뛰어들었다. 他投身于那项工作。
ㄴ. 그는 그 일에 달려들었다. 他积极参与那项工作。
"ㄱ"句中"뛰다"表示动作发出者将自己的全部投身于那项工作，而"ㄴ"句中的"달리다"并不是指干涉某事或帮忙的程度，而是表示积极参与此事。

(3) 练习
다음 단어 중 알맞은 것을 고르시오.
① 그는 담을 (달려/뛰어) 넘어 저쪽으로 달아났다.
他翻过墙，向那个方向逃去。
② 자동차가 미끄러지듯 (달렸다/뛰었다).
车在滑行。
③ 아이들이 운동장에서 (달려/뛰어) 놀고 있다.
孩子们在操场上蹦蹦跳跳。
④ 모르는 문제는 건너 (달리고/뛰고) 다음 문제를 풀어라.
不会的问题先跳过去，做下一道题吧。
⑤ 보트가 강물을 가르면서 시원하게 (달린다/뛴다).
小船在湖面上划着前行。
⑥ 그는 사고가 생긴 곳까지 단숨에 (달려/뛰어) 왔다.
他一口气跑到事故地点。
⑦ 우리집 아이가 새 신을 신고 팔짝팔짝 (달린다/뛴다).
我家孩子穿着新鞋，欢快地跑着。
⑧ 형은 회사의 비리를 따지면서 사장에게 (달려/뛰어 들었다).
哥哥一边说着公司的不合理，一边向总经理靠拢。

(4) 答案

① 뛰어 ② 달렸다 ③ 뛰어 ④ 뛰고 ⑤ 달린다 ⑥ 달려, 뛰어 ⑦ 뛴다 ⑧ 달려

2.11 덥히다, 데우다
(1) 基本意义的比较
◆ 덥히다：提高室温或体温，使其温暖。

◆데우다：加热冷或凉的食物。
ㄱ. 보일러를 틀어 방을 덥혔다.
　　打开地热，让房间暖和了。
ㄴ. 엄마, 국이 다 식었어요. 좀 데워 주세요.
　　妈，汤都凉了，你给热热吧。

"덥히다"表示使有一定热度的液体升温，"데우다"表示给没有热度或冰冷的物体加热。

ㄷ. 목욕탕 물이 미지근한 것 같아요. 좀 덥혀 주세요.
　　洗澡水温度不够，请再给加热一下吧。
ㄹ. 자기 전에 냉장고의 우유를 꺼내 따뜻하게 데워 마셨다.
　　睡觉前热了冰箱里的牛奶喝了。

(2) 其他意义的比较
① 表示使身体暖和时用"덥히다"。
ㄱ. 춥다고 방 안에만 있지 말고 운동으로 몸을 좀 덥혀라(*데워라).
　　别因为冷就在屋里呆着，运动运动热热身吧。
ㄴ. 그는 수영하기 전에 준비운동으로 몸을 덥힌다(*데운다).
　　他游泳前总是做做准备运动进行热身。

② 表示使心理上感到温暖、温馨或开心时用"덥히다"。
ㄱ. 오늘 신문 기사에는 마음을 덥혀(*데워) 주는 훈훈한 미담이 있었다.
　　今天报纸上有一则温暖人心的报道。
ㄴ. 나이가 들어서도 여전히 서로 사랑하는 두 사람의 모습은 가슴을 덥혀(*데워) 주는 정겨운 모습이다.
　　两人上了年纪还那么恩爱，看起来很温馨。

(3) 练习
다음 단어 중 알맞은 것을 고르시오.
① 따끈하게 (덥힌/데운) 우유를 한 잔 하고 잤다.
　　喝了杯热牛奶，然后睡觉了。
② 밖은 춥지만 한참 뛰다 보니 몸이 따뜻하게 (덥혀져서/데워져서) 훈훈한 기운이 돌았다.
　　外面虽然冷，但跑了一会儿觉得身体暖暖的。

③ 이 햄버거 차가운데 좀 (덥혀/데워) 주시면 안 돼요?
   这个汉堡凉了，给我热热行吗？
④ 모닥불을 쬐어 손을 (덥히니까/데우니까) 추위가 한결 가셨다.
   手在篝火上烤了烤就不冷了。
⑤ 거실이 차서 난로를 피워 거실 공기를 (덥혔다/데웠다).
   客厅太冷，开了暖炉取暖。
⑥ 아내는 밤늦게 들어온 남편을 위해 찌개를 (덥히고/데우고) 밥상을 차렸다.
   丈夫回来得晚，妻子给他热了汤，准备了晚饭。

(4) 答案

① 덥혀 ② 덥혔습니까 ③ 데워 ④ 데우니까 ⑤ 덥혔다 ⑥ 데우고

2.12 마치다, 끝내다

(1) **基本意义的比较**

◆마치다：表示不再进行某事，但不能以自己的意志所左右。
◆끝내다：表示不再进行某事，但积极的意志和意图可以起到作用。

ㄱ. 그는 학업을 마치고 취직하려고 한다.
   他打算完成学业以后找工作。
ㄴ. 아이들은 청소를 적당히 끝냈다가 선생님께 혼났다.
   孩子们大致打扫了一下，结果挨了老师的训。

例句"ㄱ"中学业有其规定的时间和过程，并不以人的意志为转移，因此用"마치다"；而例句"ㄴ"中"끝내다"含有孩子们按照自己的意愿没有完成打扫的意思。

(2) **其他意义的比较**

① "마치다"表示彻底停止，不能继续，"끝내다"表示可以暂时停止的情况。

ㄱ. 긴 생애를 마친(*끝낸) 그는 편안하게 잠 들었다.
   他结束了漫长的一生，与世长辞了。
ㄴ. 급한 연락이 와서 선생님은 아직 시간이 좀 남아 있었지만 서둘러 수업을 끝내셨다(*마쳤다).

虽然还剩点儿时间，但老师接了个紧急电话就赶紧下了课。

② "마치다" 多用于肯定意义，"끝내다" 多用于否定意义。

ㄱ. 이번 여행을 무사히 마친 그녀는 벌써 새로운 여행을 계획하고 있다.

她结束了这次旅行，又开始计划下次旅行。

ㄴ. 그는 자기 아이가 빨리 방황을 끝내고 (*마치고) 집으로 돌아오기를 기다리고 있다.

他期待着孩子不再在外游荡，早日回家。

③ "끝내다"和"마치다"都表示完成了某事，不再进行某事，但"끝내다"含有即使未完成也放手不干的意思，因此相对来说用法较广。

ㄱ. 그는 지시받은 업무를 방금 끝내고(마치고) 퇴근하였다.

他刚完成了所给的任务，就下班回家了。

ㄴ. 그는 약속 시간에 늦을까봐 지시받은 업무을 대충 끝내고 (*마치고) 퇴근하였다.

他怕不能准时赴约，工作草草完成就下班了。

例句"ㄱ"中"끝내다"具有完成某事的意思，而"ㄴ"中"끝내다"仅表示事情没能完成好，因此不能用"마치다"。

(3) 练习

다음 단어 중 알맞은 것을 고르시오.

① 하던 일을 (마치고/끝내고) 나 좀 거들어 줘요.

把你手头的活儿干完以后帮我一下。

② 일을 대충 (마칠/끝낼) 생각을 하지 말고 꼼꼼하게 해요.

不要敷衍了事，认真做。

③ 이번에 바이어와의 가격상담을 순조롭게 (마쳤다/끝냈다).

这次关于价格的问题跟客户谈得很顺利。

④ 그들은 공연을 성공적으로 (마치고/끝내고) 식사하러 갔다.

他们圆满地完成表演后去用餐了。

⑤ 그는 하던 장사를 (마치고/끝내고) 새 사업을 하려고 한다.

他不想再做原来的生意，打算搞别的。

⑥ 배가 고팠던 그들은 회의를 빨리 (마쳤다/끝냈다).

他们肚子饿了，迅速地结束了会议。

(4) 答案

> ① 맞서고, 맞대고　② 틀렸　③ 맞섰다　④ 맞서고
> ⑤ 맞댔다　⑥ 틀렸다

2.13　맞추다, 맞히다

(1) 基本意义的比较

◆ 맞추다：使大小、形态等与某标准保持一致。
◆ 맞히다：击中或命中目标。

ㄱ. 분해했던 컴퓨터 부품을 다시 맞추었다.
　　重新组装了拆散的电脑零件。
ㄴ. 양궁 경기에서 가운데를 맞히면 10점이다.
　　射箭比赛如果击中靶心是10分。

(2) 其他意义的比较

① "맞추다"的第一层意思是使其达到某种标准。下列例文中的"맞추다"的含义虽略有差异，但基本含义仍是使其符合某种标准。

ㄱ. 이번에 양복을 한 벌 맞추어 입었어요.
　　这次我定做了一件西服穿。
ㄴ. 맛있는 음식을 먹으려면 간을 잘 맞추어야 한다.
　　要想吃美食，盐度一定要掌握好。
ㄷ. 대학을 선택할 때 실력과 적성에 맞추어 지원해야 한다.
　　选择大学时，一定要符合自己的水平和个性。
ㄹ. 나는 가장 친한 친구와 답을 맞추어 보았다.
　　我和最好的朋友对了答案。
ㅁ. 그는 아내의 기분을 맞추기 위해 주말마다 영화를 보러 갔다.
　　他为了迎合妻子，每周末都去看电影。

② "맞히다"最常用的例子是 "정답을 맞힌다"，这时"맞히다"表示"使其正确"。

ㄱ. 수수께끼를 낼 테니 알아 맞혀 보세요.
　　我给你出个谜语，请猜猜看。
ㄴ. 퀴즈 정답을 다 맞혀 1등을 했다.
　　答对了智力问答所有问题，得了第一名。

(3) 练习

다음 단어 중 알맞은 것을 고르시오.

① 문제를 잘 풀었는지 이제 정답과 (맞춰/맞혀) 보자.
현在对答案，看看题做得对不对。

② 퍼즐 조각을 (맞추다 보니/맞히다 보니) 조각 몇 개가 없어졌다.
玩拼图时发现少了几块。

③ 객관식 문제를 잘(맞추지/맞히지) 못해 불합격했다.
客观题做得不好，没及格。

④ 그 양궁선수는 두 번째 화살도 과녁에(맞추지/맞히지) 못했다.
那个射箭选手第二箭也没射中靶。

⑤ 청소 당번 아이들이 책상을 두 줄씩 똑바로(맞추었다/맞히었다).
值日生把书桌排成整整齐齐的两行。

⑥ 아기 돌에 쓰려고 떡집에 떡을(맞추었다/맞히었다).
在打糕店定做了打糕，准备小孩周岁宴时用。

⑦ 요즘 남편이 저기압이라서 비위 (맞추기가/맞히기가) 쉽지 않다.
最近丈夫情绪不高，很难摸准他的脾气。

(4) 答案

① 맞혀 ② 맞추다 보니 ③ 맞히지 ④ 맞히지 ⑤ 맞추었다 ⑥ 맞추었다 ⑦ 맞추기가

2.14 받다, 당하다, 겪다

(1) 基本意义的比较

◆ 받다：受到他人行动或心理上的影响。
◆ 당하다：受到他人或其他对象的侵害。
◆ 겪다：遭遇、经受困难或可以成为经验教训的事。

ㄱ. 그는 막내로 집에서 많은 귀여움을 받으면서 자랐어요.
他是老幺，在家里备受关爱。

ㄴ. 내 친구는 최근에 사기를 당하였다.
我朋友最近被骗了。

ㄷ. 많은 시련을 겪은 사람만이 인생의 참뜻을 알 수 있다.
经过磨练才能了解人生的真谛。

如例句"ㄱ"和下面的例句"ㄹ"所示,"받다"主要用于积极的意义,但偶尔也适用于消极意义,如下面的例句"ㅁ"。"당하다"适用于消极意义,表示因为一时发生的事情而遭遇到不好的事情。"겪다"适用于经受了较长时间的困苦。

ㄹ. 그녀는 존경받는(*당하는) 선생님이 되었다.
　　她成了倍受尊重的老师。
ㅁ. 내 친구는 오늘 학교에서 벌을 받았다.
　　我朋友今天在学校挨罚了。
ㅂ. 그는 회사로부터 해고를 당하였다(*받았다).
　　他被公司解雇了。
ㅅ. 수돗물이 오랫동안 나오지 않아 우리 아파트 주민들이 불편을 겪고 있다.
　　因为长期断水,我们公寓的居民生活十分不便。

(2) 其他意义的比较
① 事物、行动或与行动相关的句子都可以作为"받다"的宾语使用,而"당하다"和"겪다"前面不能接表示物体的宾语。
ㄱ. 나는 남자 친구에게서 생일 선물을 받았다(*당했다, *겪었다).
　　男朋友送了生日礼物给我。
ㄴ. 그 영화배우는 팬들로부터 많은 편지를 받았다(*당했다, *겪었다).
　　那个电影演员收到很多粉丝的来信。
② "당하다"有财产或人格方面受到损害的意思,而"겪다"所表示的受到损害的意思较弱,得到经验教训的意思较强。
ㄱ. 일처리를 제대로 못해 상급자에게 창피를 당했다.
　　事情没处理好在领导面前丢丑了。
ㄴ. 회사를 경영하면서 많은 시행착오를 겪었지만 지금은 안정이 되었다.
　　在公司经营上犯过不少错误,现在稳定了。

(3) 练习
다음 단어 중 알맞은 것을 고르시오.
① 그에게 그렇게 수모를 (받고도/당하고도/겪고도) 계속 그와 만나니?

你被他那么羞辱还跟他联系啊?
② 보통 막내가 부모에게 사랑을 많이 (받는다/당한다/겪는다).
一般父母都喜欢老幺。
③ 그는 친구한테서 배반을 (받았다/당했다/겪었다).
他遭到朋友的背叛。
④ 그 신입사원은 회사 상사에게서 많은 주목을 (받고/당하고/겪고) 있다.
公司领导很关注那个新职员。
⑤ 나는 오늘 병원에 가서 진찰을 (받았다/당했다/겪었다).
我今天去医院检查了。
⑥ 초등학생들이 동네 불량배들에게 폭행을 (받았다/당하였다/겪었다).
小学生们被小区里的混混打了。
⑦ 가족끼리도 갈등을 (받고/당하고/겪고) 있는 사람이 적지 않다.
家人之间也有矛盾。
⑧ 할아버지는 젊었을 때 많은 고초를 (받으셨다/당하셨다/겪으셨다).
爷爷年轻时吃了不少苦。

(4) 答案

① 받는다, 당한다 ② 당했다 ③ 받고 ④ 받고
⑤ 받았다 ⑥ 당하였다 ⑦ 겪고 ⑧ 당하셨다, 겪으셨다

2.15 바라보다, 쳐다보다

(1) 基本意义的比较

◆바라보다: 直视事物。
◆쳐다보다: 视线向上, 看眼睛上方的事物。

ㄱ. 나를 바라보는 어머니의 눈길이 늘 따뜻하게 느껴진다.
　妈妈看我的目光总是很温和。
ㄴ. 그는 요즘 밤하늘의 별을 쳐다보는 버릇이 생겼다.
　他最近养成了遥望夜空繁星的习惯。

(2) 其他意义的比较

① "쳐다보다"也和"바라보다"一样，可以表示直视，但和"바라보다"相比，它表示具体行为的倾向更强。另外，当看对方包含否定意义时，要用"쳐다보다"。

ㄱ. 버스 안의 손님들이 그를 힐끔힐끔 쳐다보았다.
　公交车里的乘客们总在斜眼瞟他。
ㄴ. 내 얼굴에 뭐가 묻었어요? 뭘 그렇게 뚫어져라 쳐다보고 있어요?
　我脸上有东西吗？为什么老是盯着我看？

例句"ㄱ"中的"힐끔힐끔"和例句"ㄴ"中的"뚫어져라"都是具体的行为，而且有否定的含义，因此"쳐다보다"比"바라보다"更合适。

② 当表示以自己的视角去观察某种现象或事态，或对有意义，并具有实现可能的事情充满期待和希望时，应使用"바라보다"。

ㄱ. 현실을 제대로 바라보아야 한다.
　应该认清现实。
ㄴ. 그는 사장 자리를 바라보고 열심히 일한다.
　他努力工作，期待能坐上总经理的位子。

③ "바라보다"有临近某年龄之意。

ㄱ. 어느새 내 나이도 중년을 바라본다.
　不知不觉间，我快人到中年了。
ㄴ. 그녀도 이제 불혹을 바라보는 나이가 되었다.
　她已年近四十。

④ 表示完全依靠某人时，要用"쳐다보다"。

그녀는 실직한 남편만 쳐다보고 살 수 없어서 아르바이트를 하기로 했다.
　她不能只依靠失业的丈夫生活，决定打工。

(3) 练习

다음 단어 중 알맞은 것을 고르시오.
① 왜 하늘만 멍하니 (바라보고/쳐다보고) 있니?
　为什么呆呆地仰望天空？
② 문학 작품은 작가가 (바라보는/쳐다보는) 현실을 보여 준다.
　文学作品展示了作家所看到的现实。

③ 내 얼굴만 (바라보고/쳐다보고) 있지 말고 너도 가서 돈을 좀 벌어와.
别总依靠我，你也出去挣点儿钱吧。
④ 현실에만 급급하지 말고 미래를 (바라보며/쳐다보며) 살자.
不要只看眼前，要放眼未来。
⑤ 그 홀어머니는 오직 아들 하나만을 (바라보고/쳐다보고) 산다.
儿子是那个单亲妈妈的唯一希望。
⑥ 아버지께선 이미 여든 고개를 (바라보는/쳐다보는) 고령이 되셨다.
父亲已年近八十，是高龄老人了。

(4) 答案

⑤ 바라보고	⑥ 바라보는
① 쳐다본다 ② 바라보는 ③ 쳐다보고 ④ 바라보며	

2.16 배우다, 공부하다
(1) 基本意义的比较
　　◆배우다：表示学习新的知识和修养，向人学习的意义较强。
　　◆공부하다：表示学习学问或技术，与"배우다"相比，向人学习的意义较弱。
　　ㄱ. 저는 요즘 한국어를 배우고 있어요.
　　　　我最近在学习韩语。
　　ㄴ. 저는 요즘 한국어를 공부하고 있어요.
　　　　我最近在学习韩语。
　　例句"ㄱ"中的"배우다"表示跟别人学，例句"ㄴ"中的"공부하다"除了表示向人学习之外，还有自学的意思。

(2) 其他意义的比较
　　① 身体技能的学习必须用"배우다"。
　　ㄱ. 친구한테서 수영을 배웠다(*공부했다).
　　　　向朋友学游泳了。
　　ㄴ. 그녀는 자동차 학원에서 운전기술을 배우고(*공부하고) 있다.
　　　　她在驾校学开车呢。

例句"ㄱ"中有专门教授课的人，例句"ㄴ"中暗示有人传授技艺的话必须使用"배우다"。

② 精神上的，即模仿他人的行动或亲身经历之后所学会的，只能用"배우다"。

ㄱ. 아이들은 일상 속에서 부모의 생활 태도를 배운다.(*공부한다)
　　孩子们在日常生活中学习父母的生活态度。
ㄴ. 그는 가난과 배고픔 속에서 인생의 참뜻을 배웠다(*공부했다).
　　他从贫穷与饥饿中学到了人生的真谛。

③ 表示学到某种习惯的时候必须用"배우다"。

ㄱ. 나는 아버지한테서 술을 배웠다(*공부했다).
　　我喝酒是跟我父亲学的。
ㄴ. 나쁜 친구들한테서 담배를 배웠다(*공부했다).
　　跟一些坏朋友学会了抽烟。

④ 表示学习知识、学问，或自学某种学问、技术时用"공부하다"。

ㄱ. 요즘 학생들은 영어를 열심히 공부한다(*배운다).
　　最近学生们都努力学习英语。
ㄴ. 그는 다른 아이들처럼 학원에 가지 않고 혼자서 공부하고 (*배우고) 있다.
　　他不像别的孩子那样去补习班，而是自己学习。

(3) 练习

다음 단어 중 알맞은 것을 고르시오.

① 내 친구는 한국사람한테서 한국어를 (배우고/공부하고) 있다.
　　我朋友在跟韩国人学韩语。
② 작은 물건을 훔치는 데서 도둑질을 (배우게/공부하게) 된다.
　　从偷小的东西开始，学会了偷盗。
③ 농촌봉사 활동을 통하여 농민의 고통을 (배웠다/공부했다).
　　通过在农村的志愿者活动了解了农民们的苦处。
④ 그는 요즘 수학을 (배우고/공부하고) 있다.
　　他最近在学数学。

(4) 答案

① 배웁고 ② 배웁게 ③ 배웠다 ④ 배웁고, 운입하며

2.17 벌리다, 벌이다

(1) 基本意义的比较

◆벌리다: 加宽二者间的距离或使其变远。

◆벌이다: 筹划事情, 并开始或开展。

ㄱ. 치과의사가 진찰할 때 입을 크게 벌리라고 했다.
  牙医检查时说: "嘴张大点儿"。

ㄴ. 그는 여기저기 사업을 벌여놓아서 무척 바쁘다.
  他到处开展工作, 所以很忙。

(2) 其他意义的比较

① "벌이다"是指一个个摆放, 使看清楚。

ㄱ. 진열대 위에 책을 벌여 놓았다.
  在柜台上摆放着一本本的书。

ㄴ. 진열대 위에 책을 벌려 놓았다.
  在柜台上把书分开摆放着。

例句"ㄱ"中的"벌이다"指展台上摆着很多书。例句"ㄴ"中的"벌리다"指书和书之间的陈列间隔很大。

② "벌리다"指加大间隔或相对差距。

브라질팀은 두 골을 더 넣어 막상막하였던 점수차를 벌려(*벌여) 놓았다.

巴西队又进了两个球, 使得原本不相上下的分数差距拉大。

(3) 练习

다음 단어 중 알맞은 것을 고르시오.

① 그는 일을 (벌여/벌려) 놓기만 하고 마무리를 잘 못한다.
  他只会筹划开展工作, 不会收尾。

② 그 선수는 빨리 달려 뒷사람과의 간격을 많이 (벌여/벌려) 놓았다.
  那个选手跑得很快, 拉大了和后面选手的差距。

③ 너 나한테까지 손을 (벌리/벌이)다니 요즘 꽤 어려운 모양이

구나.
  你居然向我伸手求援，看来最近很困难啊。
④ 밤송이를 (벌리고/벌이고) 알밤을 꺼냈다.
  剥开毛栗子，取出了栗仁。
⑤ 자루 주둥이를 (벌리고/벌이고) 쌀을 담았다.
  撑开袋子装米。

(4) 答案

① 벌임 ② 벌임 ③ 벌임 ④ 벌리고 ⑤ 벌리고

2.18 부딪치다, 부딪히다
(1) 基本意义的比较
  ◆부딪치다：是在单词"부딪다"后添加"치"所构成的强调形，表示内在的能动性的碰撞。
  ◆부딪히다：是在单词"부딪다"后添加"히"构成的被动形，表示其他事物向"我"移动而发生的碰撞。
  ㄱ. 자동차가 골목길에서 자전거와 부딪쳤다.
    汽车在巷子里跟自行车撞一块儿了。
  ㄴ. 그는 지나가는 행인에게 부딪혀 넘어졌다.
    他被路人撞倒了。

(2) 其他意义的比较
  ① "부딪치다"有"眼神或视线的交汇碰撞"、"意外地见面"之意。
  ㄱ. 그 두 사람은 사이가 좋지 않아서 눈길 부딪치는 것을 피하고 있다.
    他们俩关系不好，所以总是互相不理睬。
  ㄴ. 나는 오늘 아침 학교 정문에서 그와 부딪쳤다.
    我今天早上在学校正门见到他了。
  ② "부딪치다"还有"因为各持己见而互相对立"和"直面现实与困难"的意思。
  ㄱ. 그 부부는 사사건건 부딪치더니 결국 이혼하고 말았다.
    那对夫妻整天磕磕碰碰，最后还是离婚了。

ㄴ. 어려운 일이 있더라도 피하지 말고 부딪쳐 봐라.
　　就算有困难也别逃避，要正视它。
③ "부딪히다" 有 "意外地形成某状况" 的意思。
ㄱ. 어려운 문제에 부딪히면 언제든지 연락하세요.
　　遇到难题随时与我联系。
ㄴ. 인생을 살다보면 예상하지 못했던 상황에 곧잘 부딪히게 된다.
　　人活在世上，总会有些意想不到的事发生。

(3) 练习

다음 단어 중 알맞은 것을 고르시오.
① 아이는 한눈을 팔다가 선생님과 (부딪쳤다/부딪혔다).
　　孩子溜号被老师逮个正着。
② 배가 빙산에 (부딪쳐/부딪혀) 가라앉았다.
　　船撞上冰山以后沉没了。
③ 그들은 헤어진 지 10년 만에 종로에서 (부딪쳤다/부딪혔다).
　　他们分手10年后在钟路邂逅了。
④ 김 과장은 무슨 잘못을 저질렀는지 사장과 눈길을 (부딪치기/부딪히기)를 꺼려했다.
　　金课长不知道犯了什么错，不敢看总经理的目光。
⑤ 이 문제는 당사자들끼리 (부딪쳐야만/부딪혀야만) 해결이 날 것 같다.
　　这个问题得当事人碰面解决。
⑥ 형은 진학 문제로 부모님과 (부딪치고는/부딪히고는) 집을 나가 버렸다.
　　哥哥因为升学的事儿跟爸妈吵了一架，就出去了。
⑦ 취객 하나가 그에게 몸을 (부딪치며/부딪히며) 시비를 걸어왔다.
　　一个醉汉撞了他，还吵了起来。
⑧ 경제적 난관에 (부딪친/부딪힌) 회사는 결국 문을 닫고 말았다.
　　公司遇到了经济上的难题，最后关门了。

(4) 答案

① 부딪쳤다　② 부딪혀　③ 부딪혔다　④ 부딪치기
⑤ 부딪쳐야만　⑥ 부딪치고는　⑦ 부딪치며　⑧ 부딪힌

2.19 식다, 차가워지다
(1) 基本意义的比较
◆식다：从温度高的状态到温度低的状态。
◆차가워지다：温度下降，到了和冰一样给人冰冷感觉的状态。
ㄱ. 국이 식었네요. 덥혀 드릴 테니까 잠시만 기다리세요.
汤凉了。我给您热一下，请稍等。
ㄴ. 가을이 깊어지니까 날씨가 많이 차가워졌다.
深秋天气变凉了许多。

例句"ㄱ"中的"식다"指热气腾腾的汤变成常温的状态。不表示温度降至更低，不给人冰冷的感觉。例句"ㄴ"中的"차가워지다"指温度降低至常温以下。

(2) 其他意义的比较
① "식다"可以用于对某件事情的干劲或游戏场上的激情，但"차가워지다"没有此用法。
ㄱ. 나는 요즘 나에 대한 그의 애정이 많이 식은 (*차가워진) 것을 느낄 수 있다.
我最近能感到他对我的爱在变淡。
ㄴ. 밤이 꽤 깊었는데도 마작판의 열기가 식지(*차가워지지) 않고 있다.
夜深了，麻将桌上的热闹气氛还没有散去。

② "차가워지다"可以指没有人情味，冷漠无情，或变得冷淡，而"식다"没有此用法。
ㄱ. 그의 시선이 전과 다르게 많이 차가워진(*식은) 것을 느꼈다.
他的视线与以往不同，冷淡了许多。
ㄴ. 그녀의 성격이 눈에 띄게 차가워졌다.
她的性格明显冷漠了许多。

③ "식다"和"차가워지다"都可以表示变化前后的温度不同。
ㄱ. 밥이 식었다. 饭凉了。
ㄴ. 밥이 차가워졌다. 饭冰凉的。

例句"ㄱ"中的"식다"表示从滚烫的状态到常温或常温以下的温度。例句"ㄴ"中的"차가워지다"不清楚变化前的温度，但现在触摸能感到冰凉的感觉。

(3) 练习

다음 단어 중 알맞은 것을 고르시오.

① (식기/차가워지기) 전에 드세요.
  趁热吃，别凉了。

② 그는 외국어에 대한 열의가 (식었는지/차가워졌는지) 요즘 통 공부를 하지 않는다.
  他学外语的热情减退了，甚至最近一点儿也不学习。

③ 바람이 부니까 땀이 금방 (식는다/차가워진다).
  风一吹，汗很快就消了。

④ 장갑을 끼지 않았더니 손이 금방(식었다/차가워졌다).
  没戴手套，手很快就冻得冰凉的。

⑤ 바닷물이(식었는데도/차가워졌는데도) 수영하러 들어가는 사람이 많다.
  海水变凉，还是有很多人去游泳。

⑥ 그의 (식은/차가워진) 태도에 나는 잠시 어리둥절했다.
  对于他冷漠的态度，我很迷茫。

(4) 答案

① 식기 ② 식었는지 ③ 식는다 ④ 식었다 ⑤ 차가워졌는데도 ⑥ 차가워진

2.20 쓰다, 적다

(1) 基本意义的比较

◆쓰다：将头脑中的想法和感觉用文字表达出来。

◆적다：为了留作个人参考，或给别人看而将语言、文字记录在纸上等。与想法和感觉的表达无关。

ㄱ. 그는 요즘 신문에 연재소설을 쓰고(*적고) 있다.
  他最近在报纸上发表连载小说。

ㄴ. 아내는 하루도 거르지 않고 가계부를 적는다(쓴다).
  妻子每天坚持写家庭账本。

小说有感情的表达，因此"ㄱ"句中不能用"적다"。写"家庭账簿"没有感情色彩，所以也能用"적다"。

(2) 其他意义的比较

"쓰다"的目的性不明显,而"적다"包含了目的性。

ㄱ. 경찰이 불법주차한 사람들의 명단을 적고 있다.
  警察在记录非法停车者名单。
ㄴ. 잊어버리지 않도록 전화번호를 수첩에다 적어 놓으세요.
  请在手册上记下电话号码,以防忘记。

例句"ㄱ"中,警察的行为是为了收缴罚款,有目的性,而例句"ㄴ"中,明确表达了以防忘记的目的,可以用"적다"。

(3) 练习

다음 단어 중 알맞은 것을 고르시오.

① 장사를 하시는 아버지는 매일 장부를 꼼꼼하게 (적는다/쓴다).
  做生意的父亲每天认真记账。
② 선생님이 지각한 학생의 명단을 (적고/쓰고) 있다.
  老师在记录迟到学生的名单。
③ 그는 최근에 수필을 한 편 (썼다/적었다).
  他最近写了一篇随笔。
④ 내 친구는 시를 두 편 (써서/적어서) 신문사에 투고하였다.
  我的朋友写了两首诗,向出版社投了稿。

(4) 答案

① 적는다, 쓴다 ② 적고 ③ 썼다 ④ 써서

2.21 외우다, 외다, 암기하다

(1) 基本意义的比较

◆ 외우다:记住语言或文字,且不忘记。

◆ 외다:重复相同的话。

◆ 암기하다:背住,熟记,不忘记。

ㄱ. 단어만 많이 외운다고(왼다고) 해서 외국어 회화를 잘하는 것은 아니다.
  外语口语不是多背单词就能解决的。
ㄴ. 그는 몇 번이고 같은 말을 외었다.
  他不断重复同样的话。

ㄷ. 이 페이지 있는 단어를 처음부터 끝까지 암기하세요.
　　请把这页的单词从头到尾全背诵并记住。
　一般将"외다"作为"외우다"的缩略形式处理，但它的基本意义不是"외우다"记住的意思，而是要说出声。"암기하다"的基本意义和"외우다"相同。

(2) 其他意义的比较
　① "외다"作为"외우다"的缩略形式，和"암기하다"相同，有记住不忘的意思。
　　ㄱ. 그는 친한 친구들 전화번호를 다 외고(외우고, 암기하고) 있다.
　　　　他能记住好朋友们的电话号码。
　　ㄴ. 곱셈을 배우려면 구구단을 다 외어야(외워야, 암기해야) 한다.
　　　　要想学好乘法，得背好九九乘法表。
　② "외우다(외다)"可以表示记住语言或文字，一字不差地背着说出来，而"암기하다"并无此意。
　　ㄱ. 그가 지금 큰 소리로 외우고(외고, *암기하고) 있는 것은 자기가 좋아하는 시인의 시다.
　　　　他现在高声背诵的是自己喜欢的诗人的诗。
　　ㄴ. 그녀가 대사 외우는(외는, *암기하는) 것을 들어보니까 틀린 곳이 한 군데도 없다.
　　　　听她背的台词，找不到任何错误之处。
　③ "외우다"和内容相比更注重形式，"암기하다"和形式相比更注重内容。
　　ㄱ. 학생들이 제1과 한국어 단어를 다 외웠다.
　　　　学生们背了第一课的韩语单词。
　　ㄴ. 학생들이 제1과 한국어 단어를 다 암기했다.
　　　　学生们掌握了第一课的韩语单词。
　"ㄴ"句中的"암기하다"不仅指记住形式，还包含了对内容的理解，这点与"외우다"不同。
　④ "외우다"的记忆对象不限定于语言文字，还可以指图纸或人的脸。
　　그 산업 스파이는 경쟁 회사제품의 설계도면을 다 외워(*암기해) 왔다.
　　那个工业间谍记住了对手公司产品的设计图纸。

(3) 练习

다음 단어 중 알맞은 것을 고르시오.

① 선생님은 학생들에게 다음 시간에 공부할 단어를 다(외워/외어/암기하여) 오라고 했다.
老师让同学们背下节课要学的单词。

② 그는 정신이 혼미한 상태에서도 "안 돼, 안 돼"라고 (외우고/외고/암기하고) 있다.
他在精神昏迷的状态下仍然反复喊着："不行，不行。"

③ 그녀는 노래 가사를 다 (외우지/외지/암기하지) 못했는지 메모지에 적어 놓은 가사를 보면서 노래하고 있다.
她记不住歌词，就一边看小纸条上写好的歌词一边唱。

④ 그 아이는 방금 배운 천자문을 큰 소리로 (외우고/외고/암기하고) 있다.
那个孩子大声背诵刚学的千字文。

⑤ 엄마는 아이가 구구단을 소리 내어 (외우는/외는/암기하는) 것을 주의 깊게 듣고 있다.
妈妈在认真听孩子背诵九九乘法表。

⑥ 종일토록 내내 복잡한 수학 공식을 (외우다/외다/암기하다) 보니 머리가 아플 지경이다.
整天背复杂的数学公式，头都疼了。

(4) 答案

① 외워, 암기하여 ② 외고 ③ 외우지, 외지, 암기하지 ④ 외고, 외고 ⑤ 외우는, 외는 ⑥ 외우다, 외다, 암기하다

2.22 좇다, 쫓다

(1) 基本意义的比较

◆ 좇다: 追求或追随。

◆ 쫓다: 驱赶或追踪。

ㄱ. 요즘 명예보다 부를 좇는 젊은이들이 많다.
最近有很多年轻人不追求名誉，追求财富。

ㄴ. 경찰과 범인은 쫓고 쫓기는 추격전을 벌였다.
警察和犯人展开了追踪和被追踪的追击战。

(2) 其他意义的比较

① "좇다"有"追随别人的语言意图"，"遵守规章、习惯等"，以及"注视、凝视"之意，但"쫓다"没有这些含义。

ㄱ. 그는 아버지의 유언을 좇아서(*쫓아서) 모든 재산을 자선단체에 기부하기로 했다.
　　他按照父亲的遗言，把所有财产捐赠给了慈善机构。

ㄴ. 올해도 관례를 좇아(*쫓아) 이 행사를 하기로 했다.
　　今年也将按照惯例，举办此活动。

ㄷ. 그의 시선은 고향 쪽으로 날아가는 새떼를 좇고(*쫓다) 있었다.
　　他凝视着飞往故乡方向的鸟群。

② "쫓다"表示"从某地赶走"，"赶走睡意和杂念"，但"좇다"没有这些含义。

ㄱ. 황소가 꼬리를 흔들어 등의 파리를 쫓았다(*좇았다).
　　大公牛摇着尾巴，驱赶背上的苍蝇。

ㄴ. 그는 팔뚝을 꼬집으면서 잠을 쫓았다(*좇았다).
　　他掐了一下胳膊，赶走了睡意。

(3) 练习

다음 단어 중 알맞은 것을 고르시오.

① 그는 부모의 말씀을 (좇아/쫓아) 한국어과로 진학했다.
　　他遵从父母的意见，选择了韩语专业。

② 엄마는 아들을 (좇아/쫓아) 방으로 들어갔다.
　　妈妈紧跟着儿子进了房间。

③ 모깃불을 피워 모기를 (좇았다/쫓았다).
　　点蚊香，驱赶蚊子。

④ 머리속에 밀려드는 부정적인 생각을 (좇아버리기가/쫓아버리기가) 쉽지 않다.
　　很难消除充斥着头脑的消极想法。

⑤ 사람은 본래 살기 편한 것을 (좇게/쫓게) 마련이다.
　　人们大多追求舒适的生活。

⑥ 이상을 (좇는/쫓는) 것은 청춘의 특권이다.
　　追求理想是青春的特权。

⑦ 곧 뒤를 (좇아/쫓아갈) 테니 먼저 가 있어.

你先走，我待会儿追你。

⑧ 그는 친구의 행방을 (좇고/쫓고) 있다.
他在寻找朋友的下落。

(4) 答案

①쫓아	②쫓아	③쫓았다	④쫓아다니기	⑤쫓게
⑥쫓는	⑦쫓아	⑧좇고		

2.23 짓다，만들다

(1) 基本意义的比较

◆짓다：使某事物正常形成。

◆만들다：刻意地使某事物形成。

ㄱ. 누나가 부엌에서 아침밥을 짓는다(*만든다).
姐姐在厨房里做早餐。

ㄴ. 그녀가 맛있는 반찬을 만들고(*짓고) 있다.
她在做好吃的菜。

"做饭"是为了生存正常发生的动作，从这一点考虑，不属于刻意的动作，所以使用"짓다"。但饭是主食，菜是副食，所以菜要根据条件或需要来决定做或不做，因此做菜属于刻意的动作，所以使用"만들다"。

(2) 其他意义的比较

① "짓다"是必然的必需动作，"만들다"是有特殊目的或根据某种需要才发生的。

ㄱ. 그는 최근에 아담한 이층집을 지었다(*만들었다).
他最近盖了座雅致的二层小楼。

ㄴ. 그는 이층에 공부방을 만들고(*짓고) 일층에 부엌과 화장실을 만들었다(*지었다).
他在二楼建了书房，一楼建了厨房和卫生间。

家是人类生活的必需场所，盖房子是一种自然行为。因此例句"ㄱ"中使用"짓다"；而例句"ㄴ"中的"书房""厨房""卫生间"等是根据某种目的、需要或喜好而建，因此使用"만들다"。

ㄷ. 웃음 짓는(*만드는) 그 얼굴이 행복해 보인다.

带着笑容的脸庞洋溢着幸福。

ㄹ. 그들 부부는 새로 태어난 아이의 이름을 지었다(*만들었다).
他们夫妻俩给刚出生的孩子起了名字。

例句"ㄷ"中表示微笑、眼泪、叹息等感情的自然流露，因此用"짓다"；而例句"ㄹ"中名字也是人理所应当具有的，所以也是用"짓다"。

② 两个词用法区别还在于制作的物品是否精巧。

ㄱ. 그는 10년 동안 결혼복을 지어(*만들어) 왔다.
他做了十年结婚礼服。

ㄴ. 그녀는 10년 동안 아이들의 잠옷을 만들어(*지어) 왔다.
她做了十年儿童睡衣。

例句"ㄱ"中结婚礼服作为精细制作的物品，用"짓다"来表示；例句"ㄴ"中睡衣如果不需要精细制作，那么可以使用"만들다"。

(3) 练习

다음 단어 중 알맞은 것을 고르시오.

① 그가 걱정하면서 한숨을 (짓는다/만든다).
他很担心，叹了口气。

② 약사가 처방에 따라 약을 (지었다/만들었다).
药剂师根据处方配药。

③ 그녀가 비빔밥을 (짓고/만들고) 있다.
她在做拌饭。

④ 그 공장에서는 경기용 자동차를 (짓는다/만든다).
那家工厂制造赛车。

⑤ 나는 아르바이트을 하여 외국에 나갈 여비를 (지었다/만들었다).
我打工赚了出国用的旅费。

⑥ 농부가 젖소 축사를 (짓는다/만든다).
农夫建了奶牛圈。

⑦ 그녀는 아이의 이름표를 (지어/만들어) 가슴에 붙여 주었다.
她给孩子做了名牌挂在胸前。

⑧ 사람은 죄를 (짓고/만들고) 살아서는 안 된다.
人不能背负罪名活着。

(4) 答案

① 가득하다 ② 가졌다 ③ 가득히 ④ 가득히 ⑤ 가득하다 ⑥ 가득히 ⑦ 가졌다 ⑧ 차지

2.24 초대하다, 초청하다, 대접하다
(1) 基本意义的比较

- ◆초대하다：请某人参加某聚会。
- ◆초청하다：邀请、叫某人。
- ◆대접하다：以合适的礼仪招待、接待。

ㄱ. 그는 주말 파티에 많은 손님을 초대했다.
　　他邀请了很多人参加周末派对。

ㄴ. 우리 회사 창립기념일 행사 때 유명 가수 한 명을 초청하였다.
　　我们公司邀请了一位著名歌手来庆祝创社纪念日。

ㄷ. 귀한 손님이니까 대접을 소홀히 하면 안 된다.
　　不可慢待贵客。

ㄹ. 첫 아이의 돌이라 친구들을 집으로 초대하여 식사대접을 했다.
　　头一个孩子过周岁，我请朋友来家吃了饭。

ㅁ. 한국 국적을 취득했으면 중국의 부모님을 한국으로 초청할(*초대할) 수 있어요.
　　如果取得了韩国国籍就可以把中国的父母接到韩国来。

ㅂ. 그는 사위한테서 술과 저녁 대접을 받았다.
　　晚上女婿请他吃饭，还喝了酒。

如例句"ㄱ"和"ㄹ"所示，"초대하다"用于规模小的非正式的场合，例句"ㄴ"和"ㅁ"所示，"초청하다"用于规模大而正式的场合，"초대하다"和"대접하다"都有设宴款待的意思，但要表示特指的宴请的行动则应使用"대접하다"。

(2) 其他意义的比较

一般情况下对某人"초대하다"也包含"대접하다"的意思；因此如下面的例句"ㄴ"所示，有时为了求人办事宴请其人时，用"초대하다"就不合适。当用必要的礼节宴请他人时可用。

ㄱ. 그 영화감독은 친구를 영화 시사회에 초대했다(초청했다).
　　那个导演邀请朋友参加电影首映式。

ㄴ. 유명강사를 강연회에 초청하여 연설을 해 달라고 부탁했다.
请了著名的讲师来 参加演讲。

ㄷ. 아무리 못나도 형님에게 그만한 대접(*초대, *초청)은 당연한 일이다.
我再怎么拮据，对大哥的这点招待是理所应当的。

上面的例句"ㄱ"中的"초대하다"和"초청하다"都可以使用，而如果用"초대하다"，则有很强的电影导演将自己拍的电影展示给朋友看的意味，即"대접을 한다"的意思。

(3) 练习

다음 단어 중 알맞은 것을 고르시오.

① 이번 포럼에서는 지하철 건설에 관한 의견을 듣기 위하여 시장을 (초대할/초청할) 계획이다.
本次论坛将请市长发表对建设地铁的意见。

② 남자 친구를 집에 (초대해서/초청해서) 대접한 일이 있다.
我请男朋友来过我家。

③ 오늘 오신 손님에게 저녁 식사 (초대/대접)도 제대로 해 드리지 못했다.
没能请今天来的客人好好吃顿晚饭。

④ 어머니는 할머니를 항상 극진히 (초대/대접)한다.
妈妈对奶奶总是尽心尽力。

⑤ 대통령은 조찬 모임에 각계각층의 유명 인사들을 (초대/초청)하였다.
总统和各阶层名人共进了早餐。

(4) 答案

① 초청할 ② 초대해서 ③ 대접 ④ 대접 ⑤ 초대, 초청

2.25 타다, 받다

(1) 基本意义的比较

◆ 타다: 得到了为特定人准备的钱财或奖项。

◆ 받다: 拿到了别人给的或寄来的东西。

ㄱ. 그는 오늘 회사에서 첫월급을 탔어요.

他今天第一次拿到公司的薪水。
　ㄴ. 그녀는 이번 생일에 남자 친구에게서 선물을 받았다.
　　她这次生日收到了男朋友给的礼物。
　"타다"只用于颁发、获得某物时,是有一定规律的。例句"ㄱ"中的"월급"是每月规律性发放的钱,因此能用"타다"。"받다"不受此限制,因此例句"ㄱ"的"타다"可以换成"받다"。但例句"ㄴ"中收到礼物的行为是没有规律性的,因此不能替换为"타다"。
　ㄷ. 내 친구는 졸업식 때 우등상을 탔다.
　　我的朋友在毕业典礼上拿了优秀奖。
　ㄹ. 나는 어릴 때 매월 형에게서 용돈을 타서 썼다.
　　我从小每个月从哥哥那儿拿零花钱用。
　"ㄷ"的"우등상"是事先定好的,可以用"타다"。"ㄹ"的"용돈"不是一次性的, 是重复给一定数额,因此也可以用"타다"。

(2) 其他意义的比较
　① "타다"可以与表示福气、才能、命运等天生具备的意思搭配,而"받다"没有此意。
　ㄱ. 그는 복을 타고(*받고) 난 사람이다.
　　他是个天生的有福之人。
　ㄴ. 그는 운명을 잘 타고(*받고) 태어났는지 손대는 일마다 잘 된다.
　　他是个命好的人,做每件事都很顺利。
　当不表示"天生"的含义时,不能用"타다"。
　ㄷ. 좋은 일 하면 복 많이 받습니다(*탑니다).　善有善报。
　ㄹ. 새해 복 많이 받으세요(*타세요).　新年好。
　② "타다"只能与表示天生的命运、才能等词搭配,不用于抽象含义。"받다"不仅可以用于具体含义,还可以用于抽象含义。
　ㄱ. 가난한 사람이 복권에 당첨되어 많은 당첨금을 탔다(받았다).
　　穷人中了彩票,得了很多奖金。
　ㄴ. 경품으로 자동차 한 대를 탔다(받았다).
　　得的奖品是一辆轿车。
　ㄷ. 그는 몸이 좋지 않아 병원에 가서 진료를 받았다(*탔다).

他身体不好，去医院做了检查。

ㄹ. 그 신혼부부는 결혼하면서 많은 사람들로부터 축복을 받았다(*탔다).
那对新婚夫妇收到了很多人的祝福。

(3) 练习

다음 단어 중 알맞은 것을 고르시오.
① 그녀는 아버지의 음악적 소질을 (타고/받고) 태어났다.
他继承了父亲的音乐天分。
② 그는 어머니께서 주시는 돈을 두 손으로 (탔다/받았다).
他双手接下了母亲给的钱。
③ 나는 아직 부모님에게서 책값을 (타서/받아서) 쓰고 있다.
我现在还是父母供我读书。
④ 그는 거래처에서 외상값을 (탔다/받았다).
他从贸易伙伴那里收回了欠款。
⑤ 옆집 아이는 피아노 경연 대회에서 상을 (탔다/받았다).
邻居孩子在钢琴演奏会上得了奖。
⑥ 나는 사월에 적금을 (타게/받게) 되면 혼수를 장만할 계획이다.
我计划四月拿到定期存款就置办婚需用品。
⑦ 나는 내 자신이 좋은 팔자를 (타고/받고) 태어났다고 생각한다.
我觉得我的命很好。

(4) 答案

① 타고 ② 받았다 ③ 받아서, 타서 ④ 받았다
⑤ 탔다, 받았다 ⑥ 타게, 받게 ⑦ 타고

练习十六

다음 밑줄 친 부분과 바꿔 쓸 수 있는 말을 고르십시오.
1. 그 사람은 나이보다 젊어보여서 나이를 <u>추측하기</u> 쉽지 않다.
  ① 전망하기   ② 짐작하기   ③ 비교하기   ④ 일치하기

2. 이번에 저는 수출과 관련되 업무를 <u>담당할</u> 예정입니다.
   ① 맡을　　② 입사할　　③ 제출할　　④ 출근할
3. 출판사 직원들이 책 제목을 뭐라고 <u>지으면</u> 좋을지 회의를 하고 있다.
   ① 찾아내면　② 붙이면　　③ 고치면　　④ 바꾸면
4. 시간이 늦어진 관계로 오늘은 <u>이만하고</u> 내일 다시 계속 합시다.
   ① 남기고　　② 끝내고　　③ 연기하고　④ 포기하고
5. 그는 자신의 글에서 현대 사회의 부도덕성을 날카롭게 <u>지적했다</u>.
   ① 꼬집었다　② 추구했다　③ 수정했다　④ 비유했다
6. 이번에 출장 가면 며칠 <u>묵을</u> 거예요?
   ① 기다릴　　② 머무를　　③ 지날　　　④ 둘
7. 현재와 같은 상황에서 아파트 공급만 확대하는 것은 미분양 현상을 더욱 <u>부채질해</u> 오히려 경제에 악영향을 끼칠 수 있다.
   ① 증진해서　② 증축해서　③ 부풀려서　④ 부추겨서
8. 우리는 좋은 생각이 있어도 그것을 다른 사람에게 얘기할 때 그들이 비웃을 것이 걱정되어 <u>머뭇거리거나</u> 포기하는 경우가 종종 있다.
   ① 방지하거나　　　　② 퇴보하거나
   ③ 주저하거나　　　　④ 후회하거나
9. 김 대리는 소규모 점포를 대상으로 영업하던 경험을 살려 판매 전략 회의를 <u>이끌었다</u>.
   ① 주도하였다　　　　② 수립하였다
   ③ 반영하였다　　　　④ 보완하였다
10. 떼를 쓰는 아이를 아무리 <u>타이르고</u> 가르쳐도 헛수고다.
    ① 으르고　　② 달래고　　③ 꾸짖고　　④ 부추기고
11. 행복은 소망을 <u>성취했을</u> 때 느끼는 심리적 만족감이다.
    ① 극복했을　② 이겨냈을　③ 참았을　　④ 이루었을
12. 진실한 대화를 위해서는 상대방을 <u>생각하는</u> 마음이 필요하다.
    ① 존경하다　② 경시하다　③ 배려하다　④ 사고하다
13. 긴장이 쌓이면 신체적 활동을 통해 긴장을 <u>해소하는</u> 게 좋다.
    ① 풀다　　　② 줄이다　　③ 막다　　　④ 좁히다
14. 우리 조상들은 한 집안의 대를 잇는 일을 무엇보다도 중요한 일로 <u>여겼다</u>.

① 상상했다 ② 믿었다 ③ 생각했다 ④ 확신했다
15. 중국 사람은 하늘의 뜻을 <u>어기는</u> 사람은 불행해진다고 한다.
   ① 막는 ② 거스리는 ③ 나타내는 ④ 견디는
16. 아이들이 아직 철이 없으니까 너무 <u>나무라지</u> 마세요.
   ① 흉보지 ② 무시하지 ③ 편애하지 ④ 꾸중하지
17. 자원 부족이 심각한 요즘 자원을 <u>아끼는</u> 생활태도가 필요하다.
   ① 저금하는 ② 모으는 ③ 절약하는 ④ 낭비하는
18. 피아노를 배우고 있지만 <u>그만두고</u> 싶을 때가 많습니다.
   ① 서두르고 ② 잘하고 ③ 어렵고 ④ 포기하고
19. 요즘 공과 사를 <u>구별하지</u> 않는 사람들이 많아졌다.
   ① 가리지 ② 따지지 ③ 중시하지 ④ 고르지
20. 버스 요금을 <u>제외한</u> 모든 교통 요금이 오를 전망이라고 한다.
   ① 비롯한 ② 포함한 ③ 뺀 ④ 할인한

3. 形容词和冠词的同义词辨析

3.1 가렵다, 간지럽다 (근지럽다)

(1) 基本意义的比较

  ◆가렵다：因皮肤痒有想挠皮肤的感觉。

  ◆간지럽다：某物接触到皮肤，轻轻擦过而产生的难忍之痒。

 ㄱ. 벌레에게 물린 곳이 계속 가렵다.
   被虫子咬的地方一直很痒。

 ㄴ. 겨드랑이에 엄마의 손이 갈 때마다, 아기는 간지러운 듯 몸을 이리저리 비틀었다.
   每当妈妈的手抚摸到孩子腋窝时，他总会痒得身体直扭。

  "가렵다"和"간지럽다"的最大区别是，"가렵다"有想挠皮肤的感觉，而"간지럽다"会痒得惹人发笑。

(2) 其他意义的比较

  ① 当表示忍不住想做某事时，要用"간지럽다"。

 ㄱ. 나는 말하고 싶어 입이 간지러웠지만(근지러웠지만) 꾹 참았다.
   我很想说出来，话到嘴边又忍住了。

ㄴ. 일 없이 한 달을 놀았더니 손발이 간지럽다(근지럽다).
　　玩了一个月没工作，闲得慌。
　例句"ㄱ"和"ㄴ"中的"간지럽다"在加强语气时可以换成"근지럽다"。
　② 当有很别扭、难为情、肮脏、无耻的感觉时，要用"간지럽다"。
　ㄱ. 등 뒤에서 나를 욕하고 내 앞에 와서는 웃는 그의 모습에 낯이 간지러워서 마주 보고 앉아 있을 수가 없었다.
　　对于他当面一套背后一套的丑恶行径，我实在不能容忍，无法相对而坐。
　ㄴ. 어찌나 아양을 떠는지 귀가 간지러워 더 이상 들을 수가 없다.
　　撒娇太肉麻了，我实在听不下去了。
　例句"ㄴ"中的"귀가 간지럽다"还用于别人议论自己时。
　ㄷ. 왜 이렇게 귀가 간지럽지? 누가 내 말을 하는 모양이다.
　　耳朵怎么这么热啊?可能是有人在说我。

(3) 练习
　다음 단어 중 알맞은 것을 고르시오.
　① 부스럼이 아물고 있는 곳이 (가려워/간지러워) 죽겠어요.
　　伤口结痂的地方痒死了。
　② 벌레가 등에 기어 다니고 있는지 (가려워요/간지러워요).
　　背上可能有虫子在爬，很痒。
　③ 어제 모기에게 물린 곳이 아직도 (가려워요/간지러워요).
　　昨天被蚊子咬的包现在还痒。
　④ 상처 난 곳이 (가려워도/간지러워도) 긁지 마세요.
　　伤口痒也别挠。
　⑤ 오랫동안 그 일을 하지 않았더니 손이 (가렵다/근지럽다).
　　很久没做那 件事，手都痒痒了。

(4) 答案

① 가려워 　② 간지러워요 　③ 가려워요 　④ 가려워도
⑤ 근지럽다

3.2 곱다, 예쁘다, 아름답다

(1) 基本意义的比较

◆곱다：其基本意义是指纯洁的美，没有瑕疵及缺点。除了视觉和听觉之外，描述触觉时也可以用这个词语。

◆예쁘다：其基本意义是外形上的美，外表美丽或像貌形态给人以美感，即主要指某事物给人的视觉感受。

◆아름답다：其基本意义为精神上的美。虽然也指可视觉和听觉上给人的美感，但在表达令人感动的场景或事物时也使用此词语。

ㄱ. 나는 (고운, *예쁜, *아름다운) 모래 위에 누워 하늘을 바라본다.
　　我躺在细细的沙滩上仰望天空。

ㄴ. 아기의 돌 사진을 (*곱게, 예쁘게, *아름답게) 찍어 주세요.
　　孩子的周岁照片请拍得漂亮点儿。

ㄷ. 일생 동안 식구들을 위하여 고생하신 어머니의 뒷모습이 (*곱게, *예쁘게, 아름답게) 느껴졌다.
　　为家人劳碌一生的母亲的背影看上去很美。

例句"ㄱ"中的"곱다"指不掺杂任何异物或杂质，表面不粗糙，不凹凸不平，而是十分光滑，颗粒极细小，形容很均匀柔和的对象，富有美感。

ㄹ. 좋은 국수를 만들기 위해 무엇보다도 고운(*예쁜, *아름다운) 밀가루를 사용해야 한다.
　　为了制作好吃的面条最重要的是应该使用精细的面粉。

ㅁ. 어머니는 고운(*예쁜, *아름다운) 소금으로 간을 맞추셨다.
　　妈妈用上好的盐调味。

例句"ㄹ"中的"고운"意思是"细微而柔和"。例句"ㅁ"中的"고운"是指颗粒不大，不粗糙，没有杂质，大小均匀。另外，"곱다"可以包含触觉，这时它与"예쁘다"，"아름답다"的区别很大。

(2) 其他意义的比较

① "곱다"和"예쁘다"可以同时使用的情况。

ㄱ. 그녀의 손이 참 (곱게, 예쁘게, *아름답게) 생겼다.
　　她的手长得很美。

ㄴ. 누이 동생은 사과를 (곱게, 예쁘게, *아름답게) 깎았다.

妹妹把苹果削得挺好看。

"곱다"、"예쁘다"、"아름답다"都可以形容视觉感受，但手和苹果的美并不足以给人心灵上的感动，因此例句"ㄱ"和"ㄴ"中不能用"아름답게"。

② "예쁘다"和"아름답다"可以同时使用的情况。

ㄱ. 언덕 위의 별장은 참 (*곱다, 예쁘다, 아름답다.)
　　小山坡上的别墅真好看。

ㄴ. 여기서 두 시간을 더 가면 (*고운, 예쁜, 아름다운) 섬이 있다.
　　从这儿再走两个小时能看见美丽的岛屿。

别墅和岛屿都是立体的事物，与事物表面平滑而显出的纯洁的美大相径庭。因此不能使用"곱다"。

③ "곱다"和"아름답다"可以同时使用的情况。

ㄱ. 우리 (고운, *예쁜, 아름다운) 봄날에 하늘을 향해 꿈을 펼쳐보자.
　　咱们在美丽的春天向天空展示梦想吧。

ㄴ. 먹구름이 걷히자 햇살이 (곱게, *예쁘게, 아름답게) 비치기 시작했다.
　　乌云散去，阳光普照。

因为春天和阳光所展现的美都不是外形上的美，所以不能用"예쁘다"。

④ "곱다"、"예쁘다"、"아름답다"全都可以使用的情况。

ㄱ. 뜰에 꽃들이 (곱게, 예쁘게, 아름답게) 피었다.
　　院子里花开得好看。

ㄴ. 그녀는 (고운, 예쁜, 아름다운) 입술을 가지고 있다.
　　她的嘴唇很美。

花和嘴唇既可以展现外形美，又可以表现纯洁的美和精神上的美，所以三者皆可使用。

(3) 练习

다음 단어 중 알맞은 것을 고르시오.

① 어머니는 (고운/예쁜/아름다운) 소금으로 간을 맞추셨다.
　　妈妈用精盐调味。

② 요즘 나를 바라보는 그의 눈길이 (곱지/예쁘지/아름답지) 않다.
　　近来他看我的眼神不友善。

③ 나는 어릴 때 놀던 (고운/예쁜/아름다운) 고향을 잠시라도 잊어본 적이 없다.
我从未忘记孩提时嬉戏过的美丽故乡。

④ 그녀는 요즘 (고운/예쁜/아름다운) 추억에 잠겨 있다.
她最近一直沉浸在美好的回忆中。

⑤ 인터넷 홈페이지를 (곱게/예쁘게/아름답게) 꾸며 봅시다.
把网页装饰得漂亮些吧。

⑥ 아이들이 그동안 배운 재주를 보여드리겠습니다. (곱게/예쁘게/아름답게) 봐 주세요.
孩子们要把学到的技能展示一下，请好好欣赏。

⑦ 올가을은 단풍 색깔이 유난히 (곱다/예쁘다/아름답다).
今年秋天枫叶的颜色特别漂亮。

(4) 答案

① 고운　② 예쁜　③ 아름답게　④ 아름답게　⑤ 예쁘게　⑥ 예쁘게, 아름답게　⑦ 아름답다

3.3　기쁘다，즐겁다

(1) 基本意义的比较

◆기쁘다：主要指因获得某事物而高兴。
◆즐겁다：主要指因享受某事物而愉快。

ㄱ. 아이가 건강하게 태어나자 산모는 기뻐서 눈물을 흘렸다.
　　孩子平安地降生，产妇高兴得流下了眼泪。
ㄴ. 명절에 온 가족이 함께 하는 놀이는 정말 즐겁다.
　　过节时全家人一起玩游戏真的很开心。

例句"ㄱ"中的"기쁘다"指因喜得贵子而心情好。例句"ㄴ"中的"즐겁다"指因享受与家人团聚玩游戏的气氛而心情好。

(2) 其他意义的比较

① "기쁘다"的持续时间短，"즐겁다"的持续时间长。

ㄱ. 그녀에게서 선물을 받고 뛸 듯이 기뻤다.
　　收到她的礼物，高兴得要跳起来了。
ㄴ. 그녀에게서 선물을 받고 하루 종일 즐거웠다.

수到她的礼物，一整天都很开心。

例句"ㄱ"中的"기쁘다"指收到礼物瞬间的心情。例句"ㄴ"中的"즐겁다"指收到礼物后长时间的欣喜。

② "기쁘다"是对外界刺激反应而生的感情，而"즐겁다"是自己内心世界引发的感情。

ㄱ. 복권에 당첨되어 정말 기쁘다.
　　彩票中奖了，真的很高兴。
ㄴ. 아내와 함께 여행을 하게 되어 참으로 즐겁다.
　　和妻子一起旅行，真的很愉快。

例句"ㄱ"中的"기쁘다"指对中奖这个外部刺激的感受。例句"ㄴ"中的"즐겁다"指享受和妻子旅行过程带来的感受。

(3) 练习

다음 단어 중 알맞은 것을 고르시오.

① 가출한 아들이 돌아오자 어머니는 (기뻐서/즐거워서) 울었다.
　看到离家出走的孩子回来，母亲流下了喜悦的泪水。
② 오랜 실직 끝에 직장을 다시 구하게 되어 정말 (기쁘다/즐겁다.)
　失业很久，终于又找到了工作，真的很高兴。
③ 박사 학위를 받을 때가 그의 생애에서 가장 (기쁜/즐거운) 순간이었다.
　领取博士学位证的那个瞬间是他人生中最开心的一刻。
④ 모두들 음악에 맞춰 (기쁘게/즐겁게) 춤을 추고 있다.
　大家都合着音乐节拍，高兴地跳舞。
⑤ 오늘은 마음껏 놀 수 있는,(기쁜/즐거운) 토요일이다.
　今天是周六，可以尽情地欢乐。
⑥ 눈이 오면 가장 (기쁜/즐거운) 건 아이들과 강아지다.
　下雪时，最高兴的要属孩子们和小狗。

(4) 答案

① 기뻐서　② 기쁘다　③ 기쁜　④ 즐겁게　⑤ 즐거운
⑥ 즐거운

3.4 다르다, 틀리다

(1) 基本意义的比较

◆다르다：作比较的两事物互不相同。

◆틀리다：计算有误或与事实相悖。

ㄱ. 쌍둥이도 성격이 다를 수가 있다.
双胞胎的性格也有不同之处。

ㄴ. 음식값이 왜 이렇게 많이 나왔어요? 계산이 틀린 것 같은데요.
饭菜价怎么这么高？好像算错了吧？

(2) 其他意义的比较

① "다르다"还有与众不同的含义。"틀리다"有表示不能如愿或事情不顺利的意思。

ㄱ. 김치찌개 정말 맛있네. 역시 우리 어머니의 음식 솜씨는 달라.
泡菜汤真好吃，我妈妈的厨艺就是不一样。

ㄴ. 비가 오니 등산 가기는 틀렸다.
因为下雨不能去登山了。

例句"ㄱ"中"다르다"包含了不起的意思,例句"ㄴ"中"틀리다"表示不能去登山。

② "다르다"的反义词是"같다"，"틀리다"的反义词是"맞다"。

ㄱ. 내가 푼 문제의 답이 네 답하고 다르네.
我做的答案和你的不一样啊。

ㄴ. 네 답이 틀렸어.
你的答案错了。

例句"ㄱ"中的"다르다"是不一样的意思，例句"ㄴ"中的"틀리다"是不对的意思。

(3) 练习

다음 단어 중 알맞은 것을 고르시오.

① 내 생각은 너하고 (달라/틀려).
我的想法和你的不一样。

② 어제 입은 옷하고 색깔이 (다르네/틀리네).
跟昨天穿的衣服颜色不一样。

③ 띄어쓰기에 (다른/틀린) 곳이 있으면 좀 고쳐 주세요.
　　要是连写法有错的地方请给我改一下。
④ 고장 난 라디오를 고치는 걸 보니 기술자가 (다르긴/틀리긴) (다르구나/ 틀리구나).
　　把出故障的收音机修好了，这技术人员的确不一般。
⑤ 시간이 부족하여 오늘 숙제를 다 하기는 (다른/틀린) 것 같다.
　　时间不够了，今天的作业恐怕做不完了。

(4) 答案

① 틀린 ② 다르네 ③ 틀린 ④ 다르긴, 다르구나 ⑤ 틀린

3.5 두껍다, 두텁다
(1) **基本意义的比较**
　　◆두껍다：比一般的厚度要厚。
　　◆두텁다：信念、关系、人情等坚定而深厚。
　　ㄱ. 방이 추워서 두꺼운 이불을 덮고 잤다.
　　　　房间冷，盖上厚被子睡了。
　　ㄴ. 그에 대한 사장의 신임이 두텁다.
　　　　总经理对他十分信任。

(2) **其他意义的比较**
　　① "두껍다"主要用于能触摸到的固体，"두텁다"用于触摸不到的液体、气体等。
　　ㄱ. 두꺼운 책은 내용을 보기도 전에 겁이 난다.
　　　　厚厚的书还没看就令人生畏。
　　ㄴ. 달이 두터운 구름에 가리워져 있다.
　　　　月亮躲在厚厚的云层里面。
　　② "두껍다"用于描写客观的、物质的、具体的事物；而"두텁다"用于描写主观的、心理的、抽象的事物。
　　ㄱ. 얼음이 아주 두껍게 얼었다.
　　　　冰结得很厚。
　　ㄴ. 두 사람은 멀리 떨어져 있어도 두터운 우의를 유지하고 있다.
　　　　两个人虽然天各一方，但仍保持着深厚的友谊。

(3) 练习

다음 단어 중 알맞은 것을 고르시오.

① 그는 얼굴이 (두껍다/두텁다).
    他脸皮很厚。
② 늘 붙어다니는 두 사람은 (두꺼운/두터운) 우정을 과시하고 있다.
    两个形影不离的人展现着他们的友谊。
③ 여기는 나무가 많아서 그늘이 아주(두껍다/두텁다).
    这里树很多，所以树阴很大。
④ 나는 가난할 때 선생님으로부터 (두꺼운/두터운) 은혜를 입었다.
    困难时期，我从老师那儿得到了很大帮助。
⑤ (두꺼운/두터운) 옷을 입었는데도 몸이 떨린다.
    穿了很厚的衣服，还是冻得发抖。
⑥ 이 사과는 껍질이 너무 (두껍다/두텁다).
    这个苹果皮太厚了。

(4) 答案

① 두껍다	② 두터운	③ 두껍다
④ 두터운	⑤ 두꺼운	⑥ 두껍다

3.6 두렵다, 무섭다, 겁나다

(1) 基本意义的比较

◆두렵다：因感到不安而胆怯，惧怕的根源在内心。
◆무섭다：因感到受威胁而胆怯，惧怕的根源是外界事物。
◆겁나다：面临具体情况时感受到的不安。

ㄱ. 무슨 일이든 처음 시작할 때는 다소 두렵기 마련이다.
    凡事在开头的时候，内心都会有些恐惧。
ㄴ. 어두운 길을 오느라 무서워서 혼났다.
    因为是摸黑儿来的，我差点儿吓死。
ㄷ. 막상 물에 뛰어들려니 겁이 났다.
    真要跳水了，我很害怕。

例句"ㄱ"中的外部因素并不明确，所以用"두렵다"表示恐惧。例句"ㄴ"中的恐惧是外界因素"어둠"造成的，所以用"무섭

다". 而"ㄷ"中是因为面临具体的"물에 뛰어든다" 而产生的不安, 所以用"겁나다".

(2) 其他意义的比较
① "두렵다"所恐惧的对象是抽象的, "무섭다"恐惧的对象是具体的。
　　ㄱ. 혹시 사고라도 나지 않을까 두렵다.　我担心会出事。
　　ㄴ. 나는 어려서부터 뱀이 무서웠다.　我从小就怕蛇。
② "무섭다"表示瞬间的条件反射式的恐惧, 而"두렵다"不能用于瞬间的恐惧感。
　　ㄱ. 저거 꼭 귀신같아. 무서워!(*두려워)
　　　　那东西像鬼, 我怕!
　　ㄴ. 공부를 제대로 하지 않아 시험 날짜가 다가올수록 두려워진다.
　　　　因为没好好学习, 越临近考试我越害怕。
③ 某事物的状态或行动大大超出一般程度时用"무섭다"。
　　ㄱ. 비가 무섭게(*두렵게) 퍼붓는다.
　　　　大雨倾盆。
　　ㄴ. 그는 무서운(*두려운) 고통을 이겨냈다.
　　　　他克服了巨大的痛苦。
④ 形容非凡的、卓越的能力时用"무섭다"。
　　ㄱ. 그녀는 기억력이 무서울(*두려울) 정도로 좋은 편이다.
　　　　她记忆力极强。
　　ㄴ. 한국은 1970년대에 무서운(*두려운) 경제성장을 기록했다.
　　　　韩国在20世纪70年代经济有惊人的增长。
⑤ "겁나다"表示恐惧的主体是具体而确实存在的。这一点上, "겁나다"和"무섭다"的意思相近。
　　ㄱ. 계곡에 걸린 다리를 건널 때 겁이 많이 났다.
　　　　我在山谷里的桥上走的时候, 感到很害怕。
　　ㄴ. 계곡에 걸린 다리를 건널 때 많이 무서웠다.
　　　　我在山谷里的桥上走的时候, 感到很害怕。

(3) 练习
　　다음 단어 중 알맞은 것을 고르시오.
　　① 그는 요즘 밤낮없이 (두렵게/무섭게) 일한다.

他最近不分昼夜地工作。

② 오늘 보았던 공포영화는 정말 (두려웠다/무서웠다).
今天看的恐怖电影太吓人了。

③ 청년은 실패를 (두렵게/무섭게) 생각해서는 안 된다.
年轻人不应该害怕失败。

④ 나는 지난 밤에 강도에게 쫓기는 (두려운/무서운) 꿈을 꾸었다.
我昨晚做了被强盗追赶的噩梦。

⑤ 그는 이번 일로 불이익을 당할까 (두려워/무서워)하고 있다.
他害怕会因为这件事受到什么不利影响。

(4) 答案

① 무섭게　② 무서웠다　③ 두렵게　④ 무서운　⑤ 두려워

3.7 바르다, 옳다

(1) 基本意义的比较

◆바르다: 符合正常的、正确的原则。

◆옳다: 判断某事物符合道理而且应该如此。

ㄱ. 그 학생은 의자에 바르게(*옳게) 앉아 책을 읽는다.
那个学生端正地坐在椅子上读书。

ㄴ. 자연을 보호하기 위하여 우리 모두가 환경 감시자가 되어야 옳다(*바르다).
为了保护环境，我们每个人都应该成为环境卫士。

例句"ㄱ"中表述的是学生按照自己认为符合正常原则的姿势坐着，而"ㄴ"中表述的是符合道理的、应该做的事。

(2) 其他意义的比较

① 表示模样符合原则或言行举止合乎规范的时候用"바르다"。

ㄱ. 학생들이 운동장에서 줄을 바르게 서 있다.
学生们在操场上站排站得很直。

ㄴ. 아이는 유치원 때부터 바른 생활습관을 길러야 한다.
从上幼儿园起，孩子就应养成良好的生活习惯。

② "바르다"有符合实情的意思。

ㄱ. 거짓말하지 말고 바른 대로 말해.

别撒谎，说实话！
ㄴ. 그녀는 바른 소리를 한다고 했지만 남들이 믿어주지 않았다.
她说自己说的是事实，但没有人相信。
③ 表示理论和主张符合道理时用"옳다"。
ㄱ. 너는 나보다 키가 크니까 내 뒤에 서야 옳지(*바르지) 않니?
你比我个子高，难道不该站我后面吗？
ㄴ. 대체 이 노릇을 어떻게 해야 옳다(*바르다)는 말이냐?
这玩意儿到底该怎么弄啊？
连接语尾"-아야'-어야"表示"应该"，所以可以和表示符合道理的"옳다"搭配使用；而与"바르다"连用则显得不自然。
④ 表示意志和信念符合道理或确信某事符合道理时用"옳다"。
ㄱ. 우리의 신념이 옳다고(*바르다고) 믿는다면 지속적으로 노력해야 한다.
只要相信我们的信念是对的，就必须坚持不懈，继续努力。
ㄴ. 이 일은 다른 사람보다 그에게 맡기는 것이 옳지(*바르지) 않겠습니까?
这件事交给他不比交给别人强吗？
⑤ 表示所判断的事符合道理时用"옳다"。
ㄱ. 듣고 보니 과연 네 말이 옳구나 (*바르구나).
听了以后发现你是对的。
ㄴ. 너는 여태 옳은(*바른) 일자리 하나 마련하지 못했니?
你到现在也没找到合适的工作吗？
例句"ㄱ"中表示听者听到说话者说的话后觉得符合道理，所以用"옳다"；而"ㄴ"中所谓的合适的工作是有发展前途、稳定、收益好的工作，这是符合道理的，因此也"옳다"。

(3) 练习
다음 단어 중 알맞은 것을 고르시오.
① 환자가 수술대 위에 자세를 (바르게/옳게) 누워있다.
患者平躺在手术台上。
② 교정 치료를 통하여 굽어진 체형이 (바르게/옳게) 되었다.
通过矫正治疗，弯曲的体型变直了。
③ 일이 이렇게 될 줄 몰랐어. 그쯤에서 나는 전화를 끊었어야

(발랐다/옳았다).
我不知道事情会这样，那会儿该挂断电话才对。

④ 나는 지금까지 직장에서 (바른/옳은) 대우를 받은 적이 없다.
我到现在为止在单位从未受到过公正的对待。

⑤ 어르신께서 하신 말씀 잘 들었습니다. 백번 (바른/옳은) 말씀입니다.
老人家说的话我听明白了，您的话永远都是对的。

⑥ 그 사람은 예절 (바르게/옳게) 행동한다.
他举止端正。

⑦ 그는 거짓말이라고는 모르는 (바른/옳은)사람이다.
他是从来不说谎的人。

⑧ (바르지/옳지), 그렇게 하면 되겠구나.
对了，那么办就行呀。

(4) 答案

① 바르게 ② 바르게 ③ 옳았다 ④ 옳은 ⑤ 옳은
⑥ 바르게 ⑦ 바른 ⑧ 옳지

3.8 밝다, 환하다
(1) 基本意义的比较

◆밝다：不暗，很清楚。

◆환하다：无障碍，一目了然。

ㄱ. 저녁 서쪽 하늘에 별 하나가 밝게 빛난다.
　　傍晚西边的天空上有颗明亮的星星。

ㄴ. 먼지 묻은 창문을 닦으니 밖이 환하게 보인다.
　　将蒙着灰尘的窗户擦干净以后，外面的景色一目了然。

例句"ㄱ"表示星星不受云彩等障碍物的影响，自身能发光；例句"ㄴ"表示擦掉了灰尘这个障碍物以后才看清了外面。

(2) 其他意义的比较

① 表示视觉上和听觉上的清楚时用"밝다"。

ㄱ. 할아버지는 여전히 눈이 밝으셔서 신문도 곧잘 읽으신다.
　　爷爷视力跟以前一样好，还经常看报。

ㄴ. 할머니는 귀가 밝으셔서 옆에서 하는 이야기를 다 들으신다.
奶奶耳朵好使，身旁的话都能听见。
② 表示前景光明或色彩鲜明时用"밝다"。
ㄱ. 올해 졸업생들의 취업 전망이 밝은 편이다.
今年毕业生的就业情况良好。
ㄴ. 신랑이 밝은 색 정장을 입고 예식장에 들어가고 있다.
新郎穿着浅色的西装走进婚礼殿堂。
③ 表示懂礼节明事理时用"밝다"。
ㄱ. 누나는 인사성이 밝아 칭찬이 자자하다.
姐姐很有礼貌，赢得大家好评。
ㄴ. 형은 사리에 밝아 모든 일을 빈틈없이 처리한다.
哥哥谙达世事，什么事情都处理得天衣无缝。
④ 表示视野辽阔或理解上无障碍时用"환하다"。
ㄱ. 창가에 있는 나무를 베어 내니 앞이 환하다.
砍了窗外的树以后，视野很开阔。
ㄴ. 그는 그 책을 몇 번이나 읽었는지 내용을 환하게 알고 있다.
那本书他读了好多遍，对其内容了如指掌。
⑤ 表示长得好或气氛好时用"환하다"。
ㄱ. 그 청년은 아버지를 닮아서 인물이 환하게 생겼다.
那个青年长得像他爸爸，非常帅。
ㄴ. 꽃을 꽃병에 꽂아 탁자 위에 놓으니 거실이 환해졌다.
把花插在花瓶里放到桌子上以后，整个客厅都显得亮堂了。

(3) 练习
　　다음 단어 중 알맞은 것을 고르시오.
① 옷이 너무 얇아서 살갗이 (밝게/환하게) 보인다.
衣服太薄，能清楚地看见皮肤。
② 촛불은 전등불보다 (밝지/환하지) 않다.
蜡烛比电灯暗。
③ 내가 보는 신문에는 (밝은/환한) 내용이 자주 실린다.
我看的报纸上总有表现积极内容的文章。
④ 그녀는 그 일에 대하여 (밝게/환하게) 알고 있다.
她很清楚那件事。

⑤ 창문이 많아서 교실이 다른 곳보다 훨씬 (밝다/환하다).
　　教室窗户多，比别的地方亮不少。
⑥ 일출을 보려고 바닷가에 가니 아침이 (밝아/환하여) 오고 있었다.
　　为了看日出去了海边，天渐渐亮了起来。
⑦ 그녀는 (밝은/환한) 미소로 우리를 따뜻하게 맞이했다.
　　她以明朗的笑容热情地接待了我们。

(4) 答案

　① 환하게 ② 밝기 ③ 밝은 ④ 환하게 ⑤ 밝으니, 밝구나 ⑥ 밝아 ⑦ 밝은, 환한

3.9 부끄럽다，창피하다

(1) 基本意义的比较

◆ 부끄럽다：做错事或违背良心，显得不光明磊落。
◆ 창피하다：遇到丢面子或让人讨厌的事而害羞。

ㄱ. 나는 부모님께 자식의 도리를 다하지 못하는 것이 늘 부끄럽다.
　　我没有对父母尽孝，总是因此感到很羞愧。
ㄴ. 시험에 또 떨어지다니, 창피해 죽겠다.
　　考试又没及格，丢死人了。

"부끄럽다"和良心、道德、习惯有很深的关联，因此例句"ㄱ"中用"부끄럽다"。而"창피하다"和脸面有关。即在乎别人的看法，因此例句"ㄴ"中用"창피하다"。

(2) 其他意义的比较

① "부끄럽다"的判断标准在于自己，而"창피하다"的判断标准在于别人的视线。

ㄱ. 나는 거짓말을 한 내 자신이 부끄럽다(*창피하다).
　　我为自己说谎而感到羞愧。
ㄴ. 너는 여동생하고 싸우는 것이 창피하지도(*부끄럽지도) 않니?
　　你和妹妹打架，不觉得丢人吗？

② "부끄럽다"可以用于个人和集体的事情，而"창피하다"只用于个人的事情。

ㄱ. 나라가 어려울 때 힘을 합치지 못한 것은 민족 전체의 부끄

러움(*창피함)이다.

国家有难，民众不能团结一致，是全民族的耻辱。

ㄴ. 나는 그 사람에게 눈물을 보인 것이 무척 창피했다(*부끄러 웠다).

让他看到我流泪，真丢人。

③ "부끄럽다"有非常害羞之意，而"창피하다"无此意。

ㄱ. 그녀는 남 앞에 나서는 것이 부끄러운지(*창피한지) 벌써 얼굴이 빨개졌다.

她站在别人面前很害羞，脸立刻变红了。

ㄴ. 신부가 부끄러워서(*창피해서) 얼굴을 들지 못한다.

新娘很害羞，不好意思抬起头。

"ㄱ"句和"ㄴ"句中的"부끄럽다"与道德无关，与个人的性格有很深的关系。即这里的"부끄럽다"指没有勇气和胆量，感到内疚。

④ "부끄럽다"的反义词是"자랑스럽다"、"떳떳하다"、"당당하다"。

가난은 부끄러운 것이 아니다.

贫困不是令人羞愧的事情。

上例中的"困难"不是违背了良心和道德的事情，因此用"부끄럽다"比"창피하다"更合适。

(3) 练习

다음 단어 중 알맞은 것을 고르시오.

① 사내 대장부가 (부끄럽게/창피하게) 울 수는 없지.

男儿有泪不轻弹。

② 그 동안 나쁜 짓을 많이 했습니다. 조상님께 (부끄럽습니다/창피합니다).

我以前做了很多坏事，愧对祖先。

③ 많은 사람 앞에 선 아이는 (부끄러워/창피해) 어쩔 줄 몰라했다.

孩子站在众人面前很害羞，不知所措。

④ 이렇게 짧은 치마를 어떻게 입어? (부끄럽게/창피하게)…

这么短的裙子怎么穿啊？太不好意思了。

⑤ 어릴 때 새 자전거를 사 주지 않는다고 엄마한테 화를 낸 것이

지금 생각하니 참 (부끄럽다/창피하다).
想起小时候因为妈妈不给自己买新自行车而发火，真丢人。

⑥ 아버지, 친구들 앞에 작업복 차림으로 나타나면 어떡해요? (부끄럽게/창피하게) …
父亲，在朋友们面前穿工作服怎么样呢？太不体面了。

⑦ 우리집 아이가 못된 일만 저질러서 이웃 사람들 보기가 (부끄럽다/창피하다.)
我们家孩子净淘气惹事，让邻居笑话了。

(4) 答案

① 창피했어 ② 부끄럽구나 ③ 부끄럽더라 ④ 창피해서 ⑤ 부끄럽다 ⑥ 창피했어 ⑦ 부끄럽다

3.10 불쌍하다, 가엾다
(1) 基本意义的比较

◆ 불쌍하다：对物质匮乏者的同情。
◆ 가엾다：对精神上软弱的人的同情。

ㄱ. 그는 자기 자신이 키도 작고 얼굴도 못생겨서 자꾸 불쌍하게 여겨진다.
他总感慨自己个子矮长得又不帅。

ㄴ. 배 고파 우는 아이가 가엾기 그지없다.
饿得直哭的孩子着实可怜。

例句"ㄱ"中的主人公感慨自己的个子和长相达不到基本要求，因此用"불쌍하다"；而例句"ㄴ"中饿得直哭的孩子是软弱的，因此用"가엾다"。

(2) 其他意义的比较

① "불쌍하다"既可用于年龄大于说话者的人，亦可用于年龄较小的人。而"가엾다"多用于年龄小于说话者的人。

ㄱ. 매일 끼니를 걱정해야 하는 옆집 할머니가 참 불쌍하다(*가엾다).
隔壁的奶奶每天为三餐而苦恼，真可怜。

ㄴ. 한꺼번에 부모와 형제를 모두 잃은 그 애가 가엾어 보인다.
那孩子一下子失去了父母和兄弟，怪可怜的。

② "가엾다"用于精神上陷入某种困境的人，"불쌍하다"可并用于物质上陷入困境和精神上陷入困境者。
ㄱ. 그는 자식들에게 버림받은 불쌍한(가엾은) 아버지다.
他是个被子女遗弃的可怜的父亲。
ㄴ. 불쌍한(가엾은) 것, 가난한 집으로 시집가서 얼마나 고생이 많을까?
真可怜，嫁了个穷人得吃多少苦啊。

(3) 练习
다음 단어 중 알맞은 것을 고르시오.
① 우리 모두 연말에 먹을 것이 부족한 (불쌍한/가엾은) 이웃을 도웁시다.
让我们帮助年底缺少食物的邻居吧。
② 우리 속에 갇힌 사자가 (불쌍하다/가엾다.)
被关在笼子里的狮子很可怜。
③ 노점상을 하고 있는 할머니가 좀 (불쌍해요/가엾어요.)
摆小摊儿的老奶奶有点儿可怜。
④ 나는 아무 말도 못하고 매를 맞고 있는 동생이 (불쌍하다/가엾다)는 생각이 들었다.
我很可怜挨了板子却什么都不能说的弟弟。
⑤ 힘든 일을 하고 집에 돌아와 자는 아내의 모습이 (불쌍하게/가엾게) 느껴진다.
妻子干完活累得回家便倒头大睡，我看着很心疼。
⑥ 마지막 잎사귀가 (불쌍하게도/가엾게도) 바람에 떨고 있다.
最后一片叶子在风中瑟瑟抖动。

(4) 答案

① 불쌍한 ② 불쌍하다 ③ 불쌍해요 ④ 가엾다 ⑤ 가엾게 ⑥ 가엾게도

3.11 빠르다, 이르다
(1) 基本意义的比较
◆빠르다: 做某个动作所用的时间短。

◆이르다：某件事与正常进度相比，处于提前的状态。

ㄱ. 걸음이 빨라서 따라갈 수 없다.
　　走得太快跟不上。
ㄴ. 12시도 안 되었으니 점심 먹기에는 이르다.
　　12点都不到，吃午饭还早。

(2) 其他意义的比较

① "빠르다"有某事或发展过程比预期花费时间更少之意或在时间上领先于比较对象之意。

ㄱ. 그는 승진도 빠르고(*이르고) 돈도 꽤 벌었다.
　　他升职很快，也挣了很多钱。
ㄴ. 내 친구 생일은 나보다 하루 빠르다(*이르다).
　　我朋友的生日比我早一天。

② 当"이르다"以"이른"的形式出现，有"刚刚开始，很快的，第一次"之意。

ㄱ. 공원에는 이른(*빠른) 아침이라 인적이 드물었다.
　　因为是清晨，公园里人很少。
ㄴ. 이른(*빠른) 봄에는 꽃샘 추위가 있기 마련이다.
　　早春都是春寒料峭。

③ "빠르다"的反义词是"느리다"，"이르다"的反义词是"늦다"。"빠르다"可以用"빨리"替换，"이르다"可以用"일찍"替换。

ㄱ. 뭘 그렇게 꾸물거려? 빨리(*일찍) 와.
　　磨蹭什么呢？快点儿过来。
ㄴ. 내일 늦으면 안 돼. 좀 일찍(*빨리) 오도록 해.
　　明天不能迟到。一定早点儿来。

(3) 练习

다음 단어 중 알맞은 것을 고르시오.
① 수업 시작하려면 멀었는데 왜 이렇게 (일찍/빨리) 왔니?
　　离上课还早，怎么这么早来了？
② 요즘 사회의 변화가 (빨라서/일러서) 적응을 잘 못하는 사람이 많다.

最近社会变化太快，不适应的人很多。
③ 철수의 100미터 달리기 기록은 나보다 3초 (빠르다/이르다).
　　哲洙的百米跑记录比我快3秒。
④ 3월 초라 라일락꽃이 피기에는 아직 (빠르다/이르다).
　　才3月初，离丁香花开还早。
⑤ (이른/빠른) 아침이라 버스가 한산하다.
　　因为是清晨，公交车上非常空的。

(4) 答案

| ① 빠른 | ② 빠르다 | ③ 빠르다 | ④ 이르다 | ⑤ 이른 |

3.12　서운하다，섭섭하다
(1) 基本意义的比较

　　◆서운하다：因该做的事没做而感到的遗憾。
　　◆섭섭하다：因做了不该做的事而感到遗憾。
　ㄱ. 아이가 요즘 들어 더욱 아빠만 찾는다. 그래서 아기 엄마는
　　　무척 서운하다고 한다.
　　　孩子最近更喜欢找爸爸，所以孩子妈妈很伤心。
　ㄴ. 제가 누군지 모른다고요? 정말 섭섭하네요…
　　　你是说不知道我是谁？太伤心了。
例句"ㄱ"中的"서운하다"是指通常孩子应该喜欢妈妈，但事实不是那样，因此妈妈很伤心。例句"ㄴ"中的"섭섭하다"是指不应该不知道，却真的不知道，因此很伤心。
　ㄷ. 우리 축구팀이 졌다니 참 서운하네요.
　　　我们足球队输了，太可惜了。
　ㄹ. 오시고도 연락을 안 하셨다니 섭섭합니다.
　　　来了却没联系，真遗憾。
例句"ㄷ"中的"서운하다"指该赢却没赢，很可惜。例句"ㄹ"中的"섭섭하다"指不该发生不联系的事情却发生了，很遗憾。

(2) 其他意义的比较
① 同一个句子，角度不同，既可以用"서운하다"，也可以用

"섭섭하다"。这表示在同一种情况下，两种观点并存，即因该做的事没做而感到遗憾用"서운하다"，又因做了不该做的事而感到遗憾用"섭섭하다"。因此在同一个句子中，"서운하다"和"섭섭하다"几乎都可以互换。

ㄱ. 사람은 보통 열 번 잘 해주다가 한 번 잘 못해주면 서운하다고 한다.

平时对一个人有十次很好，但只要有一次不好，他就会很伤心。

ㄴ. 어제 일은 본의 아니게 그렇게 되었으니 너무 섭섭하게 생각하지 마세요.

昨天的事情并非我本意，请不要太伤心。

例句"ㄱ"中的"서운하다"可以替换成"섭섭하다"，例句"ㄴ"中的"섭섭하다"可以替换成"서운하다"。

② "서운하다"和"섭섭하다"可以在同一句子中并列使用。

ㄱ. 중국 여행을 마치고 돌아가는 기내에서 왠지 서운하고 섭섭한 마음이 들었다.

结束了中国旅行回来时，在飞机上不知为何觉得依依不舍。

ㄴ. 그 동안 조금 싸우기도 했지만 막상 헤어진다고 생각하니 서운하고 섭섭하네요.

虽然也曾吵过架，可一想到马上要分开，就觉得很舍不得。

例句"ㄱ"中用"서운하다"指还想继续愉快地旅行，可是现实条件不允许，因此留下遗憾。用"섭섭하다"是指愉快的旅行不该结束却结束了，心里留下遗憾。例句"ㄴ"中用"서운하다"是指还想继续在一起，可是却不能那样，很遗憾。用"섭섭하다"是指要是不分开就好了，可是却得分开，留下遗憾。

(3) 练习

다음 단어 중 알맞은 것을 고르시오.

① 왜 그렇게 냉정하게 대하셔서 아버지를 (서운하게/섭섭하게) 했어요?

对爸爸为什么那么冷淡，让他伤心？

② 이 정든 학교를 떠난다고 생각하니 (서운하기/섭섭하기) 짝이 없다.

一想到要离开心爱的学校，就无比伤心。

③ 결혼 축하합니다. 결혼식에 가지 못해서 못내 (서운합니다/섭섭합니다.)
   祝你们新婚快乐。没能参加婚礼，我很遗憾。
④ 내 마음을 이해 못해 주는 사람이 있는 것 같아서 너무 (서운합니다/섭섭합니다.)
   好像有人不能理解我的心情，我很伤心。
⑤ 지금 헤어지면 오랫동안 못 만나겠네. 정말 (서운하다/섭섭하다.)
   这次分开，很久不能相见。真的很伤心。
⑥ 귀한 손님이니까 (서운하지/섭섭하지) 않게 대접해 드려라.
   这是尊贵的客人，一定好好接待，不要让客人失望。
⑦ 오늘 낮 사소한 일로 직장의 동료를 (서운하게/섭섭하게) 한 일이 마음에 걸린다.
   今天因为一点小事让单位的同事失望了，我心里很不舒服。

(4) 答案

| ① 시원하게, 섭섭하게 ② 시원하기, 섭섭하기 ③ 시원하다 ④ 섭섭하다 ⑤ 시원하기, 섭섭하기 ⑥ 섭섭하기 ⑦ 시원하게 |

3.13 심심하다, 지루하다
(1) 基本意义的比较
◆심심하다: 因无事可做，而感到没有意思。
◆지루하다: 因花费很长时间或同一状态持续很久，令人生厌。
ㄱ. 나는 심심하던 차에 말 상대를 만나 반가웠다.
   我正无聊，遇见个兴趣相投的人，很开心。
ㄴ. 나는 약속 시간에 오지 않는 친구를 기다리는 것이 참 지루했다.
   我很讨厌等待不遵守约会时间的朋友。

"심심하다"和"지루하다"最大的区别是时间的长短。即"심심하다"是短时间内也可以造成的状况，而"지루하다"需要长时间才能造成的状况。即"ㄱ"句的"심심하다"无法知道自己独处而无趣的时间是长还是短。"ㄴ"句的"지루하다"是指等朋友很久，令人生厌。

(2) 其他意义的比较

① "지루하다"还可用于主语不指人的情况。

ㄱ. 지루한 토론이 계속되자 그는 일어나 밖으로 나갔다.
　　冗长的讨论在继续，他站起来向外走去。

ㄴ. 바둑을 모르는 사람들에겐 바둑처럼 지루한 게임도 드물 것이다.
　　对于不懂围棋的人来说，没有比围棋更无聊的的游戏了。

例句"ㄱ"和"ㄴ"中的"지루하다"不是修饰人，而是修饰"토론"和"게임"，表示花费很长时间和无趣之意。下文例"ㄷ"和"ㄹ"句中，"지루하다"分别做"장마비"和"장사"的状语或谓语。

ㄷ. 장마비가 한 열흘 넘게 지루하게 내리고 있었다.
　　霪雨连续下了十多天。

ㄹ. 장사도 안되니 하루 해가 몹시 길고 지루하다.
　　生意不兴隆，感觉一天漫长无趣。

② "심심하다"只有在表示人的名词前才能用作定语。

ㄱ. 주말에 심심한 사람은 우리집에 놀러와요.
　　周末无聊的人来我家玩吧。

ㄴ. 요즘 우리는 모두 바빠요. 심심한 사람은 아무도 없어요.
　　最近我们都很忙。没有人闲着。

③ "심심하다"可以以"심심하면"的形式，表示"가끔"或"자주"的意思。

ㄱ. 할머니는 심심하면 입버릇처럼 옛날 얘기를 꺼내신다.
　　奶奶动不动像口头禅似的说起从前的事。

ㄴ. 이웃집 아이는 심심하면 우리 아이를 집적인다.
　　邻居家的孩子动不动就欺负我家孩子。

④ "심심하다"可以以"심심치 않게"的形式出现，表示"자주"的意思。

ㄱ. 그 두 사람의 관계는 우리 사이에서 한 동안 심심치 않게 화젯거리가 되었다.
　　那两个人的关系一度是我们的热议话题。

ㄴ. 요즘 외국에 나가 공부와 해외 여행의 두 마리 토끼를 모두 잡고 오는 학생들도 심심치 않게 볼 수 있다.
　　最近出国既学习又海外旅行而一举两得的学生很多。

⑤ "심심하다" 还可以与 "입" 搭配，表示想吃点什么。
ㄱ. 입이 심심한데 뭐 먹을 거 좀 없어요?
　　有点儿嘴馋，有没有好吃的东西?
ㄴ. 아이는 입이 심심한지 자꾸 과자를 먹는다.
　　孩子可能嘴馋了，老是吃饼干。

(3) 练习

다음 단어 중 알맞은 것을 고르시오.

① 그는 (심심할/지루할) 때면 이따금 산에 올라간다.
　　他无聊的时候偶尔会去登山。
② 나는 회의가 끝나기를 기다리기에 (심심해서/지루해서) 잠시 다른 장소로 이동했다.
　　我等会议结束等得无聊，就暂时去别的地方了。
③ 병원 침대에서 보내는 시간은 참기 어렵게 (심심했다/지루했다).
　　在医院病床上度过的时间无聊到难以忍受。
④ 친구도 아니라면서 싸우더니 지금은 없으니까 (심심하니/지루하니)?
　　以前总是互相吵架，说不是朋友，现在不在一起了，感到很孤单吧?
⑤ 영화가 정말 (심심하다/지루하다).
　　电影真无趣。
⑥ (심심한/지루한) 연설을 듣고 있자니 자꾸 하품이 났다.
　　听冗长的演讲总打哈欠。
⑦ 금방 밥 먹었는데 또 입이 (심심하다/지루하다).
　　刚吃过晚饭，嘴又馋想吃东西。
⑧ 행사가 너무 느리게 진행되어서 (심심하다/지루하다).
　　活动进行得太慢，真让人心烦。

(4) 答案

① 심심할　② 지루해서　③ 지루했다　④ 심심하니
⑤ 지루하다　⑥ 지루한　⑦ 심심하다　⑧ 지루하다

3.14 아깝다, 아쉽다

(1) 基本意义的比较

◆아깝다: 失去了宝贵的东西，觉得遗憾。
◆아쉽다: 因需要时没有或不够而焦急、不满意。

ㄱ. 사업이 실패로 끝나 그 동안 투자한 돈이 아깝다.
　　生意以失败告终，此前投入的钱真可惜。
ㄴ. 나는 지금 그의 도움이 필요한데 그가 없는 것이 참 아쉽다.
　　我现在需要他的帮助，他不在，真急人。

例句"ㄱ"中的"아깝다"指投资没能获得回报，就好像丢了钱一样。

(2) 其他意义的比较

① 表示某对象是有价值的，不愿意抛弃或让出，这时用"아깝다"。

ㄱ. 그가 사 준 케이크는 너무 예뻐서 먹기가 아까웠다 (*아쉬웠다).
　　他买的蛋糕太漂亮了，都不舍得吃。
ㄴ. 이것은 버리기엔 너무 아깝다(*아쉽다).
　　这个扔了太可惜。

② 表示有价值的对象没能得到充分利用，感到很遗憾，这时用"아깝다"。

ㄱ. 경치가 너무 아름다워 나만 혼자 보기가 아깝다(*아쉽다).
　　景色太美了，只是我一个人观赏，太浪费了。
ㄴ. 그는 박사학위를 가진 사람인데 아파트 경비를 하기에는 아까운(*아쉬운) 인재다.
　　他是个有博士学位的人，做公寓门卫太浪费人才了。

③ 表示尚存留恋时用"아쉽다"。

ㄱ. 고아원 아이들과 정이 들었는데 막상 헤어지려니까 아쉽기(*아깝기) 그지없다.
　　和孤儿院的孩子们有感情了，马上要分开，真舍不得。
ㄴ. 그는 이 작별이 못내 아쉬워서(*아까워서) 자꾸 뒤를 돌아보았다.
　　他不舍离别，总是回头看。

(3) 练习

다음 단어 중 알맞은 것을 고르시오.

① 그는 어려서부터 (아까운/아쉬운) 게 없이 살아온 사람이다.
他从小就衣食无忧。

② 우리 사장님은 구두쇠라서 기부할 때 돈이 (아까워/아쉬워) 벌벌 떨었다.
我们总经理是个吝啬鬼，捐款时很抠门。

③ 연말이라 불우이웃에 대한 따뜻한 동정의 손길이 (아깝다/아쉽다).
年末给贫困邻居送温暖的热度还是不尽人意。

④ 그동안 많은 정성을 기울여 온 일이라 이제 와서 그만두기가 너무 (아깝다/아쉽다).
在这件事上费了很多心血，现在放弃太可惜了。

⑤ 그는 정말 놓치기 (아까운/아쉬운) 인재다.
他是个不可多得的人才。

⑥ 그녀는 남에게 (아까운/아쉬운) 소리를 하기 싫어하는 사람이다.
她是个不愿意在别人面前唉声叹气的人。

⑦ 지금 내 형편으로는 100원이 (아까운/아쉬운) 상태다.
我现在的状况是连100韩元都掏不出来的人。

(4) 答案

① 아까운 ② 아쉬워 ③ 아쉽다 ④ 아깝다 ⑤ 아쉬운 ⑥ 아쉬운 ⑦ 아쉬운

3.15 얇다, 엷다

(1) 基本意义的比较

◆ 얇다：物体的厚度比一般要薄。
◆ 엷다：融化或溶解在液体里物质的量很少。

ㄱ. 날씨가 추운데 그렇게 얇은 옷을 입으면 춥지 않겠어요?
天气这么冷，穿那么薄的衣服不冷吗?

ㄴ. 밑바탕을 칠할 때는 물감을 엷게 풀어서 사용하세요.
在涂刷地面时，请把染料调稀再用。

(2) 其他意义的比较
① "얇다"还可用于表示扩展到空间中物质的量。
ㄱ. 하늘에 얇은 구름이 떠 있다.　天上飘着薄薄的云。
ㄴ. 오늘은 안개가 얇게 끼었다.　今天起了淡淡的雾。
② 表示颜色不深或不明显，似有似无时用"얇다"。
ㄱ. 그녀는 오늘 화장을 얇게(*얕게) 하고 출근했다.
　　她今天化了淡妆上班。
ㄴ. 어머니는 입가에 얇은(*얕은) 미소를 띠고 있었다.
　　妈妈的嘴角露出淡淡的笑容。
③ 集团的规模达不到一定的程度时用"얇다"。
우리편은 선수층이 얇아서 불리한 경기를 펼쳤다.
我方选手不够，对比赛形势不利。
例句中的"얇다"指所需选手不够用的意思。

(3) 练习
다음 단어 중 알맞은 것을 고르시오.
① 날이 풀리면서 빙판이 (얕아져서/얇어져서) 썰매를 탈 수 없다.
　随着天气转暖，冰变薄，不能滑雪橇了。
② 내 말에 그녀는 (얕은/얇은) 한숨을 내쉬었다.
　听了我的话，她轻轻叹了口气。
③ 마당에 (얕게/얇게) 깔린 눈이 바람에 이리저리 쏠리고 있었다.
　院子里薄薄的一层雪被风吹得四处飘散。
④ 고기를 (얕게/얇게) 썰어야 빨리 구울 수 있다.
　肉切得薄，才能快点儿烤熟。
⑤ 그 제품은 수요층이 (얕아서/얇어서) 많이 팔 수 없을 것이다.
　那种产品需要的顾客少，不会卖得很多。
⑥ 실내에는 페인트를 (얕게/얇게) 칠하세요.
　室内涂漆请涂得薄一些。

(4) 答案

① 얇아져서　② 얇은　③ 얇게　④ 얇게　⑤ 얇아서　⑥ 얇게

3.16　어렵다, 힘들다

(1) 基本意义的比较

◆어렵다：从原理或道理上看，做那件事情很难。
◆힘들다：做某件事需要花费很多身体上的或物理上的力量。
ㄱ. 수술이 어렵다는 소문이 나서 아무도 선뜻 나서지 않았다.
　　有传闻说做那个手术很难，谁也不愿意做。
ㄴ. 그녀는 빨래하기가 힘들어 세탁기를 구입했다.
　　洗衣服太费劲了，她买了台洗衣机。

(2) 其他意义的比较

① "힘들다" 表示身体上的累，让人很容地联想到具体累的场景。而 "어렵다" 表示精神上的、抽象意义上的累。
ㄱ. 아버지 노릇하기가 힘들다. 当爸爸很累。
ㄴ. 아버지 노릇하기가 어렵다. 当爸爸很不容易。
例句 "ㄱ" 中的 "힘들다" 使读者联想到爸爸陪孩子玩很累的情形，即身体上的累。而例句 "ㄴ" 中的 "어렵다" 使读者联想到虽然爸爸不辞辛苦陪孩子玩，但孩子不听话或顶撞时不知所措的情形，即表示精神上的和抽象的含义。

② "어려운" 比 "힘든" 的实现可能要小。
ㄱ. 명문대학 들어가기가 어렵다. 进名牌大学很难。
ㄴ. 명문대학 들어가기가 힘들다. 进名牌大学不容易。
例句 "ㄱ" 中的 "어렵다" 表示本来合格的可能就小。而例句 "ㄴ" 中的 "힘들다" 表示考名牌大学取决于学生的毅力，其实现可能性不是那么小。

③ 只能用 "어렵다" 的情况。
ㄱ. 이번 시험에 어려운(*힘든) 문제가 많이 나왔다.
　　这次考试出了很多难题。
ㄴ. 나는 선생님이 너무 어려워서(*힘들어서), 그 앞에서는 말도 제대로 못한다.
　　我太害怕老师了，在他面前连话都不敢说。
例句 "ㄱ" 中的表示难以理解或例句 "ㄴ" 中的表示行动谨慎时，只能用 "어렵다"。
ㄷ. 요즘 집안 형편이 어렵다(*힘들다). 最近家里很困难。

韩国语 语法解惑与词义辨析

ㄹ. 불경기 때문에 회사가 어렵다(*힘들다).
　　公司不景气，很艰难。

例句"ㄷ"中的"집안 형편"和例句"ㄹ"中的"회사가 처해 있는 상황"都是抽象意义，因此要用"어렵다"。

④惯用语中的"어렵다"。
어려운 걸음을 하셨는데 사장님이 안 계셔서 정말 죄송합니다.
　　您好不容易来了，总经理却不在，真抱歉。

"어려운 걸음"指因为工作忙或距离远，难得前往或来到某地。即前往或来到某地这件事本身很例外，可能性很小。

(3) 练习

다음 단어 중 알맞은 것을 고르시오.
① 이 책은 중학생인 내가 읽기에는 너무 (어렵다/힘들다).
　　这本书对于我这个初中学生来说很吃力。
② 그 학생은 (어려운/힘든) 철학책을 잘도 읽는다.
　　那个学生还喜欢看深奥的哲学书。
③ 이런 자원봉사활동은 좀 (어렵지만/힘들지만) 마음은 편하다.
　　这些志愿者们虽然很辛苦，但心情很舒畅。
④ 일이 (어려운/힘든) 탓인지 그는 지쳐 쓰러졌다.
　　可能因为工作太辛苦，他累倒了。
⑤ 시어머니들이 며느리가 (어려워서/힘들어서) 말을 못하는 시대가 되었다.
　　如今，到了婆婆怕儿媳妇，不敢随便说话的地步。
⑥ 이번에 헤어지면 다시 만나기 (어려울/힘들) 것이다.
　　这次分开，难得再相见。
⑦ 그는 성격이 워낙 까다로워 비위를 맞추기가 (어렵다/힘들다).
　　他性格不随和，很难相处。

(4) 答案

① 어렵다 ② 어려운 ③ 힘들지만 ④ 힘든 ⑤ 어려워서 ⑥ 어려울 ⑦ 어렵다

3.17　조용하다, 고요하다

(1) 基本意义的比较

◆조용하다：吵闹消失，安静。
◆고요하다：毫不嘈杂，静谧。

ㄱ. 라디오를 끄니까 집안이 조용하다.
　　关上了收音机，家里很安静。
ㄴ. 갑작스레 개 짖는 소리가 농촌 밤의 고요함을 깨뜨렸다.
　　突如其来的狗叫声打破了乡村夜晚的沉寂。

例句"ㄴ"中的乡村的夜间本来就是宁静的，因此用"고요하다"来表示毫不嘈杂，寂静的气氛。

(2) 其他意义的比较

① 声音的变小与动作有关，或表示通过控制情感保持庄重的态度时用"조용하다"。

ㄱ. 누나가 시험공부를 하고 있으니 조용히 놀도록 해라.
　　姐姐在准备考试呢，你悄悄地玩儿吧。
ㄴ. 지금까지는 조용하게 있었지만 이번만은 못 참겠다.
　　我一直没说什么，但这次实在不能忍受了。

② 事情解决以后舆论变得风平浪静或生活安定下来用"조용하다"表示。

ㄱ. 이번 사태가 조용하게 마무리될 때까지 섣불리 나서지 마라.
　　在事态平息以前不要轻举妄动。
ㄴ. 그는 퇴직한 후 시골에서 조용하게 살고 있다.
　　他退休以后在乡下安享晚年。

③ 表示有光亮的状态下或晚上不嘈杂时用"고요하다"。

ㄱ. 달빛이 비치는 고요한 창가에 앉아 편지를 쓴다.
　　坐在寂静而洒满月光的窗前写信。
ㄴ. 결전을 앞둔 전장의 밤은 숨막힐 듯 고요했다.
　　即将展开决战的战场之夜死一般的寂静。

④ 某地点不可能吵闹，或人死后无法吵闹时用"고요하다"来表示。

ㄱ. 밤새도록 내린 폭설에 덮여버린 마을은 죽은 듯이 고요했다.
　　下了一夜的雪，四处白茫茫一片，整个村子死一般地沉寂。

ㄴ. 우리는 고요하게 잠들어 있는 그의 명복을 빌었다.
　　我们为悄然而去的他祈福。

(3) 练习

다음 단어 중 알맞은 것을 고르시오.
① 안개 낀 숲 속은 너무도 (조용했다/고요했다).
　　被雾气笼罩的山林无比寂静。
② 기계소리가 멈추니 공사장이 (조용해졌다/고요해졌다).
　　机器的噪音一停止，工地就安静下来了。
③ 모르면 좀 (조용하게/고요하게) 있어라.
　　不知道就别吵。
④ 한밤중에 들려오는 괘종시계의 소리가 방안의 (조용함/고요함)을 깨뜨리고 있었다.
　　夜间挂钟的声音打破了房间的寂静。
⑤ 폭풍이 지나간 바다는 참으로 (조용하다/고요하다).
　　暴风过后，海上一片宁静。
⑥ 그는 (조용한/고요한) 별빛이 흐르는 밤하늘을 바라보며 추억에 잠겨있다.
　　他望着宁静的夜空，陷入了回忆。

(4) 答案

① 조용했다, 고요했다　② 조용해졌다　③ 조용하게
④ 고요함　⑤ 조용하다, 고요하다　⑥ 고요한

3.18 주요하다, 중요하다

(1) 基本意义的比较

◆ 주요하다：在众多要素中主体的部分。评价的标准是客观的。
◆ 중요하다：有价值且珍贵的。评价的标准较为主观。

ㄱ. 뉴스 보도에 의하면 이 백화점의 주요 고객은 주부라고 한다.
　　新闻报道说这家百货商场的顾客主要是家庭主妇。
ㄴ. 그는 마음보다 외모가 더 중요하다고 생각한다.
　　他认为人的外表胜过内心。

(2) 其他意义的比较

① "주요하다"的反义词是 "부차적이다（次要的）"，而 "중요하다"的反义词是 "평범하다（平凡）"、"사소하다（细小）"、"하찮다（不起眼的）"等。

ㄱ. 언론에서 주요 문제는 언급하지 않고 부차적인 문제만 언급하고 있다.
舆论中不提主要问题，只涉及次要问题。

ㄴ. 이번 회의에서 중요한 정책은 시에서 결정하고 사소한 정책은 구청에서 결정하기로 했다.
本次会议上的重要政策由市政府决定，具体的政策由区政府决定。

② "중요하다"是日常用语，"주요하다"的学术色彩较为浓厚。

ㄱ. 사장은 신입사원을 뽑을 때 인상을 중요시하는 경향이 있다.
总经理招聘职员时偏重印象。

ㄴ. 소값 파동이 사회의 주요 현안으로 떠올랐다.
牛价风波成为社会主要悬而未决的问题。

③ "중요하다"作为形容词可以广泛使用。而形容词 "주요하다"很少使用，一般多将名词 "주요" 用作冠词。

ㄱ. 모든 일은 결과만큼 과정도 중요하다.
凡事的过程与结果同样重要。

ㄴ. 주요 업무, 주요 도시, 주요 일정, 주요 시설, 주요 지역, 주요 내용.
主要业务、主要城市、主要日程、主要设施、主要地区、主要内容。

例句 "ㄴ" 中的 "주요" 都表示其主体，在这里使用 "주요" 而不用 "주요한"。

(3) 练习

다음 단어 중 알맞은 것을 고르시오.

① 질병의 (주요/중요) 원인이 무엇인지 아직 잘 모르고 있다.
不知道引起疾病的主要原因。

② 지금 우리 사회에 (주요한/중요한) 변화가 일어나고 있다.
现在我们的社会正在发生重大变化。

③ 과학의 (주요성/중요성)이 강조되고 있다.

强调了科学的重要性。

④ 취직은 젊은이들에게 가장 (주요한/중요한) 문제이다.
   就业是年轻一代最重要的问题。

⑤ 이 음식점에서 손님들 가운데 학생이 차지하는 비율이 가장 높다면 학생이 (주요/중요)고객이다.
   要说这家饭店的顾客中学生所占比率最大的话，那学生就是主要顾客了。

⑥ 요즘 중국 손님이 이 백화점의 (주요/중요) 고객 명단에 많이 올라와 있다. 왜냐하면 한번에 수천만어치의 물건을 사가기 때문이다.
   最近有很多中国顾客被列为这家百货商店的VIP会员，因为他们一次消费高达几千万韩元。

⑦ 자식은 언제나 부모에게 (주요한/중요한) 존재이다.
   对父母来说儿女永远都那么重要。

(4) **答案**

① 중요	② 중요한	③ 중요	④ 중요한	⑤ 중요
⑥ 중요	⑦ 중요한			

3.19 튼튼하다, 든든하다

(1) **基本意义的比较**

◆ 튼튼하다：不松软、非常结实、坚固。
◆ 든든하다：由于对某事物、人物的信仰和信任而无畏、坚强。

ㄱ. 이 가옥의 구조는 매우 튼튼하게 되어 있다.
   这屋子的结构很结实。
ㄴ. 네가 곁에 있으니 내 마음이 든든하다.
   有你在旁边我心里很踏实。

例句"ㄱ"中的"튼튼하다"表示物理上的坚固，例句"ㄴ"中的"든든하다"表示心理上的无畏、有所依靠。"튼튼하다"是不能形容心理状态的。

(2) **其他意义的比较**

① 表示骨骼和肌肉的发达状态或形容身体健壮时用"튼튼하다"。

ㄱ. 몸이 튼튼해야(*든든해야) 공부도 잘 할 수 있다.
身体好才能好好学习。
ㄴ. 우리집 세 아이 중 막내가 몸집도 제일 크고 체격도 제일 튼튼하다(*든든하다).
我家三个孩子当中老三个子最高，体格也最好。
② 表示吃了足够的食物，腹中不空时用"든든하다"。
ㄱ. 속이 든든해야(*튼튼해야) 일을 잘 할 수 있다.
吃饱了饭，才能好好做事。
ㄴ. 아침을 든든하게(*튼튼하게) 먹고 출발하도록 해라.
吃饱了早饭再出发吧。
③ 表示组织机构不倒闭，能支撑时用"튼튼하다"。
ㄱ. 재무구조가 튼튼한(*든든한) 회사라도 이런 위기에서 회생하기는 힘들 것이다.
财务管理严格的公司也难以在这种危机中复苏。
ㄴ. 국가 경제가 튼튼해야(*든든해야) 가정 경제도 튼튼하다.
国家经济有保障了，家庭经济才有保障。

(3) 练习
다음 단어 중 알맞은 것을 고르시오.
① 수비수가 (튼튼한/든든한) 수비를 펼치고 있어 공격수들이 마음 놓고 공격을 할 수 있다.
后卫做好防守，前锋才能安心进攻。
② 자신의 자리를 이어 갈 후계자가 있다는 것은 참 (튼튼한/든든한) 일이다.
后继有人，令人心安。
③ 밥을 두 그릇씩이나 먹었더니 배가 한결 (튼튼하다/든든하다).
吃了两碗饭，肚子溜圆。
④ 그 건물은 (튼튼하게/든든하게) 지어서 100년이 넘었는데도 끄떡없다.
这房子盖得很结实，过了一百年了还稳如泰山。
⑤ 할아버지는 연세가 80세인데도 아직도 치아가 (튼튼하시다/든든하시다).
爷爷都八十岁了，牙齿还很结实。

⑥ 경기가 아무리 어려워도 그 회사는 재무 구조가 (튼튼해/든든해) 문제없다.
　　因为那家公司有严格的财务管理，不管多么不景气也不会有问题。

(4) 答案

① 튼튼－② 튼튼－③ 든든－④ 든든－⑤ 튼튼하기－⑨ 든든－

3.20　파랗다, 푸르다

(1) 基本意义的比较

◆ 파랗다：表示某物体是青色、绿色或蓝色。
◆ 푸르다：表示某物体是青色或绿色。

ㄱ. 그 집 정원에는 파란(푸른) 잔디가 깔려 있다.
　　那家的庭院铺满了绿色的草坪。
ㄴ. 비 온 뒤라 그런지 앞산이 더 푸르게(파랗게) 보인다.
　　可能是雨后的关系，前山看起来更翠绿。

"파랗다"和"푸르다"相比，包括的颜色范围更广，两者都可以指青色和绿色，大部分可以替换使用。另外，在说彩虹颜色（赤橙黄绿青蓝紫）时，绿色和蓝色要区分，但作为形容词则不必特别区分。

(2) 其他意义的比较

① "파랗다"可以表示因寒冷、恐惧，脸色或嘴唇之类变青。
ㄱ. 그녀는 두려움에 휩싸여 얼굴이 파랗게(*푸르게) 질렸다.
　　她陷入恐惧，脸色发青。
ㄴ. 여인의 입술이 공포에 파랗게(*푸르게) 질려 가는 것 같았다.
　　恐惧使女人的嘴变得发青。

② 表示粮食或果实尚未成熟的状态，或表示希望、抱负远大而美好时要用"푸르다"。
ㄱ. 왜 푸른 감을 땄어요? 아직 맛이 떫을 텐데요.
　　为什么摘青柿子？可能会很涩。
ㄴ. 젊은이는 푸른(*파란) 꿈을 간직하고 살아가야 한다.
　　年轻人应该志存高远。

③ 指势力强大或气势逼人时用"푸르다"。
ㄱ. 그의 서슬이 푸른(*파란) 기세에 모두 기가 죽었다.
　　他的逼人气势把大家都吓坏了。
ㄴ. 그 무사가 빼 든 예리한 검에는 푸른(*파란) 기운이 돌고 있다.
　　那个武士拔出锋利的剑，杀气逼人。
例句"ㄱ"中的"푸르다"和"서슬"相呼应，表示气势汹汹。
而"ㄴ"的"푸르다"表示剑锋锐利，给人恐惧感。

(3) 练习
　　다음 단어 중 알맞은 것을 고르시오.
　① (파란/푸른) 가을 하늘을 보니 고향 생각이 절로 난다.
　　看到蔚蓝的天空，就会不知不觉地想起家乡。
　② 그는 겁에 질려 얼굴이 (파래서/푸르러서) 묻는 말에 대답도 안 한다.
　　他被吓坏了，脸色发青，问话也不回答。
　③ (파란/푸른) 희망을 안고 사는 사람만이 크게 성공할 수 있다.
　　只有胸怀大志的人才能取得成功。
　④ (파란/푸른) 물결이 넘실거리는 바다에 오면 새 삶의 의욕이 생긴다.
　　来到泛起蔚蓝波涛的大海，就会有想创造新生活的渴望。
　⑤ 추위에 얼마나 떨었는지 아이의 입술이 (파랗게/푸르게) 질려 있다.
　　孩子冻坏了，嘴唇都发青了。
　⑥ 보리이삭이 아직 (파란데/푸른데) 벌써 베었어요?
　　大麦穗还绿着呢，怎么就割它啊?

(4) 答案

① 파란, 푸른　② 파래서　③ 푸른　④ 파란, 푸른　⑤ 파랗게　⑥ 푸른데

3.21　어느, 어떤
(1) 基本意义的比较
　◆어느：表示询问众多事物中成为被选对象是哪一个。
　◆어떤：表示询问人或事物的特征、内容、状态、性质等是怎样的。

ㄱ. 어느 것이 맞는 답입니까?
　　哪个是正确答案?
ㄴ. 오늘 신문 제1면에는 어떤 기사가 났어요?
　　今天报纸头版有什么新闻?
"어떤"除了表示事物属性的意思以外，还可表示询问在众多事物中选择哪一个。这种情况下"어떤"和"어느"可互换。
ㄷ. 너, 이 둘 중에서 어떤(어느) 거 가질래?
　　在这两个当中你要哪个?
ㄹ. 이거요. 这个。
"어떤"可表示主观见解，因此以"어떤"发问时可作如下回答。
ㅅ. 너, 이 둘 중에서 어떤 거 가질래? 两者当中你要哪个?
ㅇ. 내 마음에 드는 거요. 要我喜欢的。
"어느"不能表示主观见解，因此必须在所给答案中选择。

(2) 其他意义的比较
① 当指并不明确的对象时，两个单词可以互换。
ㄱ. 옛날 어느(어떤) 마을에 가난한 형제가 살고 있었다.
　　很久以前，一个村子里住着非常贫穷的两兄弟。
ㄴ. 외계 어느(어떤) 곳에 생명체가 있을 가능성이 있다.
　　外星球某个地方很可能有生命的存在。
并不是指众多对象中的一个，只强调主观见解时不能用"어느"。
ㄷ. 길가에서 어떤(*어느) 사람을 만났는데 그가 길을 가르쳐 주었다.
　　在路上遇见了一个人，他给我指了路。
ㄹ. 어떤(*어느) 분이 선생님을 찾아오셨습니다.
　　有人来找过老师。
② "어느"和"어떤"后面的名词如果与"나/이나"，"든(지)/이든(지)"，"라도"等助词连用，表示所指对象并没有特别的限制。若表示众多事物中的一个，那么"어느"，"어떤"可互换。
ㄱ. 어느(어떤) 것이나 네 마음대로 가져도 좋다.
　　你想要哪个就要哪个。

ㄴ. 그는 소설이라면 어느(어떤) 것이든지 가리지 않고 읽는다.
　　只要是小说他都读。
所指对象并非众多事物中的一个，只强调主观见解时不能用"어느"。
ㄷ. 부부는 어떤(*어느) 일을 하든 서로 뜻이 잘 통해야 한다.
　　夫妻之间不管做什么事都得意见统一。
ㄹ. 이런 상황이라면 어떤(*어느) 사람이라도 화를 낼 것이다.
　　谁遇到这种事都会生气的。
③ "어느"可用在"정도"，"만큼"等名词前询问程度或数量，抑或表示程度和数量并不明确时，不可与"어떤"互换。
ㄱ. 주량이 어느(*어떤) 정도나 되십니까?
　　你有多大酒量?
ㄴ. 그는 돈을 어느(*어떤) 만큼 벌고 나자 다른 욕심이 생기는 것 같다.
　　他钱赚到一定程度可能会产生别的欲望。

◆深层区别
① "어떤"表示询问事物属性时，可以与"무슨"替换。
ㄱ. 요즘 어떤(무슨) 드라마 보세요?
　　你最近看什么电视剧?
ㄴ. 한국 드라마요.
　　看韩国电视剧。
② "어떤"用来指人没有特别的限制，而"무슨"一般不用于指人。"무슨"用来指人时，只表示否定意义。
ㄱ. 무슨(*어떤) 사람이 저렇게 양심이 없어요?
　　什么人那么没良心?
ㄴ. 누가 아니래요. 정말 꼴불견이죠?
　　谁说不是了? 真看不顺眼是吧?
③ "무슨"指事物时也可以表示否定意义。
ㄷ. 무슨 음식이 이렇게 맛이 없어요?
　　什么菜这么难吃?
ㄹ. 아마 주방의 사람이 바뀌었나 봐요.
　　可能换厨师了。

(3) 练习

다음 단어 중 알맞은 것을 고르시오.
① (어느/어떤) 손님들은 일부러 국산품을 찾는다.
　　有的顾客特意要买国产商品。
② 그런 몸매에는 (어느/어떤) 옷도 잘 받는다.
　　这身材穿什么都好看。
③ 이 물건 가격은 (어느/어떤) 정도입니까?
　　这东西价位如何?
④ 산과 바다 가운데 (어느/어떤) 곳을 더 좋아하니?
　　你喜欢山还是喜欢海?
⑤ 그가 어젯밤 일을 (어느/어떤) 만큼 기억할까?
　　昨晚的事他能记住多少?
⑥ (어느/어떤) 부모라도 아이들에게 어른의 나쁜 모습을 보이고 싶지는 않을 것이다.
　　哪个父母都不想向孩子展现自己不好的一面。
⑦ 그에게는 (어느/어떤) 옷이나 딱딱 맞는다.
　　他穿什么都好看。
⑧ 이것은 (어느/어떤) 학교 동창회에서 있었던 일이다.
　　这件事发生在某学校同学聚会上。
⑨ 나는 (어느/어떤) 방법으로든 어머니께 효도하고 싶었다.
　　不管用什么办法，我都想对母亲尽孝。

(4) 答案

① 어떤 ② 어떤 ③ 어느 ④ 어느, 어떤 ⑤ 어느
⑨ 어느, 어떤 ⑧ 어느 ⑦ 어떤 ⑥ 어떤

练习十七

다음 밑줄 친 부분과 바꿔 쓸 수 있는 말을 고르십시오.
　1. 그런 무리한 부탁을 하시면 제 입장이 <u>난처합니다</u>.
　　　① 어색합니다　　　　　② 황당합니다

③ 곤란합니다 ④ 무겁습니다
2. 오늘은 거리가 비교적 <u>한적한</u> 편이다.
   ① 어수선한 ② 복잡한 ③ 시끄러운 ④ 한산한
3. 아직 바쁘지 않으니까 시간을 <u>여유있게</u> 잡고 출발합시다.
   ① 넉넉하게 ② 급하게
   ③ 한가하게 ④ 비슷비슷하게
4. 교수의 강의가 너무 <u>따분해서</u> 학생들이 자리를 뜨기 시작했다.
   ① 솔직해서 ② 무서워서 ③ 지루해서 ④ 어색해서
5. 밀렸던 숙제를 다 하고 나니 <u>가뿐하기</u> 그지없다.
   ① 홀가분하기 ② 복잡하기 ③ 편안하기 ④ 상쾌하기
6. 그녀는 이가 <u>가지런하게</u> 나서 웃을 때 보기가 좋다.
   ① 예쁘게 ② 고르게 ③ 곧게 ④ 바르게
7. 그런 <u>거친</u> 말을 함부로 하는 사람은 교양이 없는 사람이다.
   ① 험한 ② 고운 ③ 그른 ④ 괴로운
8. 힘들어도 마음을 <u>단단하게</u> 먹어야 해요.
   ① 굳게 ② 힘차게 ③ 단호하게 ④ 여리게
9. 그 가수는 인기가 매우 많아서 몸이 열 개라도 <u>모자란다</u>.
   ① 고생한다 ② 만족한다 ③ 한가하다 ④ 부족하다
10. 그 집에는 돈이 <u>흔해서</u> 흥청망청 쓰고 있다.
    ① 모자라서 ② 귀해서 ③ 부족해서 ④ 많아서
11. 그는 길게 자란 턱수염을 <u>말끔하게</u> 깎았다.
    ① 짧게 ② 바르게
    ③ 드문드문하게 ④ 깨끗하게
12. 그들은 <u>지저분한</u> 기숙사에서도 즐겁게 놀고 있다.
    ① 좁은 ② 더러운 ③ 어두운 ④ 작은
13. 전통 사찰인 해동사에서 발생한 화재의 원인을 조사 중인 경찰은 <u>빈틈없는</u> 수사를 통해 문화재를 불태운 범인을 반드시 체포할 것이라고 밝혔다.
    ① 신중한 ② 당당한 ③ 성실한 ④ 철저한
14. <u>대단찮은</u> 선물이지만 정성껏 준비했으니 꼭 받아 주십시오.
    ① 변변찮은 ② 변치 않는
    ③ 만만치 않은 ④ 수월치 않은
15. 요즘 신세대 아이들은 <u>독특한</u> 모양의 복장을 좋아한다.

① 화려한　　② 특이한　　③ 편안한　　④ 소박한
16. 어머니의 얼굴을 보니 뭔가 나쁜 일이 있는 것이 <u>틀림없다</u>.
　　① 가능하다　② 뚜렷하다　③ 분명하다　④ 적당하다
17. 깔끔한 외모와 <u>출중한</u> 능력이 그 사람의 매력이야.
　　① 뛰어난　　② 평범한　　③ 영리한　　④ 확실한
18. 그 청년은 남들이 <u>글렀다</u>고 포기한 일을 해냈다.
　　① 지루하다　② 재미없다　③ 틀렸다　　④ 힘들다
19. 진짜와 가짜가 너무나 <u>비슷해서</u> 구별하기가 아주 힘들다.
　　① 적당해서　② 분명해서　③ 확실해서　④ 유사해서
20. 내가 보기엔 네가 그렇게 화를 낸 것은 좀 <u>심했던</u> 것 같아.
　　① 심각했던　② 심심했던　③ 너무했던　④ 무서웠던

4．副词的同义词辨析

4.1　가장, 제일

(1) 基本意义的比较

　　◆가장：三个以上作比较的事物中，比其他两个的程度深或强的那个。

　　◆제일：三个以上的事物中的第一个。

　　ㄱ. 내 친구가 우리반에서 가장(제일) 예쁘다.
　　　　在我们班我的朋友最漂亮。

　　ㄴ. 나는 과일 중에 사과를 제일(가장) 좋아한다.
　　　　水果中我最喜欢苹果。

如上两个例句显示，表示"最"的两个词"가장"和"제일"一般可以互换，"가장"比"제일"的书面语色彩浓一些。

(2) 其他意义的比较

　　① 两者都不可以修饰表示动作的动词，但可以修饰表示心理的动词。

　　ㄱ. 우리 나라 선수가 *가장(*제일) 달린다.
　　ㄴ. 우리 나라 선수가 가장(제일) 빨리 먹는다.
　　　　我国选手吃得最快。

ㄷ. 나는 여러 과목 중에서 중국어를 가장(제일) 좋아한다.
   众多课程中我最喜欢中文。

例句"ㄴ"中的"가장(제일)"和表示动作的动词之间须有副词，句子才成立。

② 两者都可修饰名词所构成的谓语。
ㄱ. 우리 마을에서 철수네 집이 가장(제일) 부자다.
   我们村哲洙家最富。
ㄴ. 그녀가 우리 회사에서 가장(제일) 미인이다.
   她是我们公司最漂亮的。

③ 只有"제일"可以充当名词或名词谓语，而"가장"没有此用法。
ㄱ. 그것이 그 문제를 해결하는 제일(*가장)의 방법이다.
   那是解决那个问题的最好方法了。
ㄴ. 사람을 사귀는 데는 술이 제일(*가장)이다.
   酒是人际交往的最佳媒介。

④ "제일"可以充当数词或冠词，而"가장"没有此用法。
오늘은 제일(*가장) 장을 공부하겠습니다.
我们今天学习第一章。

(3) **练习**

다음 단어 중 알맞은 것을 고르시오.
① 나는 세상에서 (가장/제일) 행복한 사람이다.
   我是世界上最幸福的人。
② 딸 중에 막내딸이 집안일을 (가장/제일) 잘 한다.
   小女儿做家务做得最好。
③ 내 친구는 수학과목을 (가장/제일) 싫어한다.
   我朋友最讨厌数学。
④ 나는 열심히 노력하여 세계 (가장/제일)이 되겠다.
   我要努力成为世界第一。
⑤ 감기에 걸렸을 때는 쉬는 게 (가장/제일)이다.
   感冒的时候休息是最好的治疗。

(4) 答案

① 가지, 세일 ② 가지, 세일 ③ 가지, 세일 ④ 세일 ⑤ 세일

4.2 겨우, 고작

(1) 基本意义的比较

◆겨우：好不容易。

◆고작：充其量。

ㄱ. 그는 이번 시험에 겨우 합격했다.

　　他这次考试勉强合格了。

ㄴ. 나는 여행 가서 고작 하루를 묵고 왔다.

　　我去旅行就玩了一天。

例句"ㄱ"中的"겨우"是"艰难地、勉强地、好不容易地、紧紧巴巴地"的意思，而"ㄴ"中的"고작"有某事物与期待水准相差甚远的意思。

(2) 其他意义的比较

①"겨우"可以与动词搭配构成"겨우+动词"的形态；"고작"则不可以。

ㄱ. 내 친구는 공부하기를 싫어하여 중학교를 겨우(*고작) 졸업했다.

　　我朋友不爱学习，勉强初中毕业了。

ㄴ. 그는 여러 번 시험을 본 끝에 공무원이 겨우(*고작) 되었다.

　　他参加了很多次公务员考试，这回终于通过了。

"겨우, 고작"只有在与体词结合使用时才可成为"近义词"，其意义均为"距离期待的水准相差甚远"。

ㄷ. 그의 한 달 월급은 겨우(고작) 오십만 원이다.

　　他一个月的薪水才50万韩币。

ㄹ. 그는 겨우(고작) 초등학교밖에 졸업하지 못했다.

　　他也就是小学毕业。

②"겨우+体词"和"겨우+动词"两种形式当中的"겨우"意义并不相同。

ㄱ. 그는 겨우 의사가 되었다. 他只不过当了个医生。

ㄴ. 그는 의사가 겨우 되었다. 他好不容易成了医生。

例句"ㄱ"中的"겨우"表示医生这个职业距离期待值还差很远，此时与"고작, 기껏해야"意思相同；例句"ㄴ"中的"겨우"表示主语不具备成为医生的条件，但"간신히, 억지로, 가까스로, 근근히"成了医生。

③"고작"能以"고작이다"、"고작하다"的形式作为谓语使用，而"겨우"不具备此功能。

ㄱ. 그는 돈이 많은데 기부는 딱 한 번 한 것이 고작(*겨우)이다.
　　他有很多钱，但只捐过一次款。

ㄴ. 이번 여름 휴가는 고작해야(*겨우해야) 사흘밖에 더 주겠어?
　　今年夏天的休假最多也就四天，还能再多吗？

(3) 练习

다음 단어 중 알맞은 것을 고르시오.

① 그의 실력으로 (겨우해야/고작해야) 60점밖에 더 받겠어?
　　以他的实力能拿60分以上吗？
② 그는 파티에 못 올 것을 (겨우/고작) 왔다.
　　他好不容易来参加了派对。
③ 내 생일에 그녀가 준 선물이라고는 꽃 한 송이가 (겨우/고작)이다.
　　我过生日她就送了我一枝花。
④ 그는 나이 40에 (겨우/고작) 아파트 수위 노릇을 한다.
　　他四十来岁，才是个保安。
⑤ 우리는 축구시합에서 상대팀을 (겨우/고작) 이겼다.
　　我们在足球赛中险胜。
⑥ 네 실력이 (겨우/고작) 이것밖에 안 되니?
　　你就这么点儿能耐么？

(4) 答案

| ① 고작해야 ② 겨우 ③ 고작 ④ 겨우, 고작 ⑤ 겨우 ⑥ 겨우, 고작 |

4.3 과연, 역시

(1) **基本意义的比较**

◆과연：经了解后果然如此。

◆역시：和原本所想一致。
ㄱ. 저 미스 코리아는 소문에 듣던 대로 과연(*역시) 미인이구나.
那个韩国小姐果然和传闻中的一样漂亮啊。
ㄴ. 고장난 제품을 그렇게 쉽게 고치다니 역시(*과연) 기술자는 다르네.
那么容易就修好了故障产品，专家确实是专家啊。
例句"ㄱ"中的"과연"用于表示已知事实或原来想法与实际一致。"역시"指事情按照预想或期待完成。

(2) 其他意义的比较
① 当表示与所听传闻或评价一致时用"과연"，表示自己的预想和推测应验时用"역시"。
ㄱ. 명품이라더니 과연(*역시) 품질이 좋구나.
都说是名牌，果然质量就是好啊。
ㄴ. 과자 한 봉지를 가지고 싸우다니 애들은 역시(*과연) 애들이었다.
为了一包饼干吵架，确实还是小孩儿啊。
② "과연"有"事实上、真的、到底"之意。
ㄱ. 그 실력으로 과연(*역시) 취직 시험에 합격할 수 있을까?
凭他的实力，真的能通过就职考试吗?
ㄴ. 그 여자와 헤어진 뒤 그는 과연(*역시) 어떻게 변했을까?
和那个女的分手后，他到底变成什么样了呢?

(3) 练习
다음 단어 중 알맞은 것을 고르시오.
① 신문 기자는 사건을 보는 눈이 (과연/역시) 일반 사람과 다르다.
报社记者看问题的角度的确和普通人不同。
② 그 무거운 짐을 들어올리다니 (과연/역시) 장사는 장사구나.
抬那么重的行李，果然是大力士呀。
③ 이번 시험에 너 또 일등했다면서? (과연/역시) 넌 대단한 학생이구나.
听说这次考试你又得了第一名，真厉害!
④ 위 공직자들의 재산 증식 수단은 (과연/역시) 부동산이었다.

高级公务人员的财产增值手段果然是房地产。
⑤ 그의 머리가 뛰어나다는 말은 (과연/역시) 헛말이 아니구나.
　　都说他头脑灵活，果然是真的。
⑥ 그 사람을 만나기 위해 그 사람이 잘 가는 커피숍에 죽 쳤더니 (과연/역시) 나타났다.
　　为了见到那个人，我泡在他常去的咖啡店等，他果然出现了。

(4) 答案

① 역시　② 과연　③ 역시　④ 역시　⑤ 과연　⑥ 과연

4.4　금방, 방금

(1) 基本意义的比较

◆ 금방：说话前的不久。
◆ 방금：说话前的不久。

ㄱ. 금방(방금) 밥 먹었는데 또 뭘 먹자고 그러니?
　　刚吃完饭，怎么又要一起吃饭呢？
ㄴ. 그는 방금(금방) 잠에서 깨어났다.
　　他刚醒。

"금방"和"방금"都可以指"不久前"，因此可以互换。但"방금"比"금방"所指时间更早。

ㄷ. 손님들은 금방 구워낸 빵을 사려고 몰려들었다.
　　顾客蜂拥而至买刚烤好的面包。
ㄹ. 금방 잡은 생선은 신선도가 무척 뛰어나다.
　　刚捕的鱼非常新鲜。

"금방"比"방금"距离现在更近，因此上例"ㄷ"中的"금방"如果换成"방금"，面包刚烤好的意味就削弱很多。同样例句"ㄹ"中的"금방"如果换成"방금"，鱼的新鲜度也降低了。

(2) 其他意义的比较

① "금방"除了有"说话前的不久"之意外，还可以指"说话后的不久"。

ㄱ. 금방(*방금) 갈게요. 조금만 기다리세요.
　　我马上去。请稍等。

ㄴ. 금방(*방금) 비가 올 것처럼 하늘이 어둡다.
　　天阴了，好像马上要下雨。
例句"ㄱ"和"ㄴ"中的"금방"与"곧"意思相似，可以互换使用，意思没有什么不同。
ㄷ. 곧 갈게요. 조금만 기다리세요.
　　我马上去。请稍等。
ㄹ. 곧 비가 올 것처럼 하늘이 어둡다.
　　天阴了，好像马上要下雨。
② "금방"有"前一动作完成后接连"之意。
ㄱ. 그는 동생에게 소리치고 나서 금방 (*방금) 후회하였다.
　　他训完弟弟后马上后悔了。
ㄴ. 시원한 바람이 부니까 땀이 금방 (*방금) 식었다.
　　凉爽的风吹过，汗立刻消了。
"금방"可以表示"前一动作完成后在很短的时间内"，因此常与"-자"，"-자마자"连用。
ㄱ. 그는 그 말을 듣자 얼굴 표정이 금방(*방금) 변하였다.
　　他一听到那话，表情马上变了。
ㄴ. 그녀는 나와 눈이 마주치자마자 금방(*방금) 얼굴이 빨개졌다.
　　她和我的眼神碰到一起，脸马上红了。

(3) 练习
　　다음 단어 중 알맞은 것을 고르시오.
① 나는 그가 회의에 못 나온 까닭을 (금방/방금) 알았다.
　　我立刻明白了他没来参加会议的原因。
② 그는 (금방/방금) 읽고 있던 잡지를 우리에게 보여 주었다.
　　他给我们看了他刚刚读的杂志。
③ (금방/방금) 비가 올 것처럼 하늘이 어둡다.
　　天阴了，好像马上要下雨。
④ 선생님께서 (금방/방금) 뭐라고 말씀하셨니?
　　老师刚才说什么了？
⑤ 엄마가 이 부근의 시장에 가셨으니까 (금방/방금) 오실 거야.
　　妈妈去附近市场了，很快就回来。
⑥ (금방/방금) 딴 과일이므로 싱싱합니다.
　　刚摘的水果，很新鲜。

⑦ 두 사람은 대화를 통해 (금방/방금) 다시 친해졌다.
  两个人通过聊天, 很快又亲近了。

(4) 答案

⑤ 금방	⑥ 금방‘방금	② 방금	
① 금방‘방금	② 금방	③ 방금‘금방	④ 금방‘방금

4.5 깜빡, 깜짝

(1) 基本意义的比较
  ◆ 깜빡: 表示火光或星光忽明忽暗。
  ◆ 깜짝: 表示吓了一跳。
  ㄱ. 전등이 깜빡 켜졌다가 금방 꺼져 버렸다.
    电灯闪烁了几下, 马上又不亮了。
  ㄴ. 느닷없는 광경에 모두 깜짝 놀랐다.
    大家都被冷不防地吓了一跳。
这两个词都能以重叠的形式出现, 所表示的意义更加强烈。
  ㄷ. 산속에 불빛이 깜빡깜빡하는 걸 보니 사람이 살고 있는 것 같다.
    山里有一闪一闪的火光, 看来有人住在那儿。
  ㄹ. 그는 요즘 아무렇지도 않은 일에 깜짝깜짝 놀라곤 한다.
    他最近总因小事而受到惊吓。

(2) 其他意义的比较
  ① "깜빡" 后面可接 "-이다"、"-하다"、"-거리다" 表示火光、星光等的闪烁, 此时不能用 "깜짝"。
  ㄱ. 파란불이 깜빡(*깜짝)거리자 사람들이 빠른 걸음으로 횡단보도를 건넜다.
    绿灯一亮, 人们快速过了人行横道。
  ㄴ. 밤낚시를 하는지 강 건너편에 불빛이 두셋 깜빡(*깜짝)이고 있다.
    也许是有人夜间垂钓, 江对岸闪着两三处火光。
  ㄷ. 비상등을 깜빡(*깜짝)거리면서 나는 정신없이 차를 몰았다.
    我打开紧急灯, 慌张地开车。
  "깜짝" 后面也可接 "-이다"、"-하다"、"-거리다" 等表示突然间受惊的样子, 而此时不能用 "깜빡"。

ㄹ. 아이구, 깜짝(*깜빡)이야. 들어올 때 노크 좀 해.
   哎呀，吓了我一跳，进来的时候该敲敲门呀。
  ㅁ. 내가 부르는 소리에 그는 깜짝(*깜빡)하고 놀랐다.
   他被我的喊声吓到了。
  ㅂ. 아기가 자다가 여러 번 깜짝(*깜빡)거리며 깨곤 한다.
   孩子睡觉的时候吓醒了几次。
 ② 两者均有表示眼睛瞬间闭上又睁开的样子。后面可接 "-이다"、"-하다"、"-거리다"，此时两者可互换。
  ㄱ. 로보트를 보는 아이는 신기한 듯 눈이 깜짝(깜빡)였다.
   看着机器人，孩子眼睛一眨一眨的，很好奇。
  ㄴ. 그는 식욕이 왕성하여 밥 한 그릇을 눈 깜짝(깜빡)할 사이에 먹어버려다.
   他很有食欲，一碗饭眨眼间就吃光了。
  ㄷ. 엄마는 아이에게 눈을 깜짝(깜빡)거리며 그러지 말라는 시늉을 한다.
   妈妈向孩子眨眨眼，示意不要那样。
 ③ "깜빡" 还可表示一时忘记或意识模糊了， "깜짝" 没有这层意思。
  ㄱ. 나는 그 말을 듣자 그만 깜빡(*깜짝) 정신을 잃고 말았다.
   我听了以后都蒙了。
  ㄴ. 나는 오늘이 그의 생일이라는 걸 깜빡(*깜짝) 잊었다.
   我一时忘了今天是他的生日。
 "깜빡" 也可以重叠使用，表示一时忘记或意识模糊了。
  ㄷ. 그는 소파에 앉아 깜빡깜빡(*깜짝깜짝) 졸고 있었다.
   他坐在沙发上直打瞌睡。
  ㄹ. 요새는 손자의 이름도 깜빡깜빡(*깜짝깜짝) 잊곤 한다.
   最近连孙子的名字都常忘。
 "깜빡" 也可以与 "-하다" 结合，表示记不清楚或忘掉了。
  ㅁ. 깜빡할 것이 따로 있지 어떻게 결혼 기념일을 깜빡할 수 있어?
   忘了别的倒是说得过去，怎么连结婚纪念日都忘了呢?
  ㅂ. 점심 때 약속이 있었는데 깜빡했네.
   我忘了中午有约会了。
 ④ "깜빡" 与 "가다" 和 "죽다" 搭配时，表示过份喜爱或过度

重视，达到了不分事理的程度。
ㄱ. 그는 한국 영화라면 깜빡 간다.
只要是韩国电影他准看。
ㄴ. 나는 바둑이라면 깜빡 죽는다.
我就爱下围棋。

(3) 练习
다음 단어 중 알맞은 것을 고르시오.
① 떠들썩하는 소리에 (깜빡/깜짝) 눈을 뜨니까 벌써 서울이었다.
我被喧哗声吵醒，一睁眼已经到首尔了。
② 그는 하늘이 무너져도 눈 하나 (깜빡/깜짝)할 사람이 아니다.
他是天塌了也不会眨一下眼的人。
③ 약속을 (깜빡/깜짝) 잊었네.
忘了有约会了。
④ 어느새 눈(깜빡/깜짝)할 동안에 2주일이 혹은 3주일이 후딱 지나 있곤 하였다.
有时候一眨眼两三周就过去了。
⑤ 그녀는 눈도 하나 (깜빡/깜짝)이지 않고 그의 입술을 뚫어지게 주시했다.
她目不转睛地盯着他的嘴唇看。
⑥ 그는 영국축구라면 (깜빡/깜짝) 죽는다.
他最爱英国足球。
⑦ 갑작스러운 그의 방문에 우리는 (깜빡/깜짝) 놀랐다.
他突然来访，我们都吓了一跳。

(4) 答案

① 깜빡, 깜짝 ② 깜빡, 깜짝 ③ 깜빡 ④ 깜빡, 깜짝 ⑤ 깜빡, 깜짝 ⑥ 깜빡 ⑦ 깜짝

4.6 꼭, 딱
(1) 基本意义的比较
◆ 꼭：不管发生什么事都一定要……。
◆ 딱：坚定地，坚决地。

ㄱ. 그는 친구와의 약속을 꼭(*딱) 지킨다. 他非常守约。
ㄴ. 아버지는 최근에 담배를 딱(*꼭) 끊었다.
　　爸爸最近很坚决地戒了烟。

(2) 其他意义的比较
① 两者都有"不折不扣，丝毫不差"的意思。
ㄱ. 떠돌던 소문이 실제 사실과 딱(*꼭) 맞았다.
　　传闻与事实完全相符。
ㄴ. 어머니께서 사 주신 옷이 동생에게 꼭(딱) 맞았다.
　　妈妈给妹妹买的衣服正合身。
如例句"ㄱ"，"딱"可用于抽象名词，而"꼭"则不可以。
② 两者都可以修饰限定数量词，有"不多不少，正好"的意思。
ㄱ. 돈이 만원이 필요한데 꼭(딱) 천원이 부족하다.
　　需要一万韩元，正好缺一千。
ㄴ. 저 술집에 가서 딱(꼭) 한 잔만 하고 가자.
　　咱们去那个酒馆喝一杯吧。
③ "딱"有"立刻、完全"的意思，而"꼭"没有这个意思。
ㄱ. 호랑이가 온다는 말에 울던 아이가 울음을 딱(*꼭) 그쳤다.
　　一听说老虎来了，孩子立刻不哭了。
ㄴ. 어젯밤 폭우로 인해 길이 딱(*꼭) 막혔다.
　　昨晚道路因下暴雨而无法通行。
④ "딱"有"很、非常、特别"的意思，而"꼭"没有这个意思。
ㄱ. 그런 음식은 딱(*꼭)질색이다.
　　我很讨厌那种食物。
ㄴ. 나는 술이라면 딱(*꼭) 질색이다.
　　我最烦喝酒。
⑤ "꼭"有"用力按"的意思，而"딱"则没有。
ㄱ. 선생님은 제 손을 꼭(*딱) 잡아 주셨다.
　　老师用力抓住了我的手。
ㄴ. 무서워서 눈을 꼭(*딱) 감았다.
　　太害怕了，我使劲儿闭上了眼睛。
⑥ "꼭"有"强行忍受"的意思，而"딱"则没有。
ㄱ. 수술할 때 나는 아픈 것을 꼭(*딱) 참았다.
　　手术的时候我强忍着疼。

ㄴ. 힘든 일이 있어도 꼭(*딱) 참고 견뎌라.
　　就算有困难也要坚持住。

(3) 练习
　　다음 단어 중 알맞은 것을 고르시오.
　　① 그는 (꼭/딱) 집으로 돌아올 것이다.
　　　他一定会回家的。
　　② 내 동생은 사과를 (꼭/딱) 두 개만 먹었다.
　　　我弟弟正好吃了两个苹果。
　　③ 어머니는 아들을 (꼭/딱) 껴안았다.
　　　妈妈用力拥抱着儿子。
　　④ 나는 선생님 앞에서 말문이 (꼭/딱) 막혔다.
　　　我在老师面前哑口无言。
　　⑤ 선생님이 교실에 들어서자 웃음소리가 (꼭/딱) 그쳤다.
　　　老师一进来，教室里的笑声立刻停止了。
　　⑥ 그녀는 눈물이 나오려는 것을 (꼭/딱) 참고 있었다.
　　　她强忍着泪水。
　　⑦ 나는 그런 여자는 (꼭/딱) 질색이다.
　　　我就讨厌那样的女孩。
　　⑧ 우리 회사는 그 회사와의 거래를 (꼭/딱) 끊었다.
　　　我们公司和那家公司停止贸易往来了。

(4) 答案

　　① 눈　② 눈,딱　③ 눈　④ 딱　⑤ 딱　⑥ 눈　⑦ 딱　⑧ 딱

4.7　나름대로, 그런대로, 제대로
(1) 基本意义的比较
　　◆나름대로：按照自己的方式。
　　◆그런대로：虽并不完全满足，但却达到了某种程度。
　　◆제대로：按照一定的格式或规格。
　　ㄱ. 아이는 아이 나름대로의 계획이 있었다.
　　　孩子有他自己的计划。

ㄴ. 이 제품을 써보니까 품질이 그런대로 괜찮아요.
　　　　用了这东西之后觉得质量还行。
　　ㄷ. 제대로 지은 건물이라더니 빗물이 샌다.
　　　　说是按要求盖的房子，结果还漏雨。
　例句"ㄱ"中孩子的计划从大人的角度来看可能并不是所期望的，用了"나름대로"则表示孩子自己制定的计划对孩子来说是有意义的，因此得到了认可。所以不能从大人的角度去判断计划的好坏。相反，例句"ㄷ"中的"제대로"有一定的标准，表示"按照标准"行事。即"ㄷ"中不漏雨的房子是"제대로(기준에 맞게)"盖的房子。

(2) 其他意义的比较
　① "나름대로"有在自己力所能及的范围内的意思，但事情的结果并非一定要达到某种标准。相反"제대로"含有结果一定要达到某种标准的意思。
　　ㄱ. 나는 내나름대로 열심히 공부했기 때문에 이번 시험결과에 대해 후회하지 않는다.
　　　　我觉得自己努力学习了，所以对考试成绩没有什么后悔的。
　　ㄴ. 너는 나름대로 열심히 했다고 하지만 일이 제대로 안 되었잖아.
　　　　你觉得自己努力了，但事情做得并不好。
　例句"ㄱ"中的"나름대로"表示自己因尽力而为而感到满意，考试结果是否达到理想的程度并不重要。例句"ㄴ"中的"제대로 안 되었다"的意思是事情的结果没有达到要求，所以成了问题。
　② "그런대로"表示"虽然并不满意但认可现在的상태"，但没有"나름대로"所表示的"独特的方式"的意思，也没有"제대로"所表示的"一定的标准"的意思。"그런대로"最能反映说话者内心的态度，因此在不同的情况下，说话者能够满意的基准也会发生改变。
　　ㄱ. 월급은 많지 않지만 그런대로(나름대로) 생활을 유지해 나가는 데 문제 없습니다.
　　　　薪水不多，但足够维持生活了。
　　ㄴ. 여기는 본래 봄 경치가 좋은데 겨울 경치도 그런대로(나름대로) 운치가 있다.
　　　　这里春天的景色本来就很美，冬天也不错。
　例句"ㄱ"中如果用"그런대로"，则有虽然并不满意，却可

以接受，表示现实的消极意义较强。如果用"나름대로"则有自我感觉良好的积极意义。例句"ㄴ"中亦是如此。"그런대로"有虽不满意但还过得去的意义，而"나름대로"表示满足于冬景独特的韵味。此外，"그런대로"还暗含没有尽力而为的意思，因此难与"열심히""힘껏""상당히"等副词连用。

ㄷ. 회사의 상사는 인정하지 않지만 그는 나름대로(*그런대로) 열심히 일하고 있다고 생각한다.
虽然公司上司不认可，但他认为自己工作很努力。

ㄹ. 그는 자기도 가진 것이 없지만 나름대로(*그런대로) 힘껏 남을 도우며 살아가고 있다.
他并不富有，但一直尽力帮助别人。

③ "제대로"有"下定决心"、"正确的"、"按照原来的状态"等意思，而"나름대로"和"그런대로"没有这层意思。

ㄱ. 그녀는 흥분해서 제대로(*나름대로, *그런대로) 말을 못하고 더듬었다.
她兴奋得语无伦次了。

ㄴ. 나는 어젯밤에 잠을 제대로(*나름대로, *그런대로) 못 잤다.
我昨晚没睡好。

ㄷ. 네가 망가뜨린 시계를 제대로(*나름대로, *그런대로) 고쳐 놓아라.
你把坏了的手表好好修修吧。

例句"ㄱ，ㄴ，ㄷ"中的"제대로"都与一定的标准有关，因此不可以用"나름대로"替换"그런대로"。

(3) 练习

다음 단어 중 알맞은 것을 고르시오.

① 나의 첫 강연은 주최측으로부터 (나름대로/제대로/그런대로) 성공적이라는 평가 를 받았다.
主办方认为我的首次演讲很成功。

② 운동화는 약간 컸지만(나름대로/제대로/그런대로) 신을 만했다.
运动鞋有点大，但自我感觉穿起来还不错。

③ 사위 될 총각을 만나보니(나름대로/제대로/그런대로) 마음에 들었다.

见了未来女婿以后非常满意。
④ 치통으로 (나름대로/제대로/그런대로) 먹지도 못한다.
　　因为牙疼，吃饭都困难。
⑤ 한눈팔지 말고 일이나 (나름대로/제대로/그런대로) 해라.
　　别跑神儿，认真做事吧!
⑥ 돈이 없는 사람도 (나름대로/제대로/그런대로) 행복을 추구하는 방법이 있다.
　　没钱也可以追求幸福。
⑦ 나는 그가 신제품 출시하기까지 (나름대로/제대로/그런대로) 상당히 많은 애를 썼다는 것을 알고 있다.
　　我知道他在新产品上市前费了很多心思。
⑧ 부모는 다 (나름대로/제대로/그런대로) 자녀교육관이 있다.
　　父母们都有自己教育儿女的方法。

(4) 答案

① 나름대로, 그런대로　② 그런대로　③ 그런대로　④ 제대로
⑤ 제대로　⑥ 나름대로　⑦ 나름대로　⑧ 나름대로

4.8　다, 모두

(1) 基本意义的比较

◆다：指一个事物的全部。
◆모두：指几个事物的全部。

ㄱ. 사과를 다 먹었다.　苹果都吃了。
ㄴ. 사과를 모두 먹었다.　所有苹果都吃了。

例句"ㄱ"中的"다"可以指吃完一个苹果，也可以指吃完几个苹果，而例句"ㄴ"中的"모두"指几个苹果都吃完了，一个也没剩的意思。

(2) 其他意义的比较

① "다"可以用于可数名词或不可数名词，而"모두"只用于可数名词。

ㄱ. 이 방은 창문이 모두(다) 닫혀 있다.
　　这个房间的窗户都关着。

ㄴ. 컵에 든 물을 다(*모두) 마셨다.
　　杯里装的水都喝了。
例句"ㄱ"中的窗户是可数的，可以用"모두"。因为是指事物的全部，也可以用"다"。例句"ㄴ"中的水是不可数的，所以用"다"。
② 事情的进行过程到达最后阶段或状态时，只能用"다"。
ㄱ. 엄마, 밥 다(*모두) 되었어요?
　　妈妈，饭都做好了吗?
ㄴ. 봄이 벌써 다(*모두) 지나갔네.
　　春天已经都过去了啊。

◆深层区别
① "다"表示事情到达意外的境地，或轻微的惊讶、感叹或讽刺等。
ㄱ. 당신이 생일 선물을 다(*모두) 사 오다니, 이게 웬일이에요?
　　你还给我买生日礼物了，真是太意外了。
ㄴ. 우리 형편에 자가용이 다(*모두) 뭐예요?
　　我们的条件哪能买什么私家车啊?
② "다"表示完全否定某种行为或状态的可能性。
ㄱ. 숙제를 하자면 잠은 다(*모두) 잤다. (잠을 잘 수가 없다는 뜻이다.)
　　要做作业睡觉就泡汤了。
ㄴ. 몸이 이렇게 아프니 오늘 장사는 다(*모두) 했다. (장사를 할 수가 없다는 뜻이다.)
　　身体这么不舒服，今天的生意就泡汤了。
③ "다"有至高无上之义。
ㄱ. 얼굴만 예쁘면 다(*모두)냐?
　　光脸蛋漂亮有什么了不起的?
ㄴ. 요즘 돈이 다(*모두)라고 생각하는 사람이 많다.
　　现在很多人认为钱就是一切。

(3) 练习
다음 단어 중 알맞은 것을 고르시오.
① 하고 싶은 일은 죽기 전에 (다/모두) 해 보는 게 좋다.
　　人生在世，把自己想做的事都做了是最好的。
② 제가 빌려준 그 책 (다/모두) 읽었어요?
　　我借给你的书都读完了吗?

③ 건강하던 사람이 (다/모두) 죽어간다.
　　曾经很健康的人已濒临死亡。
④ 식구 (다/모두)가 여행을 떠나고 나 혼자 남았다.
　　家人都去旅行了，只剩下我自己。
⑤ 별 말씀을 (다/모두) 하십니다.
　　您太客气了。

(4) 答案

① 다/모두　② 다　③ 다　④ 모두　⑤ 다

4.9　다만, 단지, 오직
(1) 基本意义的比较
　　◆다만：排除其他的事情或除某事外，只对特定的事情感兴趣、关心。
　　◆단지：排除其他的事情或除某事外，只对某一件或某几件事情感兴趣、关心。
　　◆오직：只关心特别的某一件或两件事情。
　　ㄱ. 이것은 다만 동생의 건강을 위한 것이다.
　　　　这只是为了弟弟的健康而已。
　　ㄴ. 우리는 단지 집이 가깝다는 이유 하나만으로 친구가 되었다.
　　　　我们就因为家近这一个原因成了好朋友。
　　ㄷ. 그는 일 년 동안 오직 공부에만 열중했다.
　　　　他一年到头只知道埋头学习。
　　例句"ㄱ"中的"다만"所限定的"이것"有最低限度的意思。而"ㄴ"中的"단지"没有最低限度之意，数量较小，这点与"다만"不同。"ㄷ"的"오직"排斥"공부"以外的其他一切。

(2) 其他意义的比较
　　① "다만"和"단지"可以附加例外的事项或条件，"오직"则不可以。
　　ㄱ. 외출해도 좋다. 다만(단지, *오직) 저녁 식사 전에 돌아오너라.
　　　　可以外出，但必须晚饭前回来。

ㄴ. 우리가 이기는 것은 분명하다. 다만(단지, *오직) 어떻게 이기느냐가 문제다.

我们一定会赢，只是怎样赢的问题而已。

② "다만"和"단지"所选择的不可能是好的或大的。而"오직"不受此限制。

ㄱ. 우리의 소원은 오직(*다만, *단지) 세계평화이다.

我们的愿望只是世界和平。

ㄴ. 어릴 때부터 그의 꿈은 오직(*다만, *단지) 대통령이 되는 것이었다.

从小他就一心梦想成为总统。

ㄷ. 이것은 다만(단지, 오직) 개인의 이익만을 생각하는 처사다.

这是只考虑个人利益的处事态度。

例句"ㄱ"中的"세계평화"和"ㄴ"的"대통령"都表示好或大的事情，而不表示最低限度或很小的事情。因此不能用"다만"或"단지"。如果所选择的事情是小事、不好的事、细微的事，这时也可以用"다만"和"단지"。

③ "단지"与"다만"相比，数量小的意思更明显。"오직"受数字限制很大，一般不与大的数字一起用。

ㄱ. 그가 원하는 것은 단지(오직, *다만) 하나다.

他的愿望只有一个。

ㄴ. 이번 결혼식에 우리 회사 직원 중 단지(오직, *다만) 그만이 참석하였다.

这次婚礼我们公司员工中只有他自己参加了。

(3) 练习

다음 단어 중 알맞은 것을 고르시오.

① 형의 지갑에는 (다만 /단지/오직) 차비만 들어 있을 뿐이었다.

哥哥的钱包里只装着车费。

② 불은 인간에게 유익하다. (다만/단지/오직) 안전하게 사용해야 한다.

火对人有用。但是要安全使用。

③ 사람은 (다만/단지/오직) 먹기 위하여 사는 것은 아니다.

人不是只为了吃而活。

④ 나는 (다만/단지/오직) 그 사람이 오기를 바랄 뿐이다.
　　我只是盼望那个人能来。
⑤ 이제 믿을 것은 (다만/단지/오직) 실력뿐이다.
　　现在能相信的只有实力。
⑥ 그는 (다만/단지/오직) 학문의 길만을 꿋꿋이 걸어갔다.
　　他只是坚定地走学术之路。
⑦ 그 홀어머니는 (다만/단지/오직) 아들 하나만을 바라보고 산다.
　　儿子是那个单亲妈妈唯一的精神支柱。
⑧ 그 사람은 (다만/단지/오직) 졸업장을 따는 데 목적이 있는 듯 전공 공부에는 전혀 관심이 없다.
　　那个人的目的只是拿毕业证，对专业学习毫不关心。

(4) 答案

① 다만, 단지, 오직　② 단지, 오직　③ 다만, 단지, 오직
④ 다만, 단지, 오직　⑤ 단지, 오직　⑥ 단지, 오직
⑦ 단지, 오직　⑧ 단지, 오직

4.10　다시, 또

(1) 基本意义的比较

◆다시：为纠正之前发生的错误，或对之前的行为进行补充而反复进行某行为。

◆또：指单纯而无变化地反复地进行某行为或过程，没有纠正错误或补充的意味。

　　ㄱ. 이 보고서 잘못 썼네요. 다시 쓰세요.
　　　　这份报告没写好，请再写一遍。
　　ㄴ. 보고서를 또 썼어요?
　　　　又写了一遍报告?
例句"ㄱ"中的"다시"有纠正错误的意味，例句"ㄴ"中的"또"没有纠正或者补充的意思，只表示写了两遍同样的报告。
　　ㄷ. 다른 방법으로 다시 한 번 해 봅시다.
　　　　再试试别的办法吧。
　　ㄹ. 작품이 문제가 있어 다시 만들기로 했다.
　　　　作品有问题，决定重弄。

像例句"ㄷ"和"ㄹ"中表示更改方向或方法，重新做的意思时，不能用"또"。

(2) 其他意义的比较

① "다시"可以表示继续进行中断的事情，而"또"无此用法。
ㄱ. 자금이 부족하여 문을 닫았던 가게가 다시(*또) 영업을 시작했다.
因为资金不足而关门的商店又开业了。
ㄴ. 그 사람은 부도난 회사를 다시 일으킬 수 있을까?
他能让倒闭的公司东山再起吗?

② "또"表示保留既有，并对其进行添加的意思，而"다시"没有这种意味。
ㄱ. 어제 먹었던 김치 참 맛있던데 또(*다시) 없어요?
昨天吃的泡菜味道真好，还有么?
ㄴ. 얼마 전에 용돈을 많이 주었는데 또 필요해?
刚给你很多零花钱没多久，又要钱?

(3) 练习

다음 단어 중 알맞은 것을 고르시오.
① (다시/또)는 당신을 만나지 않을 거예요.
我不会再见你。
② 점심을 먹은 지 얼마 안 되는데 (다시/또) 배가 고프네요.
吃了午饭没多久又饿了。
③ 이해가 안 되는 부분을 (다시/또) 읽었다.
又读了一遍不理解的地方。
④ 한참을 쉬다가 (다시/또) 길을 걷기 시작했다.
歇了好一会儿又上路了。
⑤ (다시/또) 그런 소리를 하면 가만 두지 않겠다.
你再这么说我可不饶你。
⑥ 부도난 회사를 (다시/또) 일으킬 수 있을까요?
破产的公司还能东山再起吗?

(4) 答案

① 다시 ② 또 ③ 다시 ④ 다시 ⑤ 또 ⑥ 다시

4.11 대단히, 굉장히, 상당히, 되게

(1) 基本意义的比较

◆대단히：程度很深。

◆굉장히：非常宏大，了不起。

◆상당히：达到了很高的程度。

◆되게：可以表示"매우, 몹시, 대단히, 상당히"。

ㄱ. 그는 대단히(굉장히, 상당히, 되게) 많이 먹는다.
　　他吃的非常多。

ㄴ. 그녀는 굉장히(대단히, 상당히, 되게) 착하다.
　　她太善良了。

ㄷ. 내 친구는 상당히(대단히, 굉장히, 되게) 뚱뚱하다.
　　我朋友相当胖。

ㄹ. 오늘은 날씨가 되게(굉장히, 대단히, 상당히) 덥다.
　　今天热极了。

按照程度大小的顺序可排列为"굉장히>대단히>상당히"。"되게"的程度与"대단히"和"상당히"相同。这四个副词在口语中最常用的是"되게"。

(2) 其他意义的比较

① 四者都可以修饰动词、形容词和副词。

ㄱ. 그는 한국어 공부를 하는 데 있어서 대단히(굉장히, 상당히, 되게) 노력한다.
　　他学韩国语非常用功。

ㄴ. 철수는 대단히(굉장히, 상당히, 되게) 착하다.
　　哲洙非常善良。

ㄷ. 내 남동생은 대단히(굉장히, 상당히, 되게) 빨리 뛴다.
　　我弟弟跑得非常快。

② 四者均可修饰"体词+이다"句型，这个句型中的体词应是表示程度的体词。

ㄱ. 옆집 아저씨는 대단히(굉장히, 상당히, 되게) 부자다.
　　隔壁的大叔相当富有。

ㄴ. 내 한국 친구는 *대단히(*굉장히, *상당히, *되게) 학생이다.

例句"ㄴ"中的"学生"不是表示程度的体词，所以四者都不可用，否则会造成病句。

(3) 练习

다음 단어 중 알맞은 것을 고르시오.

① 그녀는 요즘 결혼문제에 대해 (굉장히/대단히/상당히) 걱정하고 있다.

她最近因为结婚的事很烦。

② 내 친구는 (굉장히/대단히/상당히) 게으르다.

我朋友相当懒。

③ 그는 (굉장히/대단히/상당히) 많이 먹는다.

他很能吃。

④ 우리 사장님은 (굉장히/대단히/상당히) 구두쇠다.

我们总经理太抠门儿了。

⑤ 그는 어떤 일을 하거나 (굉장히/대단히/상당히) 적극적이다.

他干什么都很积极。

(4) 答案

① 굉장히, 대단히, 상당히	③ 굉장히, 대단히, 상당히
② 굉장히, 대단히, 상당히	④ 굉장히, 대단히, 상당히
	⑤ 굉장히, 대단히, 상당히

4.12 매우, 아주

(1) 基本意义的比较

◆ 매우：表示大幅度地超过了某程度。

◆ 아주：比"매우"的程度更深。

ㄱ. 그 학생은 매우 열심히 공부한다.

那个学生学习非常努力。

ㄴ. 그 학생은 아주 열심히 공부한다.

那个学生学习非常刻苦。

例句"ㄴ"中的"아주"所强调的努力的程度比"매우"更深。

(2) 其他意义的比较

① "매우"和"아주"主要修饰形容词和副词。

ㄱ. 그는 출장을 매우(아주) 자주 다닌다.
　　他出差频率很高。（修饰副词）
ㄴ. 그녀는 매우(아주) 아름답다.
　　她很美。（修饰形容词）
② "매우"一般不修饰动词，但可以用于一些表示程度的动词前。"아주"可以修饰动词。
ㄱ. 나는 그 여자를 매우 사랑한다.
　　我很爱她。
ㄴ. 그는 이번에 아주(*매우) 가버렸다.
　　他这次真的走掉了。
例句"ㄱ"中的"매우"和"몹시"意思相似，都表示程度。例句"ㄴ"中的"아주"有完全的意思，表示程度至深而无法改变。此时动词不具有表示程度的意义。
③ "아주"可以修饰名词，"매우"不能修饰名词。
그는 부동산이 많아서 아주(*매우) 부자다.
他有很多房产，绝对是有钱人。
"아주"有"了不得"的意思，可以修饰名词。

(3) 练习
　　다음 단어 중 알맞은 것을 고르시오.
　① 사람은 (매우/아주) 남남이 되어 버렸다.
　　他俩老死不相往来了。
　② 어른이 그렇게 행동했다면 (매우/아주) 바보다.
　　大人那么做，简直太傻了。
　③ 엄마가 아이를 (매우/아주) 때렸다.
　　妈妈把孩子狠揍了一顿。

(4) 答案

① 아주　② 아주　③ 매우

4.13　몹시，무척，퍽
(1) 基本意义的比较
　　◆ 몹시：极甚的程度。

◆무척：无法比较。

◆퍽：大大超过一般的程度。

ㄱ. 그는 축구를 하다가 몹시 다쳤다.
　　他踢足球受了重伤。

ㄴ. 나는 그녀의 전화를 받고 무척 기뻤다.
　　我接到她的电话，无比开心。

ㄷ. 잠자는 아이의 모습이 퍽 귀엽다.
　　孩子睡觉的样子太可爱了。

从例句"ㄱ"和下面的例句"ㄹ"可以看出，"몹시"更适合用于修饰表示贬义的谓语；而如例句"ㄷ"所示，"퍽"更适合用于表示褒义的谓语，但在例句"ㅁ"中也可适用于贬义谓语。

ㄹ. 내 친구는 성격이 몹시 내성적이다(*활발하다).
　　我朋友太内向了。

ㅁ. 저 신혼부부는 퍽 불행해 보인다.
　　那对新婚夫妻看起来很不幸。

"무척"既适用于褒义谓语又适用于贬义谓语。

ㅂ. 오늘 만난 남자에게 무척 호감이 간다.
　　我对今天见到的男人很有好感。

ㅅ. 그녀는 그 소식을 듣고 무척 울었다.
　　她听了那个消息哭得很伤心。

(2) 其他意义的比较

① "몹시"、"무척"、"퍽"都可与形容词搭配；"몹시"和"무척"还可与动词搭配，而"퍽"则不能与动词搭配。

ㄱ. 오늘 미팅에서 만난 그녀는 몹시(무척,퍽) 뚱뚱했다.
　　今天聚会上见到的女孩太胖了。

ㄴ. 금년 여름에는 비가 몹시(무척, *퍽) 내렸다.
　　今年夏天雨水特别多。

ㄷ. 금년 여름에는 비가 몹시(무척, 퍽) 많이 내렸다.
　　今年夏天雨水特别多。

例句"ㄴ"中的"무척"或"퍽"后面添加副词变成"ㄷ"句的话，句子会更自然。

"몹시"、"무척"、"퍽"均可修饰名词谓语。

ㄱ. 어머니는 어제 일이 몹시(무척, 퍽) 걱정이다.
　　妈妈非常担心昨天的事。
ㄴ. 그녀는 아직 젊지만 무척(몹시, 퍽) 부자이다.
　　她虽然很年轻，但非常有钱。
ㄷ. 옆집 아저씨는 퍽(몹시, 무척) 바람둥이이다.
　　隔壁的大叔太花心。

(3) 练习
　　다음 단어 중 알맞은 것을 고르시오.
　① 그 회사는 면접이 (몹시/무척/퍽) 까다롭다.
　　那家公司的面试非常严格。
　② 이렇게 간단한 산수를 못하다니 그 아이는 (몹시/무척/퍽) 바보이다.
　　这么简单的算术都不会，那孩子也太笨了。
　③ 그녀를 오랜만에 만났는데 (몹시/무척/퍽) 젊어 보인다.
　　多年不见，她看起来仍然非常年轻。
　④ 불량배들이 옆집 아이를 (몹시/무척/퍽) 때렸다.
　　地痞流氓把隔壁的孩子打了。
　⑤ 어머니는 반에서 일등한 아들이 (몹시/무척/퍽) 자랑스러웠다.
　　儿子拿了班级第一，妈妈非常自豪。

(4) 答案

```
① 몹시, 무척, 퍽   ② 몹시, 무척, 퍽   ③ 무척, 퍽
④ 몹시, 무척      ⑤ 무척, 퍽
```

4.14　벌써, 이미

(1) 基本意义的比较
　◆벌써：事情比预想的时间提前发生。
　◆이미：事情比预想的时间提前发生。
　ㄱ. 아버지께서 벌써(이미) 집에 와 계신다.
　　爸爸已经回家。
　ㄴ. 많은 사람이 벌써(이미) 집으로 돌아갔다.
　　很多人已经回家。

"벌써"和"이미"都可以表示以一定的时间为标准，事情提前发生的意思，这时在"ㄱ"和"ㄴ"句中可以互换。

(2) 其他意义的比较

① "이미"表示已经结束的事情，现在对其无可奈何，而"벌써"没有。

ㄱ. 이미(*벌써) 그는 어린이가 아니다.
　　他已经不是小孩子了。
ㄴ. 후회해 보아야 이미(*벌써) 때가 늦었다.
　　后悔也没有用，已经晚了。

例句"ㄱ"中的"이미"表达出"他"现在已经是成年人，不可能再回到小孩儿的状态的意思。而"ㄴ"中的"이미"含有后悔也无法改变局面之意。这时"이미"和"벌써"不能互换。

② "벌써"指事情比预想发生得早，有意料之外之意，而"이미"没有。

ㄱ. 아직 다섯 시도 안 되었는데 벌써(*이미) 퇴근했어요?
　　还不到五点，就已经下班了吗?
ㄴ. 아직 시간이 많은데 (벌써/*이미) 가려고?
　　时间还早，你想走吗?

③ "벌써"可以与助词"부터"结合，"이미"不能。

ㄱ. 나는 그 일을 벌써(*이미)부터 알고 있었다.
　　我早就知道那件事儿。
ㄴ. 그를 만나러 갈 생각에 벌써(*이미)부터 마음이 설렌다.
　　一想到要见他，我的心（早就开始）激动不已。

(3) 练习

다음 단어 중 알맞은 것을 고르시오.
请选择一下搭配正确的词。

① 지금이 몇 시인데 (벌써/이미) 밥을 먹어요?
　　现在才几点，就吃饭?
② 그것은 (벌써/이미) 엎질러진 물이야.
　　已经是覆水难收。
③ 나는 그 일을 (벌써/이미) 알고 있었다.

我已经知道那件事了。
④ 홍수로 인하여 그가 아끼던 물건은 (벌써/이미) 집안 어디에도 찾을 수 없었다.
因为洪水,他珍爱的东西早就在家里寻不到踪影了。
⑤ 창밖에는 (벌써/이미) 봄기운이 완연했다.
窗外已经春意盎然。
⑥ 늦게 돌아온다더니 왜 (벌써/이미) 왔어요?
你不是说晚回来吗?怎么现在就回来了?

(4) 答案

① 벌써 ② 이미 ③ 벌써,이미 ④ 이미 ⑤ 벌써,이미
⑥ 벌써

4.15 도저히, 도무지

(1) 基本意义的比较

◆도무지:已经做出了足够的努力,但却达不到预期的效果。
◆도저히:情况是超出自己能力范围之外的,因而达不到预期的效果。
ㄱ. 우리집 아이가 도무지 밥을 먹지 않는다.
　　我家小孩根本不吃饭。
ㄴ. 이 일을 내일까지 도저히 마칠 수 없어.
　　这活儿明天实在干不完。
例句"ㄱ"中"도무지"强调说话者已经做出了超出想象的努力,即妈妈想尽办法让孩子吃饭, 可孩子就是不吃。"ㄴ"句中"도저히"表示说话者认为自己要办的事情是超出自己能力范围之外的,因而办不到。"ㄱ"句中没有言及"能力",不可以用"도저히";"ㄴ"句中"-을 수 없-"表示没有能力,这样的句子中可以用"도저히"。但"도무지"、"도저히"都不能用于以下肯定句中。
ㄷ. *우리집 아이가 도무지 밥을 먹는다.
ㄹ. *이 일을 내일까지 도저히 마칠 수 있을 거야.

(2) 其他意义的比较

① "도무지"必须事先为达到某种目的作出努力,而"도저히"

只是单纯地与能力有关。

  ㄱ. 이 문제는 도저히 못 풀겠어.
    这道题我就是解不出来。
  ㄴ. 이 문제는 도무지 못 풀겠어.
    这题我实在解不出来。

  学生拿到习题时，认为自己不具备解答问题的能力，也不想尝试解答，这种情况下用"도저히"。而"도무지"必须在做出解答问题的努力之后，才可以使用。

  "도무지"不能出现在疑问句当中，"도저히"可以出现在疑问句当中。

  ㄷ. *그 자동차를 도무지 고칠 수 없겠니?
  ㄹ. 그 자동차를 도저히 고칠 수 없겠니?
    那辆车怎么也修不了吗？

  "도무지"表达了说话者对所陈述情况的主观判断，而疑问句是说话者从听者哪里获取自己需要的信息，如果"도무지"用在疑问句当中，即是说话者向听者询问自己的主观判断。自己的主观判断只有自己最清楚，怎么能向别人询问呢？因此，"도무지"不可在疑问句当中使用。相反，"도저히"与行事者的能力相关，说话者可以向听者询问做事者是否具备这样的能力，或者询问听者的意见，因此可以用在疑问句当中。

  ② 使用"도무지"须符合四个条件，一是说话者期待所陈述状况的发生；二是有人为这个状况的发生作出努力；三是说话者判断为实现这种状况，确实做出了充分的努力；四是与说话者的判断相反，这种状况不能实现。四个条件缺一不可。

  ㄱ. 이 아이는 도무지 말을 듣지 않는다.
    这孩子总是不听话。
  ㄴ. 저 아이는 도무지 우유를 먹지 않아.
    那孩子怎么都不喝牛奶。

  例句"ㄱ"句中表示说话者有解答问题的意愿，并为此竭尽全力，但没有解答出来。"ㄴ"句中希望孩子能喝牛奶，说话者或他人也做出了努力，但孩子还是不肯喝。用"도무지"时，应当为实现某种状况做出实际的努力，因此对于未来的或者假想的情况，不能用"도무지"。

ㄷ. *나는 그 일을 도무지 하지 않겠다.
ㄹ. *나는 그 일을 도무지 하지 않을 것이다.
ㅁ. *내가 시켰다면, 그는 그 일을 도무지 안 했을 거야.

"ㄷ"和"ㄹ"句中所说的是未来的事，还没有做出努力，不能用"도무지"。"ㅁ"是对过去的假设，事情已经过去，想要努力也不可能了，因此不能用"도무지"。风俗习惯是不可能通过努力而改变的，所以以下表示在陈述习惯、习俗的句子中一般不可以用"도무지"。

ㅂ. *미국 사람은 도무지 김치를 먹지 않아.
　　美国人不吃泡菜。

例句"ㅂ"中本来不可以用"도무지"，因为饮食习惯是自然形成的，与"도무지"表示的"尽力"相悖。但如果美国举国上下都为"吃泡菜"而努力，可是美国人仍然不吃，那么可以用"도무지"。

③ "도저히"表示说话者所陈述的状况超出某人的能力范围，因此常与表示能力所不及的"수 없다"及"못"搭配。

ㄱ. 나는 그 일을 도저히 할 수 없었어.
　　那件事我确实办不了。
ㄴ. 그 일은 도저히 못 하겠어.
　　那件事我实在办不了。

以上除两种表达方式外，在其他的表示能力所不及的表达方式中，也可以用"도저히"。

ㄷ. 도저히 모르겠어.
　　确实不知道。
ㄹ. 도저히 이해가 안돼.
　　真的理解不了。
ㅁ. 도저히 서울에 갈 형편이 안돼.
　　根本没有去首尔的可能性。

例句"ㄷ"句表示不知道某件事，"ㄹ"表示不能理解，这些都是说话者在精神能力所不能达到的，可以用"도저히"。"ㅁ"句表示说话者的能力，可以用"도저히"。

(3) 练习

다음 단어 중 알맞은 것을 고르시오.

① 언니가 (도무지/도저히) 그 일을 하지 않아.
　　姐姐就不做那件事。
② 나는 그 일을 (도무지/도저히) 못 할 거야.
　　我确实做不了那件事。
③ 지금 (도무지/도저히) 일어설 수 없겠니?
　　你现在确实起不来吗?
④ 요즘 학생들이 (도무지/도저히) 책을 읽지 않는다.
　　最近学生怎么也不读那本书。
⑤ 이 돌을 (도무지/도저히) 못 들겠어.
　　这块石头我怎么也拿不动。
⑥ 이 일을 내일까지 (도무지/도저히) 마칠 수 없어.
　　到明天这件事确实结束不了。

(4) 答案

> ① 도무지　② 도저히　③ 도저히　④ 도무지
> ⑤ 도무지, 도저히　⑥ 도저히

4.16　아직, 여태, 채

(1) 基本意义的比较

◆아직: 等待某事件的发生或出现, 但还没到时间。
◆여태: 某事物应该已经发生或出现, 但事与愿违, 心有不满。
◆채: 某种状态或动作还未形成或发生。

ㄱ. 오겠다고 하던 사람들이 아직 다 오지 않았다.
　　说要来的人还都没来呢。
ㄴ. 여태 그것밖에 못 했니?
　　到现在为止就做了这些?
ㄷ. 말이 채 끝나기도 전에 그가 소리를 질렀다.
　　话还没说完他就喊了。

例句 "ㄴ" 中的 "여태" 表示达不到所期待的水准而不能满足。
例句 "ㄷ" 中的 "채" 表示 "都、完全" 的意思。

(2) 其他意义的比较

① "아직"和"여태"均可表示某事物或状态未结束仍在持续,但"여태"主要指消极的行动或事情的持续,此时。"아직"和"여태"可以互换使用。"채"不表示状态的持续。

　　ㄱ. 나는 바빠 죽겠는데 넌 아직(여태, *채) 자고 있으면 어쩌겠다는 거야?
　　　　我忙得要死,你还在那儿睡觉,你到底想怎么着?
　　ㄴ. 왜 아직(여태, *채) 집에 있었어? 일찍 와서 좀 도와주지 그랬어.
　　　　你不早点来帮忙,怎么还在家啊?

表示某事物或状态未结束仍持续,但并不确定是否有消极意义的时候,不能用"여태,채"。

　　ㄷ. 그가 다쳐서 식물인간이 되었지만 그녀는 그를 아직(*여태, *채) 사랑하고 있다.
　　　　他虽然因伤成了植物人,但她仍爱着他。
　　ㄹ. 그 영화를 본 지가 오래 되었는데도 아직(*여태, *채) 감동이 남아 있다.
　　　　虽然很久以前就看了那部电影,但现在我仍然很感动。

② "아직"和"여태"都可以表示某事物应该已经发生或出现,但事与愿违,因而有所不满;"채"没有这种意义。

　　ㄱ. 우리집 아이는 어디를 갔는지 아직(여태, *채) 돌아오지 않았다.
　　　　我家孩子不知去哪儿了,到现在还没回来。
　　ㄴ. 그는 그때 친구와 크게 싸우고 나서는 아직(여태, *채) 화해하지를 못했다.
　　　　他当时跟朋友打得很凶,到现在还没和解。

③ "아직"和"채"有没达到一定的时间或数量的意思。而"여태"没有这种意思。

　　ㄱ. 나는 중국에 온 지 아직(*여태,채) 한 달이 되지 않았다.
　　　　我来中国还不到一个月。
　　ㄴ. 그는 아직(*여태, 채) 스무 살이 안 되었는데 벌써 대학을 졸업했다.
　　　　他还不到二十岁就已经大学毕业了。

如上所述"아직"、"여태"均可用于肯定句和否定句,而"채"多用于否定句。

④ "아직"表示"到发生某事为止"，这时不能与"여태"、"채"互换。"아직"이。

ㄱ. 저는 이십대 초반인데 결혼하기엔 아직(*여태, *채) 이르죠?
我刚二十出头，结婚还太早了吧？

ㄴ. 천천히 먹자. 수업 시작하려면 아직(*여태, *채) 30분이나 남았거든.
我们慢点吃吧，离上课还有30分钟呢。

(3) 练习
다음 단어 중 알맞은 것을 고르시오.
① 시간이 있어. (아직/여태/채) 포기하기엔 이르다.
还有时间，现在说放弃还太早。
② 그 문제는 (아직/여태/채) 고려 중이다.
还在考虑那个问题。
③ (아직은/여태는/채는) 여유가 좀 있는 편이다.
还有时间。
④ (아직/여태/채) 10시밖에 안 되었는데 자니?
还不到10点就要睡觉么？
⑤ 그는 도박을 하다가 (아직/여태/채)까지 쌓아 놓은 전 재산을 다 날려 버렸다.
他因为赌博输掉了至今积攒下来的所有财产。
⑥ 오후 수업 시작하려면 (아직/여태/채) 한 시간 남았다.
还有一个小时才上下午的课。
⑦ 너무 바빠서 (아직/여태/채) 저녁도 못 먹었다.
太忙了到现在也没吃饭呢。
⑧ 그녀가 결혼한 지 (아직/여태/채) 이 년도 안되는데 벌써 아이가 둘이다.
她结婚还不到两年就生了俩孩子。
⑨ 이제 12시인데 점심식사하기엔 (아직/여태/채) 이르죠?
现在12点，吃午饭太早了吧？
⑩ 10월인데 사과가 (아직/여태/채) 익지 않았다.
都到十月份了，苹果还没熟。

(4) 答案

①아서 ②어서 ③아서응 ④아서 ⑤어서 ⑥아서 ⑦아서,게 ⑧어서,게 ⑨아서 ⑩어서,게

4.17 안(아니), 못

(1) 基本意义的比较

◆안：否定意图，表示不愿做某事。
◆못：否定能力，表示不能做某事。

ㄱ. 이제 다시는 그 사람을 안 만나겠다.
  我再也不想见到他了。

ㄴ. 나는 술을 잘 못 마신다.
  我不能喝酒。

例句"ㄱ"中的"안"表示虽然有见那个人的能力，但是没有见他的意图，所以不见。例句"ㄴ"中的"못"表示原本就没有喝酒的能力。

(2) 其他意义的比较

① 当表示某个行动没完成，或某种状态没有出现时，用"안"表示纯粹否定。

ㄱ. 조금 전까지 비가 왔는데 이제는 비가 안(*못) 온다.
  刚才还下雨，现在不下了。

ㄴ. 한겨울인데도 오늘은 날씨가 별로 안(*못) 춥다.
  正是数九寒冬，今天却不怎么冷。

例句"ㄱ"中的不下雨的情况和"ㄴ"中的不冷的情况，都表示和意图无关的纯粹否定。

② 当表示没能达到所期望状态时，用"못"表示否定。

ㄱ. 그 여자는 못 생겼는데도(*안 생겼는데도) 모델이 되었다.
  那个女孩虽然长得不怎么样，却当了模特。

ㄴ. 못난(*안 난) 녀석, 이 나이가 되도록 아직 취직을 못하다니.
  这个不争气的家伙，都这么大了还没找到工作。

找到工作是所期待的状态，所以"ㄴ"中的"못나다"表示没有达到那样的状态。

③ "안"和"되다"结合成"안 + 되다"的形态或"못"本身都可以表示禁止或不允许之意。

ㄱ. 여기서 담배를 피우면 안 됩니다.
   这里禁止吸烟。
ㄴ. 여기는 아무나 못 들어갑니다.
   这里闲人免进。

例句"ㄱ"是"여기서 담배 피우지 마세요"的委婉表达。"ㄴ"是"여기에 들어가지 마세요"的委婉表达。

(3) 练习

다음 단어 중 알맞은 것을 고르시오.

① 어젯밤에 잠을 통 (안/못) 잤어요.
   昨晚一点也没睡着。
② 마음만 먹으면 언제든지 결혼할 수 있어요. 나는 결혼을 (안/못) 한 게 아니라 (안/못)한 거예요.
   只要下决心，随时都能结婚。我不是不能结婚，只是不想结婚。
③ 서른이 채 (안/못) 된 나이에 그는 벌써 한 회사의 사장이 되었다.
   还不到三十，他就已经是一个公司的总经理了。
④ 여기에 쓰레기를 버리면 (안/못) 됩니다.
   这里不能乱扔垃圾。
⑤ 배가 불러서 더 이상 (안/못) 먹겠어요.
   肚子饱了，不能再吃了。
⑥ 약이 너무 써서 (안/못) 먹겠어요.
   药太苦了，吃不了。
⑦ 눈이 나빠졌는지 작은 글자가 잘 (안/못) 보인다.
   视力变差了，小字看不清楚。
⑧ 나는 더 이상 당신을 (안/못) 믿겠어요.
   我不会再相信你了。

(4) **答案**

① 못 ② 안, 못 ③ 안 ④ 안 ⑤ 못 ⑥ 못 ⑦ 안 ⑧ 못

4.18 오랜만에, 오랫동안

(1) 基本意义的比较

◆ 오랜만에：自某事发生时起过了很长时间。
◆ 오랫동안：已经过去的很长时间。

ㄱ. 오랜만에 고향에 오니 좀 낯설다.
　 回到久别的故乡，有点儿陌生。
ㄴ. 그 두 사람은 오랫동안 만나지 못했다.
　 那两个人很久没见了。

(2) 其他意义的比较

① "오랜만"是"오래간만"的缩略语。"오랜"是冠词，如"오랜 역사"，"오랜 세월"，"오랜 옛날"。但是不能用"오랜동안"。因为"오랫동안"是"오래"和"동안"结合而成的合成词，作为一个单词使用。

ㄱ. 오랜만에 소주 한 잔 어때?
　 好久没喝酒了，一起喝杯烧酒怎么样?
ㄴ. 오랜 가뭄 끝에 비가 내렸다.
　 久旱逢甘霖。
ㄷ. 나는 그 은행과 오랫동안 거래했다.
　 我和那个银行打了很长时间交道。

② "오랫동안"可以用"오랜 시간"或"오래"等替换。

ㄱ. 그 임무를 완수하기까지 꽤 오랜 시간이 걸렸다.
　 完成那项任务花费了很多时间。
ㄴ. 그 두 사람은 결혼하기까지 오래 사귀었다.
　 两个人交往了很久才结婚。

(3) 练习

다음 단어 중 알맞은 것을 고르시오.

① (오랜만에/오랫동안) 만난 친구와 (오랜만에/오랫동안) 이야기를 나누었다.
　 和久违的朋友聊了很长时间。
② (오랜만에/오랫동안) 온 식구가 한 자리에 모였다.
　 全家人很久没有这么聚在一起。

③ (오랜만에/오랫동안) 국산영화에 관객이 몰렸다.
　　观众们对国产电影展示出了久违的热情。
④ 그 친구와 (오랜만에/오랫동안) 만났지만 별달리 할 말이 없었다.
　　虽然见了那个久违的朋友，却没有特别想说的话。
⑤ 나는 (오랜만에/오랫동안) 망설인 끝에 유학을 가기로 결심했다.
　　我犹豫了很长时间，最终决定去留学。
⑥ 이 방은 (오랜만에/오랫동안) 쓰지 않아서 먼지가 많이 쌓여 있다.
　　这个房间很久没用了，积了很多尘土。

(4) 答案

① 오랜만에，오랫동안　② 오랜만에　③ 오랜만에，오랫동안　④ 오랜만에　⑤ 오랫동안　⑥ 오랫동안

4.19　이따가, 있다가

(1) **基本意义的比较**

　　◆이따가：是副词，表示"稍后，过一会儿"。
　　◆있다가：在"있다"的"있-"后接上连接词尾"-다가"，表示"逗留一会儿，存在片刻，保持该状态一段时间"。
　　ㄱ. 지금 아무 말도 하지마. 이따가 단둘이 있을 때 이야기하자.
　　　　现在什么都别说。一会儿我们俩单独说。
　　ㄴ. 가지 말고 여기에 있다가 단둘이 이야기하자.
　　　　你别走，在这待会儿，我们俩单独说。
　　例句"ㄱ"中的"이따가"和"있다"的意思完全无关，表示"稍后"，因此应该用"이따가"。

(2) **其他意义的比较**

　　"이따가"作为副词，只起修饰后面动词的作用。但是"있다가"有谓语的作用。因此看句子的意思如果单纯表示"稍后"，就用"이따가"；如果"있다"的含义还保留，且作谓语，就要用"있다가"。
　　ㄱ. 내가 지금 좀 바쁘니까 이따가 오너라.
　　　　我现在有点儿忙，你过会儿再来吧。
　　ㄴ. 오늘 가시려고요? 며칠 더 있다가 가세요.
　　　　你想今天就走? 多待几天再走吧。

(3) 练习

다음 단어 중 알맞은 것을 고르시오.

① 돈은 (이따가/있다가)도 없는 법이야.
  钱来去无常。
② 눈을 감고 1분쯤 (이따가/있다가) 떠 보세요.
  闭上眼睛,等一分钟后再睁眼。
③ (이따가/있다가) 공원에 산책하러 갈까?
  一会儿一起去公园散步好吗?

(4) 答案

① 있다가 ② 있다가 ③ 이따가

4.20 자주, 자꾸

(1) 基本意义的比较

◆자주：经常做相同的事情。
◆자꾸：反复重复或不断继续。

ㄱ. 점심 때 회사 주변에 자주(*자꾸) 가는 식당이 있다.
  中午我常去公司附近的一个饭店吃饭。
ㄴ. 어젯밤에 제대로 못 자서 그런지 수업 시간에 자꾸(*자주) 하품이 나온다.
  可能是昨晚没睡好,上课时老打哈欠。

"자주"和"자꾸"都可以表示同样的事情反复发生,但例句"ㄱ"中的中午表示在一定时间内去同一个饭店,有规律性,因此用"자주"。而例句"ㄴ"中的打哈欠的行为没有规律性,是突发性的行为,因此用"자꾸"。

ㄷ. 고향에 연세 많은 어머니가 계셔서 그는 요즘 자주(*자꾸) 고향에 간다.
  因为年迈的母亲在老家,所以他最近经常回老家。
ㄹ. 추운데 왜 자꾸 창문을 열어놓는 거야?
  这么冷,为什么老是开窗?

例句"ㄷ"中回故乡的行为规律性很强,因此要用"자주"。"ㄹ"中开窗的行为是突发性的行为,因此要用"자꾸"。

(2) 其他意义的比较

① "자주"와 "자꾸"可以替换的情况很多。但使用"자주"是强调频度高，使用"자꾸"是强调行为自身的反复。

ㄱ. 요즘 왜 그 사람을 자주 만나요?
　　为什么最近经常见那个人？
ㄴ. 요즘 왜 그 사람을 자꾸 만나요?
　　为什么最近总见那个人？

例句"ㄱ"中的"자주"着眼于见面的次数，"ㄴ"中的"자꾸"着眼于见面的行为，所以根据情况可以互换使用。另外，"자꾸"与"자주"相比，用于否定意义的情况更多。即"ㄴ"中的"자꾸"还含有见不该见之人的意思。

ㄷ. 그 사람을 자주(자꾸) 만나다 보니 정이 들었다.
　　经常见那个人，都有感情了。
ㄹ. 처음에는 이 음식을 잘 못 먹었는데 자주(자꾸) 먹다 보니 잘 먹게 되었다.
　　刚开始吃不惯，后来经常吃就喜欢吃了。

例句"ㄷ"和"ㄹ"都既有规律性也有不规律性，同时着眼于频度高和行为本身，因此"자주"和"자꾸"都能用。

② "자꾸"有"越来越"之意，而"자주"无此意。

ㄱ. 요즘 내 몸무게가 자꾸(*자주) 늘어간다. 다이어트를 해야겠다.
　　最近我的体重总是在增加，该减肥了。
ㄴ. 월급은 그대로인데 물가는 자꾸(*자주) 올라간다.
　　工资不动，物价猛涨。

(3) 练习

다음 단어 중 알맞은 것을 고르시오.

① 차가 (자주/자꾸) 고장 나서 수리비가 많이 든다.
　　车总出故障，花了很多修理费用。
② 좋은 말도 (자주/자꾸) 하면 듣기 싫어요.
　　好话说多了也厌倦。
③ 나는 머리를 (자주/자꾸) 감는 편이다.
　　我经常洗头。
④ 시간 있으면 앞으로 (자주/자꾸) 놀러 오세요.

有空的话经常来玩吧。

⑤ 모기 물린 자리가 가려워 (자주/자꾸) 긁는다.
蚊子咬的地方痒，总挠它。

⑥ 요즘 집값이 (자주/자꾸) 올라가서 큰 걱정이다.
最近房价总在上涨，真令人担忧。

⑦ (자주/자꾸) 핑계만 대지 말고 묻는 말에나 대답해.
别总找借口，快回答我的问题。

⑧ 어릴 때 엄마를 따라 외가에 (자주/자꾸) 갔었다.
小时候总跟着妈妈去姥姥家。

(4) 答案

① 자주, 자꾸 ② 자주, 자꾸 ③ 자꾸 ④ 자꾸 ⑤ 자꾸
⑥ 자꾸 ⑦ 자꾸 ⑧ 자꾸

4.21 제법, 꽤, 썩
(1) **基本意义的比较**

◆제법：高于一般水平。
◆꽤：比一般的强一些。
◆썩：比一般的程度强很多。

ㄱ. 옆집 아이는 이제 다섯 살인데 벌써 한글을 깨친 걸 보니 제법 똑똑하다.
邻家的孩子不过五岁就学会认字了，真是聪明。

ㄴ. 친구의 여자 친구는 꽤 예쁘다.
朋友的女朋友很漂亮。

ㄷ. 그 그림은 썩 훌륭한 작품이다.
那幅画是非常了不起的作品。

例句"ㄱ"中的"제법"表示"一般五岁的孩子不认字，但邻居家的孩子认字了，这是超出一般的水平"；"꽤"并没有明显的衡量标准，是以说话者的心理为依据的，较"매우"少一些，较"좀"多一些；"썩"表示在某种水平以上，或非常了不起的程度。

(2) **其他意义的比较**

① "제법"、"꽤"和"썩"与大多数形容词结合使用，而"제

314

法"和"썩"不与"밉다, 둔하다, 게으르다"等贬义词结合。

ㄱ. 내 동생은 제법(꽤, 썩) 부지런한 편이다.
　　我弟弟是很勤快的。
ㄴ. 내 동생은 (*제법, 꽤, *썩) 게으른 편이다.
　　我弟弟很懒。

"제법"和"꽤"可直接修饰动词,"썩"不可直接修饰动词;但与"제법"和"꽤"相同,"썩+副词"的形式可以修饰动词。

ㄷ. 그는 강에서 고기를 제법(꽤, *썩) 잡았다.
　　他在河里抓了很多鱼。
ㄹ. 금년에는 비가 제법(꽤, 썩) 많이 내렸다.
　　今年雨水够多了。

② "제법"修饰动词时除了有"比一般水平强"的意思以外,还有"摆脱完全不能做或不自然的生疏状态,稍微变好"的意思。"꽤"和"썩"没有这层意思。

ㄱ. 옆집 아기가 얼마전까지만 해도 잘 못 걸었는데 지금은 제법 (*꽤, *썩) 걷는다.
　　邻居家的小孩之前还不会走路呢,现在走得挺好。
ㄴ. 우리 아이가 배가 아파서 전혀 못 먹었는데 지금은 제법(*꽤, *썩) 먹는다.
　　我家孩子肚子疼,什么都吃不了,但现在吃得可香了。

③ "제법"和"꽤"可与名词谓语搭配,而与"제법"不同的是,"꽤"还可与表示贬义的名词谓语搭配;"썩"不能与名词谓语搭配。

ㄱ. 우리 사장님 비서는 제법(꽤, *썩) 미인이다.
　　我们总经理的秘书是个大美女。
ㄴ. 이런 간단한 일도 못하다니 그는 꽤(*제법, *썩) 바보다.
　　这么简单的事都不会做,他真是个傻瓜。

"제법"还可以以"제법+이다"的形式构成谓语,而"꽤"和"썩"则不可以。

ㄷ. 저 아이는 나이도 어린데 말하는 게 제법(*꽤, *썩)이네.
　　那孩子年纪那么小说话却有一套。
ㄹ. 네가 만든 이 음식 맛있어. 요리 솜씨가 제법(*꽤, *썩)이네.
　　你做的这道菜很好吃,手艺不一般啊。

④ "썩"还可以表示"极快，赶快"，而"제법"和"꽤"没有这层意思。

ㄱ. 꼴도 보기 싫어, 썩(*제법, *꽤) 꺼져.
　　我看都不想看，你赶快闪开。

ㄴ. 넌 내 자식이 아니야, 이 집에서 썩(*제법, *꽤) 나가.
　　你不是我的孩子，赶紧滚出这个家。

(3) 练习

다음 단어 중 알맞은 것을 고르시오.

① 이 볼펜은 품질이 (제법/꽤/썩) 좋다.
　　这支圆珠笔质量很好。

② 어제 너 노래 솜씨가 (제법/꽤/썩)이던데.
　　你昨天唱得真好听。

③ 그는 마라톤을 (제법/꽤/썩) 잘 뛴다.
　　他跑马拉松相当快。

④ 우리 선생님은 그 분야에 (제법/꽤/썩) 전문가이다.
　　我们老师是那个领域的专家。

⑤ 이렇게 간단한 것도 몰라? 너 (제법/꽤/썩) 둔하네.
　　这么简单的都不会？你真笨啊！

⑥ 우리는 식목일에 나무를 (제법/꽤/썩) 심었다.
　　我们植树节那天栽了很多树。

⑦ 왜 앞을 가로막는 거야? (제법/꽤/썩) 비켜.
　　干嘛在前面挡着？快让开。

(4) 答案

① 제법, 꽤　② 제법　③ 제법, 꽤　④ 제법, 꽤　⑤ 꽤　⑥ 제법, 꽤　⑦ 썩

4.22 조금, 좀

(1) 基本意义的比较

◆ 조금：较小的程度、分量或很短的时间。

◆ 좀："조금"的缩略语。

ㄱ. 여기 물건값이 조금(좀) 비싸다.　这里的物价有点贵。

ㄴ. 요즘 어머니가 조금(좀) 편찮으신 것 같다.
　　最近妈妈好像有点不舒服。

(2) 其他意义的比较
　　① "좀"可以用于拜托别人或请求他人同意时的委婉表达，而"조금"没有这个用法。
　　ㄱ. 무엇 좀(*조금) 여쭤 보겠습니다.
　　　　我问您个问题。
　　ㄴ. 이거 무거운데 좀(*조금) 들어주실래요?
　　　　这个有点儿重，能帮我提一下吗?
　　② "좀"可以用于疑问句和反问句，有"只，多么，不是一般的"之意，"조금"没有这个用法。
　　ㄱ. 남자가 혼자서 객지생활을 하니 좀(*조금) 힘들겠어요?
　　　　男人自己在异乡生活，是不是会有点儿辛苦?
　　ㄴ. 앓던 이가 빠졌으니 좀(*조금) 시원할까?
　　　　坏牙掉了感觉很好吧?
　　③ "조금"有副词和名词的词性，而"좀"只有副词词性。
　　ㄱ. 조금(*좀)밖에 안 먹었는데 배가 부르다.
　　　　只吃了一点儿就饱了。
　　ㄴ. 그 배우의 연기는 조금(*좀)도 어색하지 않다.
　　　　那个演员的演技很自然。
　　④ "조금"还具有名词词性可与"이다"一起构成谓语，而"좀"不能。
　　이번에 아버지한테서 받은 용돈은 조금(*좀)이었다.
　　这次从爸爸那里拿到的零花钱只有一点点。

(3) 练习
　　다음 단어 중 알맞은 것을 고르시오.
　　① 요즘 얼굴이 (조금/좀) 가렵다.
　　　　最近脸有点儿痒。
　　② 엎힐라. 빵을 (조금/좀)씩 먹어라.
　　　　别噎着了。面包一点儿点儿吃吧。
　　③ 네가 반에서 일등한다면 (조금/좀) 좋겠니?

你要是在班里得第一就好了吧?

④ 그녀가 이번에 나에게 보여준 진실은 (조금/좀) 이다.
　　她这次对我缺乏真诚。

⑤ 선생님, 우리 아들 (조금/좀) 부탁 드립니다.
　　老师，我儿子就拜托您了。

(4) 答案

① 조금, 좀　② 조금　③ 좀　④ 조금　⑤ 좀

4.23　지금，이제

(1) 基本意义的比较

◆지금：说话的当时。말하는 바로 이때。
◆이제：说话的当时。말하는 바로 이때。

ㄱ. 지금(이제)부터 제가 하는 이야기를 잘 들으세요.
　　现在开始请仔细听我说的话。
ㄴ. 이제(지금)까지 쌓였던 피로가 말끔히 가신 것 같다.
　　累积到现在的疲劳好像完全消除了。

(2) 其他意义的比较 (기타 의미의 비교)

① "지금"只表示现在的时间概念，"이제"可以表示过去、现在和将来。

ㄱ. 내가 결혼했을 때 그는 이제(*지금) 갓 초등학교에 입학한 어린애에 불과했다.
　　我结婚时，他还只是个刚上小学的孩子。
ㄴ. 배가 불러오니까 이제야(*지금) 제 정신이 돌아오는 것 같다.
　　肚子饱了，才恢复了精力。
ㄷ. 기다리던 사람은 다 돌아가고 이제는(*지금) 복도에서 우리 식구들만 분만실을 넘나보고 있었다.
　　等的人都回去了，只有我们家人在走廊里向产房张望。
ㄹ. 어쨌든 합격이었다. 이제(*지금) 남은 것은 실기시험뿐이었다.
　　无论如何总算合格了。现在只剩下技能考试了。

上面例句中的"갓 입학한"是过去时，"돌아오는"是现在时，"넘나보고 있었다"表示持续，"남은 것은 실기시험뿐이었다"是

将来时，这些例句"이제"都不能用"지금"替换。例句"ㄴ"中的"돌아오는"虽然表达的是现在时，但表示与过去中断的感觉时，也不能用"지금"。

② 当根据情况或上下文的内容，表示"对照"，"因果"，"理由"等各种具体语义关系时，不能用"지금"。

ㄱ. 이제 중고컴퓨터 팔고 새거 하나 삽시다.（对比）
　　现在把二手电脑卖了，买个新的吧。
ㄴ. 좀 구체적으로 설명했는데, 이제 알겠니?（提示）
　　全都解释完了，现在明白了吗?
ㄷ. 도와 줄 만큼 도와 주었으니 이제 손을 뗍시다.（理由）
　　该帮的都帮了，现在该放手了。
ㄹ. 이 어려운 고비만 넘기면 이제 행복한 날들이 계속 될 겁니다.（条件）
　　只要度过这个难关，就会一直幸福下去。
ㅁ. 힘들었던 하루가 끝나고 이제 잠자리에 들 시간이 되었다.（连续）
　　辛苦的一天结束了，现在到了上床休息的时间。

上文中"이제"有现在的情况与过去中断之意，而"지금"没有。

(3) **练习**

다음 단어 중 알맞은 것을 고르시오.
① 할머니, (이제/지금) 그만 우세요.
　　奶奶，别哭了。
② 입던 옷이 (이제는/지금은) 너무 작다.
　　以前的衣服现在穿太小了。
③ 그런 중요한 일을 (지금에서야/이제서야) 말하니?
　　那么重要的事情怎么现在才说?
④ (이제/지금) 며칠 후면 졸업이다.
　　再过几天就毕业了。
⑤ 돈도 떨어지고 (이제/지금) 어떻게 하지?
　　钱也都花完了，怎么办啊?

(4) 答案

① 이치 ② 이체는 ③ 치금에서야, 치에서야 ④ 이체 ⑤ 이치

4.24 첫째, 첫 번째

(1) 基本意义的比较

◆ 첫째: 顺序上的第一。

◆ 첫 번째: 指连续的、持续的、反复进行的事物的次数。

ㄱ. 우리집 첫째 아들은 축구를 잘한다.

我家大儿子足球踢得好。

ㄴ. 선생님이 한국을 다녀오신 게 이번이 세 번째다.

算上这次，老师已经去过3次韩国了。

使用"-번째"有两个条件，第一是要有时间上的先后，第二是之前的事物已消失或者无效，有新事物出现。而"-째"没有时间上的先后关系，也没有之前事物消失、新事物出现之意。例句"ㄱ"中的"첫째 아들"指几个儿子同时存在，例句"ㄴ"中的"세 번째"指按时间先后顺序发生。

(2) 其他意义的比较

① "첫째"表示共存两个以上的事物中最先的一个；"첫 번째"表示唯一的一件事。

ㄱ. 이 사람은 제 첫째 남편입니다.

他是我的第一个丈夫。

ㄴ. 이 사람은 제 첫 번째 남편입니다.

他是我的第一任丈夫。

例句"ㄱ"中的"첫째 남편"是以一妻多夫制为前提，因此也可能有第二个、第三个丈夫。例句"ㄴ"是指一个女人曾结婚两次以上，"첫 번째 남편"是其中最先跟她结婚的丈夫。该女子因离异或丈夫死亡而再婚，那么第二次婚姻的配偶即是"두 번째"丈夫。

② "첫째"有最初、最先的意思。

ㄱ. 신발은 첫째로 발이 편해야 한다. 选鞋子首先要舒服。

ㄴ. 첫째로 그와 말이 통하지 않아 친해질 수가 없다.

首先是跟他话不投机，没法搞好关系。

③ "첫째"有"老大"的意思。
ㄱ. 첫째가 교통사고로 죽고 둘째만 남았다.
老大出车祸死了，只剩下老二了。
ㄴ. 내 친구는 결혼을 일찍하여 첫째가 벌써 스무 살이 되었다.
我朋友结婚早，最大的孩子都二十岁了。

(3) 练习
다음 단어 중 알맞은 것을 고르시오.
① 우리 (첫째는/첫 번째는) 노래를 썩 잘한다.
我家老大歌儿唱得特别好。
② 선생님에게서 벌을 받은 것이 오늘로 벌써 (셋째다/세 번째다).
算上今天，已经是第三次挨老师罚了。
③ 우리 동네 목욕탕은 매월 (첫째/첫 번째)주 월요일은 쉰다.
我们小区的浴池每月的第一个星期一休息。
④ 내 친구는 귀국 후 (첫째/첫 번째) 독주회를 열었다.
我朋友回国后开了首场独奏会。
⑤ 그녀의 (첫째/첫 번째) 영화가 대성공을 거두면서 출연료도 거의 두 배로 뛰어올랐다.
她拍的第一部电影非常成功，片酬也涨了两倍。
⑥ 한국과 중국은 두 번 경기를 치뤄야 하는데 오늘 경기는 (첫째/첫 번째) 경기이다.
中韩两国要举行两次赛事，今天是初赛。

(4) 答案

| ① 첫째는 | ② 세 번째다 | ③ 첫째 | ④ 첫 번째 | ⑤ 첫 번째 | ⑥ 첫 번째 |

4.25 하도, 워낙
(1) 基本意义的比较
◆하도: 程度很深。
◆워낙: 非常突出。
ㄱ. 하도(워낙) 눈이 많이 와서 길이 다 막혔다.
雪下得太大，塞车了。

ㄴ. 그는 성적이 워낙(하도) 뛰어나 계속 장학금을 받았다.
　　他成绩十分优秀，一直拿奖学金。

"하도"通常以"하도 ~해서 ~하다"的形式出现，前半句是原因，后半句是结果，表示因果关系。"워낙"也可以用于这样的句型，此时"하도"和"워낙"可以互相替换。

(2) 其他意义的比较

① "워낙"可单独使用，也不一定与后句构成因果关系，这种情况下"워낙"与"하도"不能替换。

ㄱ. 이 옷은 워낙(*하도) 낡았다.
　　这衣服很旧了。
ㄴ. 요즘 우리 아버지는 워낙(*하도) 바쁘시다.
　　最近我父亲很忙。

② "하도"和"워낙"都能修饰动词和形容词。

ㄱ. 나는 오늘 점심에 하도(워낙) 먹어서 배가 아프다.
　　我今早吃得太多，肚子疼。
ㄴ. 그녀는 하도(워낙) 예뻐서 모든 사람들이 좋아한다.
　　她很漂亮，大家都喜欢她。

③ "하도"和"워낙"都不能用于疑问句、命令句和共动句，只能用于陈述句。

ㄱ. 어제 *하도(*워낙) 눈이 많이 와서 길이 다 막혔어요?
ㄴ. 너 배가 *하도(*워낙) 아파서 병원에 빨리 가봐.
ㄷ. 이 일이 *하도(*워낙) 급해서 그 사람한테 부탁하자.

④ "워낙"有"本来，原来"之意，"하도"无此意。

ㄱ. 어머니의 목소리는 워낙(*하도) 크지만 화가 난 그날은 더 컸다.
　　妈妈的嗓门儿本来就大，发火那天更大。
ㄴ. 워낙(*하도)에 말이 없어 그녀의 속을 알 수 없다.
　　她本来就话少，难以捉摸。

(3) 练习

다음 단어 중 알맞은 것을 고르시오.

① 그는 성격이 (하도/워낙) 급한 사람이다.
　　他是个性格很急的人。

② 그집 아이는 몸이 (하도/워낙) 약해서 겨울이면 꼭 감기가 든다.
那家的孩子身体很虚弱，每到冬天都感冒。
③ 어머니는 (하도/워낙) 조용한 분이셨는데 연세가 드시면서 점점 말이 많아지셨어요.
妈妈本来话很少，上了年纪却慢慢话变多了。
④ 그녀는 (하도/워낙) 일을 해서 허리가 굽었다.
她干了太多的活，腰都累弯了。
⑤ 그 아이는 (하도/워낙) 맞아서 온몸이 성한 데가 없다.
那个孩子挨了很多打，已是体无完肤了。

(4) 答案

① 워낙   ② 워낙, 하도   ③ 하도(워낙도됨)   ④ 워낙, 하도   ⑤ 하도, 워낙

练习十八

다음 밑줄 친 부분과 바꿔 쓸 수 있는 말을 고르십시오.

1. 청소년 한마당에서는 참가한 모든 청소년들이 <u>모처럼</u> 일상을 벗어나 즐거운 시간을 보내도록 할 계획이다.
   ① 결코   ② 일단
   ③ 가급적   ④ 오래간만에
2. 그의 역량을 고려할 때, 주문 받은 작품을 기한 내에 만들어 내는 것은 <u>그다지</u> 어렵지 않을 것이다.
   ① 매우   ② 솔직히   ③ 그렇게까지   ④ 정도껏
3. 이 옷가게의 옷은 품질이 좋아요. <u>그리고</u> 값도 싼 편이에요.
   ① 게다가   ② 그런데   ③ 하지만   ④ 그러므로
4. 어제 시험 공부하느라 <u>고작</u> 두 시간밖에 못 잤다.
   ① 오히려   ② 불과   ③ 마침   ④ 전혀
5. 겨울바람이 부는 텅 빈 거리를 혼자 걷다 보면 그녀 생각에 <u>끊임없이</u> 눈물만 흐른다.
   ① 손색없이 ② 하염없이   ③ 거침없이   ④ 형편없이

6. 지금 차려놓은 음식이 없는데 <u>일단</u> 이거라도 드세요.
   ① 빨리　　② 우선　　③ 천천히　　④ 편히
7. 그날 실수를 하지 않으려 했으면 <u>진작</u> 많은 준비를 했어야 했다.
   ① 과연　　② 그저　　③ 미리　　④ 마침
8. 그녀는 <u>늘</u> 남자친구 생각만 하고 있다.
   ① 자나깨나　　② 밤새도록　　③ 간신히　　④ 우선
9. 다행히 <u>그리</u> 심한 감기는 아니니까 안심하세요.
   ① 별로　　② 좀　　③ 여간　　④ 다소
10. 국민들에게 한 약속은 <u>틀림없이</u> 지키도록 하겠습니다.
    ① 여전히　　② 저절로　　③ 뜻밖에　　④ 반드시
11. 이번 대학 시험에 그는 <u>간신히</u> 합격했습니다.
    ① 오히려　　② 거의　　③ 겨우　　④ 마지못해
12. 엄마 때문에 그 아이는 <u>억지로</u> 바이올린을 배우고 있다.
    ① 가까스로　　② 마지못해　　③ 그저　　④ 거의
13. 지금은 통화 중이니까 <u>나중에</u> 다시 걸어봅시다.
    ① 이따가　　② 벌써　　③ 방금　　④ 이미
14. 그 사람 사무실에 있을지 모르겠는데 <u>아무튼</u> 연락해 보겠어요.
    ① 하도　　② 하여튼　　③ 아무래도　　④ 혹시
15. 시간을 단축하려고 했는데 <u>오히려</u> 시간이 더 걸렸다.
    ① 미리　　② 아직　　③ 계속　　④ 도리어
16. 요즘은 봄철이라서 그런지 <u>도무지</u> 입맛이 없어요.
    ① 그리　　② 여간　　③ 다소　　④ 전혀
17. 꿈 꾸어왔던 일을 <u>마침내</u> 성공하고 나니까 마치 하늘을 날 것 같다.
    ① 이따가　　② 나중에　　③ 드디어　　④ 어쨌든
18. 기대를 하지 않았는데 선물을 준 효과가 <u>금세</u> 나타났다.
    ① 금방　　② 천천히　　③ 뚜렷하게　　④ 모두
19. 이 옷은 제가 <u>손수</u> 만든 겁니다.
    ① 특별히　　② 따로　　③ 이미　　④ 직접
20. 뭐라고? <u>느닷없이</u> 그게 무슨 소리야?
    ① 무조건　　② 수시로　　③ 갑자기　　④ 비로소

附录一　练习答案

练习一

一、다음 문장에서 틀린 부분을 고치시오.
1. 한국→한국의
2. 김소월→김소월의
3. 한국→한국의, 중국→중국의
4. 가설→가설의
5. 오늘에→오늘
6. 오늘→오늘로
7. 다음→다음에
8. 사실로→사실
9. 보통에→보통
10. 조금에→조금

二、다음 명사 또는 의존명사로 문장의 빠진 부분을 완성하시오.
1. 마당
2. 반면
3. 한
4. 길
5. 모양
6. 덕분
7. 대신
8. 사이에
9. 김
10. 만큼

练习二

다음 문장의 빈칸에 아래 대명사를 넣으시오.
1. 자네 2. 어르신 3. 너희 4. 귀국 5. 당사

练习三

一、주어진 동사의 피동형을 (　)안에 넣으시오.
1. 쌓여 2. 바뀌 3. 묻혀 4. 안겨 5. 열려
6. 해결되 7. 추천받아 8. 사기당하 9. 이루어져
10. 알려졌

二、다음 대화에서 피동형으로 빈칸을 채우시오.
1. 잠겨 2. 팔립니다 3. 만들어졌어요
4. 보이네요 5. 잡혔습니다
三、다음에서 틀린 부분을 고치시오.
1. 엽니다→열립니다 2. 끊었습니다→끊겼습니다
3. 뽑은→뽑힌 4. 바꾸었어요→바뀌었어요
5. 사랑당하면서→사랑받으면서

练习四

一、주어진 동사의 사동형을 ( ) 안에 넣으시오.
1. 알려 2. 옮기 3. 깨웠다 4. 보였다 5. 입혔다
6. 돋구시고 7. 새워 8. 확인시켜 9. 가도록 10. 입게
二、다음 대화에서 사동형으로 빈칸을 채우시오.
1. 숨긴 2. 울렸어요 3. 맞춰 4. 먹이 5. 넓히
三、다음 밑줄 친 부분 중 잘못된 것을 고르시오.
1. (A) 2. (D)
四、다음에서 틀린 부분을 고치시오.
1. 맡아→맡겨 2.서→세워 3.알았어요→알렸어요
4. 배우겼다→배우게 했다. 5.아이로 하여금→아이에게/한테

练习五

다음 문장 중의 형용사를 동사로 바꾸시오.
1. 우리는 벽을 높인다.
2. 우리의 교실을 비웠다.
3. 중한 두 나라의 관계가 가까워질 것이다.
4. 날씨가 따뜻해진다.
5. 나는 꽃을 좋아한다.

练习六

다음 대화에서 아래 단어로 문장을 만들어 가지고 빈칸을 채우시오.
1. 별로 2. 결코 3. 구태여 4. 그다지 5. 도무지

6. 비록   7. 어찌나   8. 마치   9. 그러면   10. 그렇지 않아도

练习七

一、다음의 (　) 안에 알맞은 격조사를 넣으시오.
1. 에서   2. 에   3. 한테서   4. 으로   5. 에게서   6. 를
7. 을   8. 를   9. 을   10. 께   11. 에   12. 에
13. 에게   14. 한테   15. 더러

二、다음 대화에서 "조차, 마저, 까지"를 가지고 문장을 완성하시오.
1. 조차   2. 마저   3. 까지

三、다음 대화에서 "(이)나, (이)나마, (이)라도)를 가지고 문장을 완성하시오.
1. 잠이나   2. 시간이나마   3. 라면이라도

四、다음 문장에서 틀린 부분을 고치시오.
1. 가수로써→가수로서   2. 유리로서→유리로써/로
3. 이용함으로서→이용함으로써
4. 특파원으로써→특관원으로/으로서
5. 감기는→감기가   6. 증기는→증기가
7. 학생은,학생이→학생이,학생은   8. 철수는,것이→철수가,것은
9. 이것이,저것이→이것은,저것은   10. 것은→것이

练习八

一、다음(　) 안에 알맞은 것을 고르시오.
1. A   2. A   3. A   4. D   5. A   6. B   7. A   8. C   9. B
10. B   11. A   12. A

二、밑줄 친 부분과 바꿔 쓸 수 있는 것을 고르시오.
1. B   2. D   3. A

三、밑줄 친 부분과 의미가 비슷한 말을 고르시오.
1. C   2. C

四、밑줄 친 부분이 바르게 사용된 문장을 고르시오.
B

五、㉠을 알맞게 고쳐 쓰시오.
보호하다→보호하려면
六、다음 틀린 것을 고르시오.
C
七、다음 밑줄 친 것 중 틀린 것을 찾아 바르게 고쳐 쓰시오.
일어나고→일어나서

练习九

一、( ) 안에 들어갈 적당한 말을 고르십시오.
1. B 2. B 3. B 4. C 5. A 6. D 7. A 8. A 9. A
10. B 11. B 12. B 13. A 14. C 15. A
二、다음 중 틀린 부분을 찾아 바르게 고쳐 쓰시오.
1. D. 놓쳐 버리고 맙니다→놓쳐 버리고 말았다.
2. D. 기부한다→기부하다니
三、다음 중 틀린 것을 고르시오.
C

练习十

一、다음 문장에서 틀린 부분을 고치시오.
1. 못→안   2. 안 사랑스럽다→사랑스럽지 않다
3. 못→안   4. 안→못.
5. 안 깨끗하다→깨끗하지 않다
二、다음 대화에서 빠진 부분을 완성하시오.
1. 못돼요   2. 밖에 없어요.   3. 준비랄 것도 없어요.
4. 몇 시에 도착하는지 모르겠네요   5. 몰인정되었어요.

练习十一

一、다음에서 맞는 것을 고르시오.
1. A 2. A 3. D 4. C 5. C
二、다음 문장에서 틀린 부분을 고치시오.
1. 보는→본   2.온다→왔다   3.내가→그가

4. 지각하겠다→지각할 것이다   5. 간→갈

练习十二

주어진 말로 대화를 완성하시오.
1. 그건 인테넷 사용하기 나름이죠.
2. 말썽을 부리기/게 마련이다.
3. 그래서 결석하기가 일쑤군요.
4. 체하기 십상이다.
5. 창피하기 짝이 없습니다.
6. 돈을 가방에 넣었기에 망정이지.
7. 인터넷을 하기만 하고
8. 아프기는 하지만
9. 꾸준히 하기란 쉬운 일이 아니에요.
10. 아이가 있기야 하지만 아들이 아니다.

练习十三

一、다음 직접 화법을 간접 화법으로 고쳐 쓰시오.
1. 할아버지께서는 산에 있는 사람이 잘 안 보이신다고 말씀하셨다.
2. 어머니는 저에게 아파도 참으라고 말하셨다.
3. 친구는 저에게 오후 2시에 깨워 달라고 했어요.
4. 선생님은 어제 오늘 계속 수업을 한다고 했어요.
5. 아버지는 손님에게 거기에 앉으시라고 말했다.
二、다음 문장에서 틀린 부분을 찾아 고치시오.
1. "멍멍"라고→"멍멍"하고   2. 책이다→책이라
3. 짜느냐→짜냐   4. 올라간다면→올라가자면
5. 나가 주라→나가 달라

练习十四

一、다음 문장에서 틀린 부분을 찾아 고치십시오.
1. 할아버지께서→할아버지에게서

2. 사장님에게→사장님께
3. 따님께서→따님이
4. 생각해 봐라→생각해 보세요.
5. 밥을 먹읍시다→식사를 하실까요?
6. 소중합니다→소중해
7. 집→댁
8. 내가 읽어 주겠어요→제가 읽어 드리겠어요
9. 봐요→뵙겠습니다
10. 사람→분

练习十五

1. ② 2. ② 3. ③ 4. ③ 5. ④ 6. ③ 7. ④ 8. ①
9. ③ 10. ③ 11. ④ 12. ④ 13. ③ 14. ② 15. ①
16. ③ 17. ① 18. ④ 19. ① 20. ③

练习十六

1. ② 2. ① 3. ② 4. ② 5. ① 6. ② 7. ④ 8. ③
9. ① 10. ③ 11. ④ 12. ③ 13. ① 14. ③ 15. ②
16. ④ 17. ③ 18. ④ 19. ① 20. ③

练习十七

1. ③ 2. ④ 3. ① 4. ③ 5. ① 6. ② 7. ① 8. ①
9. ④ 10. ④ 11. ④ 12. ② 13. ④ 14. ① 15. ②
16. ③ 17. ① 18. ④ 19. ④ 20. ③

练习十八

1. ④ 2. ③ 3. ① 4. ② 5. ② 6. ② 7. ③ 8. ①
9. ① 10. ④ 11. ③ 12. ② 13. ① 14. ② 15. ④
16. ④ 17. ③ 18. ① 19. ④ 20. ③

附录二　索引

语法难点篇

一、名词的特殊功能
1. 名词的定语功能
2. 名词的副词功能
3. 名词做谓语
4. 名词的其他语法功能

练习一

二、人称代词
1. 第一人称代词
2. 第二人称代词
3. 第三人称代词

练习二

三、被动
1. 动词被动的实现方法
2. 被动句中动作主体的助词使用方法
3. 被动句并非都有对应的主动句
4. 主动动词与被动动词前加上否定词时的意义变化

练习三

四、使动
1. 动词使动的实现方法
2. 短形使动和长形使动的区别

3. 双重使动
4. 被动词、使动词在使用相同接尾时的区分方法

练习四

五、形容词的形态与变化
1. 形容词与动词形态相同其意义不同
2. 形容词也可作动词使用
3. 形容词可以变成动词

练习五

六、副词的功能及搭配
1. 副词的各种功能
2. 副词可作各种句子成分
3. 副词在句子中修饰其他句子成分时的搭配方法

练习六

七、助词的比较
1. 格助词
（1）与地点（空间）相关的格助词"에，에서，를(을)，로，에게서，한테서"用法的比较
（2）与对象有关的格助词"에，에게，께，한테，더러，보고"用法的比较
（3）与资格、手段（材料）相关的格助词"로서，로써，로"用法的比较
2. 补助词
（1）表示包含的补助词"도，까지，조차，마저"用法的比较
（2）表示选择、让步的补助词"나，나마，라도"用法的比较
3. 格助词"가/이"与补助词"는(은)"
4. 与补助词具有相同形态的其他语法要素
（1）补助词"만큼，대로"与依存名词"만큼，대로"
（2）补助词"나，든지"与连接词尾"나，든지"
（3）补助词"나마(이나마)"与连接词尾"이나마，으나마"

练习七

八、连接词尾的使用要求及辨析

1. 连接词尾使用的要求

（1）连接词尾的主要意义与附加意义

（2）重视连接词尾的前后连接

（3）注意连接词尾与后半句的搭配

（4）接续句中前后句的主语类型

2. 几类连接词尾辨析

（1）转折(대립)：지만，건만，(으)련만，는데도，ㄴ(은)데도，(으)나，(으)나마

（2）原因(원인)：기에，길래，(으)니，(으)니까，아(어, 여)，(이)라，아(어, 여)서，(이)라서，므로，느라고，는지라，ㄴ지라，은지라

（3）让步(양보)：아(어, 여)도，더라도，(으)ㄹ지라도，(으)ㄹ망정，(으)ㄹ지언정，(으)ㄴ들，아(어, 여)야，기로/기로니，기로서，기로서니，기로소니，기로선들，았(었, 였)자

（4）假设、条件(가정, 조건)：(으)면，다면/라면/는(ㄴ)다면，자면，노라면，을라치면，거든，거들랑，아(어, 여)야，라야，던들，더라면，단들，란들，(을)진대/진대는

练习八

九、终结词尾的使用与语感

1. 终结词尾的各种句式

（1）陈述句

（2）疑问句

（3）命令句

（4）共动句

2. 各种终结词尾的使用要求

（1）基本阶（해라체）

（2）不定阶（해체/반말체）

（3）准平阶（하게체）

（4）平阶（하오체）

（5）准尊敬阶（해요체）

（6）尊敬阶（합쇼체）
3. 陈述句终结词尾的连接方式与语感
（1）卑阶
① 单纯告知
1）다, ㄴ다, 는다
2）(으)니라, 느니라(나니라), 리라(으리라)
3）아(어, 여)
4）지
5）을지라, 을지니라
6）단다, 란다, 는단다, ㄴ단다
7）다네, 라네, 는다네, ㄴ다네
8）다나, 라나, 는다나, ㄴ다나, 으라나
9）다마다
10）고 말고
11）단 말이야, 란 말이야, 는단 말이야, ㄴ단 말이야
12）아(어, 여)지, 라야지
② 约定
1）(으)마
2）(을)게
3）(음)세
③ 意图、希望
1）(을)래
2）(ㄹ)거야
3）(ㄹ)꺼나
④ 推测
1）(을)라
2）(을)세라
3）(으)렷다
⑤ 感叹（느낌）
1）는구나, 는군
2）구나, 군
3）로구나, 로군
4）는구려, 구려, 로구려, 는구먼, 구먼, 로구먼
5）다니, 라니
6）는데, ㄴ(은)데

7) 는걸, ㄴ(은)걸, ㄹ(을)걸
8) ㄹ(을)세, 로세
9) 거든
10) 을진저
11) 으니
12) 을시고, 누나, 누마
（2）平阶
① 准平阶 "네"
② 平阶
1) 오(으오), 소
2) 는다오, ㄴ다오, 다오, 라오
3) 는단 말이오, ㄴ다 말이오, 단 말이오, 란 말이오
（3）尊敬阶
① 非正式体准尊敬阶
"네요, 아(어, 여)요, 지요, (으)니까요, 다니까요, 라니까요, 는다나요, ㄴ다나요, 다나요, 라나요, 는다고요, ㄴ다고요, 다고요, 라고요, 다마다요, 고 말고요, 아(어, 여)야지요, 라야지요, ㄴ데요"

② 正式体尊敬阶
1) ㅂ니다, 습니다, (으)옵니다, 사옵니다
2) 답니다, 랍니다, 는답니다, ㄴ답니다
3) 나이다, 소이다
4. 疑问句终结词尾的连接方式与语感
（1）卑阶
① 느냐, (으)냐
② 는가, ㄴ(은)가
③ (을)까
④ 는지, ㄴ(은)지, ㄹ(을)지
⑤ 는감, (은)감
⑥ 니
⑦ (으)랴
⑧ 아(어, 여), 야
⑨ 지
⑩ ㄹ(을)래

⑪ (을)라고
⑫ 아(어, 여)야지, 라야지
⑬ 는다고, ㄴ다고, 다고, 라고
⑭ 는다며, ㄴ다며, 다며, 라며, 는다면서, ㄴ다면서, 다면서, 라면서
⑮ 는다니, ㄴ다니, 다니, 라니
⑯ (으)렷다
（2）平阶
① 准平阶 "나"
② 平阶 "(으)오, 소"
（3）尊敬阶
① 准尊敬阶
"ㄴ가요, 은가요, 을까요, 는지요, 은지요, 을지요, 아(어, 여)요, 나요, 지요, 을래요, 는데요, 은데요, 고요, 고서요, 아(어, 여)야지요, 라야지요, 는다고요, ㄴ다고요, 다고요, 라고요, 는다며요, ㄴ다며요, 다며요, 라며요"
② 尊敬阶
1) ㅂ니까, 습니까, 사옵니까, (으)옵니까
2) 나이까, 소이까

5. 命令句终结词尾的连接方式与语感
（1）卑阶
① 아(어, 여)라, 거라, 너라
② (으)렴, (으)려무나, (으)려마
③ 구려
④ 아(어, 여), 지
⑤ (으)렷다
（2）平阶
① 准平阶 "게, 게나"
② 平阶 "(으)오, 소"
（3）尊敬阶
① 准尊敬阶 "아(어, 여)요, 지요, (으)라고요"
② 尊敬阶
1) (으)십시오
2) (으)소서

6. 共动句终结词尾的连接方式与语感
（1）卑阶
① 자
② 자고
③ 자꾸나
④ 아(어, 여), 지
（2）平阶
① 准平阶"세, 세나"
② 平阶"(으)오"
（3）尊敬阶
① 准尊敬阶"자고요, 아(어, 여)요, 지요"
② 尊敬阶"(읍)시다"
1）(읍)시다
2）사이다
7. 难以区别阶称的终结词尾
（1）陈述式
① 다
② "ㅁ(음)"
（2）疑问式
① 는담
② (으)랴
（3）命令式
① (으)라
② "(을)것"

练习九

十、否定
1. 长、短形否定有意义上的区别
2. 否定词使用时的限制

练习十

十一、时制的使用及特例
1. 终结词尾表示的时制

2. 先语末词尾表示的时制
3. 定语形词尾表示的时制
4. 词汇表示的时制

练习十一

十二、谓词转成词尾
1. 谓词名词形词尾及其作用
2. 谓词副词形词尾及其作用

练习十二

十三、引用
1. 直接引用的构成形式和使用要求
2. 间接引用及直接引用变成间接引用时产生的变化

练习十三

十四、敬语
1. 敬语的分类
2. 敬语的各种要素
3. 各种敬语法的融合

练习十四

词义辨析篇

一、同义词产生的原因和构成方式
1. 韩国语同义词多的原因
2. 同义词之间的差别
二、各类词性同义词辨析
1. 名词和代词的同义词辨析
1.1　가량, 쯤, 정도
1.2　가족, 식구

1.3　고개, 머리
1.4　곳, 데, 군데
1.5　공짜, 무료
1.6　나중, 다음
1.7　때, 적
1.8　밑, 아래
1.9　버릇, 습관
1.10　성형(외과)수술, 정형(외과)수술
1.11　소음, 잡음
1.12　속, 안
1.13　시각, 시간
1.14　야채, 채소
1.15　원인, 이유
1.16　윗옷, 웃옷
1.17　틈, 사이
1.18　살, 고기
1.19　조건, 여건
1.20　햇볕, 햇빛
1.21　자기, 자신

练习十五

2. 动词的同义词辨析
2.1　갈다, 바꾸다
2.2　감추다, 숨기다
2.3　견디다, 참다
2.4　고르다, 뽑다, 가리다
2.5　기르다, 키우다
2.6　끓이다, 삶다
2.7　놓다, 두다
2.8　늘리다, 늘이다
2.9　달다, 재다
2.10　달리다, 뛰다
2.11　덥히다, 데우다

2.12 마치다, 끝내다
2.13 맞추다, 맞히다
2.14 받다, 당하다, 겪다
2.15 바라보다, 쳐다보다
2.16 배우다, 공부하나
2.17 벌리다, 벌이다
2.18 부딪치다, 부딪히다
2.19 식다, 차가워지다
2.20 쓰다, 적다
2.21 외우다, 외다, 암기하다
2.22 좇다, 쫓다
2.23 짓다, 만들다
2.25 초대하다, 초청하다, 대접하다
2.26 타다, 받다

练习十六

3. 形容词和冠词的同义词辨析

3.1 가렵다, 간지럽다(근지럽다)
3.2 곱다, 예쁘다, 아름답다
3.3 기쁘다, 즐겁다
3.4 다르다, 틀리다
3.5 두껍다, 두텁다
3.6 두렵다, 무섭다, 겁나다
3.7 바르다, 옳다
3.8 밝다, 환하다
3.9 부끄럽다, 창피하다
3.10 불쌍하다, 가엾다
3.11 빠르다, 이르다
3.12 서운하다, 섭섭하다
3.13 심심하다, 지루하다
3.14 아깝다, 아쉽다
3.15 얇다, 엷다
3.16 어렵다, 힘들다

3.17 조용하다, 고요하다
3.18 주요하다, 중요하다
3.19 튼튼하다, 든든하다
3.20 파랗다, 푸르다
3.21 어느, 어떤

练习十七

4. 副词的同义词辨析
4.1 가장, 제일
4.2 겨우, 고작
4.3 과연, 역시
4.4 금방, 방금
4.5 깜빡, 깜짝
4.6 꼭, 딱
4.7 나름대로, 그런대로, 제대로
4.8 다, 모두
4.9 다만, 단지, 오직
4.10 다시, 또
4.11 대단히, 굉장히, 상당히, 되게
4.12 매우, 아주
4.13 몹시, 무척, 퍽
4.14 벌써, 이미
4.15 도저히, 도무지
4.16 아직, 여태, 채
4.17 안(아니), 못
4.18 오랜만에, 오랫동안
4.19 이따가, 있다가
4.20 자주, 자꾸
4.21 제법, 꽤, 썩
4.22 조금, 좀
4.23 지금, 이제
4.24 첫째, 첫 번째
4.25 하도, 워낙

参考文献

1. 이석주. 이주행 (1997) ,국어학 개론, 대한교과서 주식회사
2. 이익섭(2003), 국어학 개설, 학연사
3. 이익섭. 이상억. 채완, 한국의 언어, 신구문화사
4. 이관규(2002), 학교문법론 강의, 학연사
5. 정희정(2002), 한국어 명사 연구, 한국문화사
6. 이주행(2000), 한국어 문법 이해, 월인
7. 김기혁(1995), 국어문법연구, 박이정
8. 김광해(2003), 국어지식탐구, 박이정
9. 위상식(2003), 국어문법론, 부산외국어대학교 출판부
10. 임홍빈(1998), 국어문법심층1,2,3 , 태학사
11. 이관규(2002), 개정판 학교문법론, 월인
12. 허웅(1995), 20세기 우리말의 형태론, 샘문화사
13. 한길(1991), 국어종결어미연구, 강원대학교 출판부
14. 백봉자(2006), 한국어문법사전,
15. 성기철(2007), 한국어문법연구, 글누림
16. 성기철(2007), 한국어대우법과 한국어교육, 글누림
17. 김경원.김철호(2007), 국어 실력이 밥먹여 준다1,2, 유토피아
18. 중앙일보 어문연구소 '우리말 바루기'팀 지음(2009), 한국어가 있다1,2,3, 커뮤니케이션북스
19. 최홍열(2005), 정도부사 유의어 연구, 도서출판 역락
20. 김성화(2004), 형용사 유의어 의미연구, 한신문화사
21. 김성화(2004), 동사 유의어 의미연구, 한신문화사
22. 池水涌等（2007），《韩国语疑难解析》，北京语言大学出版社
23. 陈榴（2007）《东去的语脉》辽宁师范大学出版社
24. 张光军（1999）《朝鲜语接续词尾语境论》月印
25. 韦旭升、许东振（1997）《韩国语实用语法》外语教学与研究出版社
26. 朴善姬（2005）《韩国语基础语法与练习》北京大学出版社

27. 任晓丽等（2010）《标准韩国语语法》大连理工大学出版社
28. 任晓丽等（2007）《韩国日常生活中的敬语与礼节》民族出版社
29. 李敬姬等(2010)《韩国语语法精讲与训练》北京大学出版社
30. 金周衍等（2011）《TOPIK中级必备150个语法》上海译文出版社
31. 林从纲等（2005）《韩国语概论》北京大学出版社
32. 林从纲（2007）《新编韩国语词汇学》北京大学出版社
33. 陈艳平、张新杰（2009）《韩国语常用相似词辨析246例》世界图书出版公司
34. 尹敬爱等（2010）《韩国语常用动词辨析》大连出版社